O PODER DO ÓBVIO

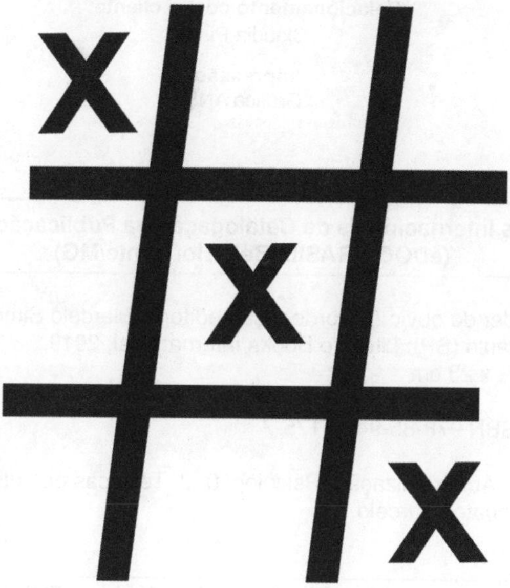

Descubra como pequenos detalhes fazem toda a diferença

Presidente:
Mauricio Sita

Capa:
Atomic Buzz

Diagramação:
Paulo Gallian e Gabriel Uchima

Revisão:
Camila Oliveira

Diretora de Projetos:
Gleide Santos

Diretora de Operações:
Alessandra Ksenhuck

Diretora Executiva:
Julyana Rosa

Relacionamento com o cliente:
Claudia Pires

Impressão:
Gráfica ANS

Dados Internacionais de Catalogação na Publicação (CIP)
(eDOC BRASIL, Belo Horizonte/MG)

P742 O poder do óbvio / Coordenação editorial Marcelo Simonato. – São Paulo (SP): Literare Books International, 2019.
16 x 23 cm

ISBN 978-85-9455-175-7

1. Autorrealização (Psicologia). 2. Técnicas de autoajuda. I.Simonato, Marcelo.

CDD 158.1

Elaborado por Maurício Amormino Júnior – CRB6/2422

Literare Books International Ltda
Rua Antônio Augusto Covello, 472 – Vila Mariana – São Paulo, SP
CEP 01550-060
Fone/fax: (0**11) 2659-0968
site: www.literarebooks.com.br
e-mail: contato@literarebooks.com.br

Prefácio

Há muitas coisas óbvias que as pessoas não fazem, mas têm um poder que muitos desprezam. No final das contas, são elas que definem se você vai ter sucesso ou não, vai ser feliz ou não, vai realizar-se ou não.

Por exemplo, planejar é preciso, isso é óbvio, mas as pessoas não planejam e, por isso, falham. Depois de planejar, é necessário executar o plano. Porém, as pessoas não executam e se frustram. É óbvio que ter conhecimento é fundamental para o seu progresso, mas muita gente não se ocupa em aprender o necessário.

Outras pessoas, mesmo depois que aprendem, não têm a atitude de aplicar o conhecimento adquirido. E isso as impede de chegar ao próximo estágio de sua evolução.

Fazer o óbvio é o que chamo de "princípio de fazer o que precisa ser feito". Falo bastante sobre isso em meu livro *Kintsugi: o poder de dar a volta por cima*.

Em minhas palestras e grupos de mentoria, sempre repito uma frase muito conhecida que diz "o feito é melhor do que o perfeito". Parece um jargão comum, mas isso é o óbvio. Muitas pessoas insistem em não fazer algo, simplesmente por não estarem preparadas para isso.

Não deixe de fazer algo só porque você ainda não chegou ao ponto de preparo ótimo. É bom buscar a perfeição, mas não permita que o fato de ainda não a ter atingido o impeça de fazer algo. Faça o seu melhor, mesmo que não seja perfeito. Faça o que é preciso, aquilo que o levará um passo mais adiante na sua jornada para o sucesso. É fazendo o óbvio que você se prepara para o seu melhor.

Não faz sentido deixar as coisas acontecerem aleatoriamente. Precisamos ser os protagonistas das nossas vidas, os líderes dos nossos destinos. Somos nós que decidimos se vamos por um caminho ou outro. Temos o domínio, as competências, as habilidades para fazer acontecer. Temos o poder para realizar, agir e transformar.

Neste livro, em um belo e potente trabalho coordenado por Marcelo Simonato, você vai encontrar a visão de vários profissionais sobre o poder do óbvio, cada um dando ao tema um enfoque próprio de sua especialidade.

Você vai perceber que, quando nos habituamos a fazer o óbvio, estamos dizendo ao nosso cérebro que sempre há algo a ser feito para continuar avançando em direção aos nossos objetivos. E afastamos da nossa mente a procrastinação e não nos permitimos abrir mão do controle sobre o nosso destino, sonhos e metas.

Pessoas realizadoras são aquelas que saem do lugar, se movimentam, produzem, agem, estão focadas em fazer algo o tempo todo, em realizar suas atividades e buscar sempre fazer o que precisa ser feito para atingir os seus objetivos. Aprendem a administrar bem o tempo para terem mais energia e focar nas coisas de fato importantes.

Criam uma disciplina mental diária ao fazer, entregar e realizar. Não param, buscam alternativas, ferramentas, realizando pequenos ou grandes feitos, dia após dia. E têm a certeza de que estão conquistando os seus objetivos, porque jamais deixam de fazer o óbvio que as leva para mais perto dos seus sonhos.

Não deixe para depois o que pode fazer agora, essa é a mensagem. Faça o óbvio que você tem que fazer. Foque na sua meta, coloque energia e intensidade nas ações necessárias para alcançá-la.

Usar o princípio de fazer o que precisa ser feito vai transformar a sua vida. Por isso, lance mão do poder do óbvio e descubra como cuidar de pequenos detalhes que fazem toda a diferença para o sucesso na sua vida profissional e pessoal.

Edgar Ueda
Autor do *best-seller Kintsugi: o poder de dar a volta por cima*

O poder do óbvio

SUMÁRIO

Capítulo 1

Nada é por acaso, surpreenda-se com o natural!

Na vida, tudo tem um porém, nada é por acaso! Desistir não pode ser uma opção, mesmo que os resultados não tenham sido os melhores. Se você tem dúvida de que algo, realmente, possa funcionar e dar certo, acredite, tenha fé e não deixe que nada atrapalhe o seu caminho rumo aos seus objetivos. Por isso, é importante persistir e jamais desistir dos seus sonhos. Você é o autor da sua própria história. Venha comigo e surpreenda-se!

Ademir de Souza

Ademir de Souza

Administrador, especialista em planejamento financeiro e gestão empresarial. Consultor de empresas, *executive & leader coach*, mentor de negócios, palestrante, analista comportamental. Bacharel em administração, pós-graduado em contabilidade e finanças. MBA em gestão empresarial, cursa especialização em finanças, investimentos e *banking*. Atua no mercado há mais de 18 anos, ajudando profissionais e empresas a alcançarem a excelência por meio da transformação, organização e criação de estratégias. A empresa AS Consultoria e Coaching Ltda trabalha na busca de soluções, melhorias e resultados com o auxílio de assessorias, consultorias, treinamentos e palestras para o desenvolvimento de pequenas e médias empresas.

Contatos
www.gestaoespecializada.com.br
contato@gestaoespecializada.com.br
LinkedIn: linkedin.com/in/ademirsouzas
Facebook: Ademir de Souza
(47) 98883-7777

Ao longo da sua vida, você percebe que existem pequenas atitudes que podem transformar o seu dia, seja para o bem ou mal. Essas atitudes podem ser interpretadas de duas formas: na primeira, você percebe que estando ao lado de pessoas otimistas, terá dias bons, já que estará perto de quem lhe faz bem.

Na segunda, se você estiver ao redor de pessoas negativas, que reclamam da vida em qualquer circunstância, poderá desanimar. Pense fora da sua zona habitual e perceba que dentro de você há estímulos que possibilitam uma vida melhor.

Você sabia que sorrir para a vida torna tudo mais bonito? Quando estamos com problemas, o otimismo é o último a morrer na mão de um lutador, é ele que nos permite manter a alma tranquila e a energia em equilíbrio. Em vez de enfrentar a vida com amarguras e negatividade, devemos reagir a tudo que está a nossa volta com otimismo, sem perder a esperança e o bom humor. Para você ter equilíbrio constante, é necessário seguir algumas características essenciais:

- **Correção da postura**: a postura corporal influência de modo direto o estado de ânimo; uma é reflexo da outra. As pessoas estão acostumadas a andar devagar, quase arrastando os pés. O correto é manter a postura firme, andar com a cabeça erguida e dar passos largos;
- **Concentração na solução e não no problema**: enquanto algumas pessoas passam a vida sofrendo por problemas encontrados ao longo de sua caminhada, outras estão se esforçando para encontrar soluções;
- **Pensamento positivo**: pense sobre tudo o que acontece ao seu redor e transforme em algo positivo. No geral, fale calmamente ao invés de gritar, guarde a sua opinião, não critique, busque um elogio e não se ofenda por coisas banais;
- **Proximidade de amigos**: a solidão favorece o pessimismo. Quem tem alto astral costuma estar perto de muitas pessoas e com elas trocar mensagens positivas;
- **Vida sem endividamento**: as dívidas são motivo de estresse. Se todo mês você precisa enfrentar despesas comuns e pagar prestações, você deixa de ser dono da sua conta bancária. O dinheiro é a possibilidade de movimentar os recursos na vida.

Tudo isso é indiscutível, então, eu pergunto: você é valorizado? Todas as pessoas são da maneira como são vistas pela sociedade? Por que, às vezes, percebem que são rejeitadas? Será que as pessoas não são capazes de fazer algo mais difícil? Pense nisso, tudo tem a ver com o complexo de inferioridade.

Certamente, todas as pessoas possuem potenciais, só precisam estar atentas às oportunidades. Você pode trabalhar para ter sucesso, que é uma experiência agradável, e consequência de seus valores reais. Ao manter o espírito de juventude e a vontade de criar algo novo, será possível contribuir positivamente para o seu meio social.

Na maioria das vezes, as pessoas idealizam e passam a desprezar totalmente a realidade, chegando ao ponto de absorver frustrações. E, como ninguém pode viver só no imaginário, quando a realidade aparece, surge a frustração e a dor. Eu, como palestrante e *coach*, faço as seguintes perguntas: você se autossabota? Você faz a coisa certa ou errada? Você é prestativo ou uma pessoa egoísta? Esses aspectos demonstram que, quando agimos, podemos caracterizar o desenvolvimento do desempenho pessoal.

Durante as trajetórias enfrentadas na vida, há fatos marcantes que são imprevistos, como é o caso de situações que envolvem a velocidade, bebida e direção. Por exemplo, se você está em uma festa se divertindo, bebendo e, aos poucos perdendo a consciência, obviamente terá consequências sérias. Tanto pelo mal-estar que poderá surgir no dia seguinte, quanto pelo que pode vir antes dele. Logicamente, se você usar um automóvel e sair em alta velocidade, poderá provocar um acidente. Não tem mistério, cada ação reflete na maneira de encarar e valorizar as coisas. Pense nisso!

Outro fator importante que deve ser preservado por toda a vida é a saúde. O equilíbrio físico tem forte influência sobre a condição mental e emocional. Por isso, durma o suficiente, alimente-se bem e faça exercícios, mesmo que, às vezes, você alegue não ter tempo para um desses fatores. Na menor oportunidade, pratique-os. Você nunca sabe se um dia passará a desenvolver alguma doença, justamente pela falta de nutrientes.

O tempo como ferramenta poderosa

Na era do imediatismo, quem não consegue se organizar e diferenciar o que é prioridade pode ter dificuldades para gerenciar o seu tempo.

Não é à toa que o famoso ditado "tempo é dinheiro" é tão verdadeiro e presente. Por isso, existe o método chamado tríade do tempo, que é uma ferramenta, em meio aos processos de *coaching*, que poderá fazer toda a diferença em sua vida. Esse método consiste em priorizar as tarefas diárias e dividi-las em três esferas: urgentes, importantes e circunstanciais. Lembre-se: o tempo é o seu amigo e melhor aliado!

As tarefas consideradas urgentes são aquelas que precisam ser feitas no momento exato, ou seja, estão quase no limite. Geralmente, criam um certo estresse ou consequências negativas, se não forem resolvidas.

Já as mais importantes têm resultados significativos e prazos para serem realizadas em dias, semanas, meses ou anos. A sua importância deve ser focada em você e não nos outros.

As circunstanciais são todas as tarefas que são de certa forma desnecessárias, que podem ser realizadas em últimos casos. Também são aquelas que você realiza por causa de circunstâncias de outras pessoas ou resultados antigos.

Porém, cada pessoa tem uma tríade do tempo diferente, um tempo dedicado a cada tamanho dos casos de suas vidas. Elas são utilizadas para conciliar a harmonia e equilíbrio entre família, trabalho e lazer, que faz com que o tempo gasto nessas três esferas seja redistribuído com resultados satisfatórios, para que cada pessoa consiga aplicar na vida pessoal e profissional.

Adequar o tempo do seu trabalho é um fator determinante, porque o trabalho é uma das coisas mais espirituais que gera o sentimento de realização quando fazemos com o coração, com o nosso melhor. Com muitas horas gastas prestando auxílio no serviço, obterá reconhecimento, momentos de verdadeira realização e de satisfação. Se você está bem, a sua carreira também está, pois o bem e o mal estão em todo lugar. É óbvio!

Hoje, os desafios empresariais estão aumentando e se agravando a todo momento. Esses geram consequências como a perda de controle em função das equipes de trabalho, pressão por redução de custos, que fica cada vez mais insuportável, alterações de leis e regulamentos, fragmentação de negócios e atividades.

Esses são alguns exemplos da urgência e da intensidade de aquisição, manutenção e atualização de conhecimento em função da velocidade das mudanças. Este tende a se tornar obsoleto, incompleto, sendo que assim necessita estar em constante aprimoramento. Diante dessa realidade, as empresas contratam instituições especializadas para realizarem atividades que consideram essenciais ao seu negócio. Da mesma forma, servem para auxiliar os seus colaboradores a entender as suas tarefas e manter ou aumentar os seus resultados.

Definição de metas

Os objetivos podem ser identificados como uma situação futura desejada, em que devem ser empregados os recursos e dirigidos os esforços. Contudo, quando se trata de organizações, é primordial o estabelecimento das metas desejadas, que é o principal passo para o planejamento de uma empresa.

Um ponto de partida que não deve ser ignorado no processo de estabelecimento das metas é avaliar como a sua organização está formada.

O não cumprimento das metas só diminui a energia e a moral das pessoas que constituem a empresa. Por isso, é necessário prometer menos e cumprir mais.

A maioria dos gestores estabelece metas que cultivam a autoconfiança da organização, isso significa que há a possibilidade de serem cumpridas. A finalidade é conseguir melhorias gradativas, incentivando os seus colaboradores a trabalharem melhor e a serem mais prestativos no que fazem. Para garantir um resultado positivo, será preciso um esforço extra que necessita da iniciativa de alguém, é óbvio!

"Uma meta é um sonho com data de entrega." (Napoleon Hill)

O desempenho é a principal tarefa de um líder

Se um líder está tão pessoalmente e profundamente envolvido no negócio, ele vai além do seu potencial, já que apenas ele pode fazer a execução das tarefas acontecer. Liderar para executar não significa simplesmente dirigir detalhes ou ser prático com as pessoas, mas envolver-se diretamente.

A liderança é a habilidade de influenciar pessoas a trabalharem com entusiasmo, visando atingir os objetivos identificados como sendo para o bem comum. É o que modifica o comportamento e a atitude das pessoas, de forma a ser potencializada para a execução de trabalhos e desenvolvimento de equipes.

Um dos muitos desafios do ser humano é saber lidar com pessoas difíceis. No grande projeto de construção de relacionamentos, nos deparamos, com frequência, com algumas situações que parecem ser repetitivas e que nos levam a exclamar: "que pessoa difícil de se relacionar!".

Quantas pessoas você conhece que são amargas? Quantas reclamam o tempo todo de seus empreendimentos e da sua rotina? Pessoas com essas características parecem que atraem sobre si coisas ruins com uma sequência de insucessos, até mesmo, vivem uma série de dramas trágicos e destrutivos. Esse padrão negativo que as acompanha gera tipos indesejáveis de difícil relacionamento interpessoal.

Moldando a estratégia final

Em qualquer organização, para desenvolver estratégias e conseguir alcançar os objetivos pretendidos, não basta saber o que deve ser feito para obter o êxito. É preciso que a empresa possua os recursos indispensáveis para defender essas estratégias, que são focadas no cliente.

A primeira missão das empresas, geralmente, é vista em termos de atendimento às necessidades do cliente. Entretanto, em muitos casos, leva as empresas a adotarem estratégias que são além do limite de seus recursos. Logo, é necessário possuir recursos com determinadas características, que possam garantir vantagens competitivas que sejam capazes de situá-las e mantê-las em posições proveitosas no mercado.

A análise funcional de uma organização tem por finalidade estudar o que a empresa está determinando em cada uma de suas funções. Além disso, pode ser utilizada como uma importante fonte de informação para a realização da análise externa da organização. Dentro da organização podem ser identificados vários fatores que devemos dar precedência, como: *marketing*, produção, logística, gestão de pessoas e finanças.

Em relação à cultura organizacional, entende-se que é determinada pelos valores, crenças, atitudes e pelas normas compartilhadas pelos seus colaboradores, que visam o resultado da cultura. A organização apresenta um determinado estilo de administração, graus de centralização e de descentralização do poder, níveis de processualismo, que indicará os graus de motivação, produtividade e de capacidade inovadora de seus membros, repercutindo diretamente sobre o sucesso ou fracasso da empresa.

Para refletir

Eu e você sabemos como a vida seria mais fácil se não tivéssemos que lidar com pessoas difíceis, não é? Tudo seria harmonioso, haveria mais justiça e tolerância no mundo. Será que não há algo que possa fazer para eliminar alguns desgastes ao lidar com isso?

Será que existem segredos para torná-las melhores e mais efetivas? Algumas pessoas são, realmente, muito desafiantes, por isso é importante saber gerenciar as situações polêmicas, conflitantes e evitar discussões. Não tenha dúvida de que quando você lida com pessoas difíceis, você está em linhas-limite, está na linha de bordo. Com isso, pode dar um passo em falso e cair.

É como se estivesse andando na beira de uma montanha e, ao menor descuido, pudesse cair no despenhadeiro. Ao lidar com essas pessoas, não se esqueça da responsabilidade pelas suas ações. Se agir dessa maneira, o resultado será positivo, eficaz e trará paz na consciência. Quando você não tem uma visão de futuro, não consegue aguentar o presente. Com uma visão nítida do que quer, contagia as pessoas ao seu redor que, automaticamente, começam a ajudar você a realizar o seu sonho.

É tão evidente dizer isso, mas, embora seja um dos grandes segredos do sucesso, ainda existem muitas pessoas que não limpam a mente, o ambiente, o local de trabalho e insistem em se manter em situações que tiram o foco e concentração no que realmente importa.

Como tudo na vida tem um propósito, é necessário estabelecer e direcionar metas para todas as questões que envolvem relações. Com a estruturação de metas com longevidade, é mais fácil se tornarem possíveis e realizáveis, mas é preciso ter disciplina, disponibilidade e engajamento para persistir sempre. Se você é persistente e busca inovar cada vez mais, obviamente se tornará um grande vencedor.

Referências

GASPARETTO, Antonio, Luiz. *Prosperidade profissional*. Editora vida & consciência, 2007.

PERCY, Allan. *As vantagens de ser otimista*. Editora Sextante, 2014.

ANDRADE, Rosa, Arnaldo. *Planejamento estratégico*. Editora Atlas S. A., 2012.

Capítulo 2

Diferenciar-se positivamente na carreira faz toda a diferença!

Todos os semestres as universidades formam milhares de profissionais, mas, poucos conseguem destaque e crescimento na carreira. Por quê? Será que têm algo diferente? Uma inteligência ou um talento único?

Alexsandro Nascimento

Alexsandro Nascimento

Atua nacional e internacionalmente como acelerador de carreiras de profissionais das mais diversas idades e cargos, incluindo recém-formados e executivos de multinacionais. Professor de administração e gestão de projetos no MBA da FGV, ITA, USP (FIA e POLI), com mais de 20 anos de experiência prática no mercado de trabalho, liderando projetos com equipes de até 500 pessoas. Mestre em administração de empresas pela Escola de Administração de Empresas de São Paulo, da Fundação Getulio Vargas (FGV-EAESP). Pós-graduado (FGV-EBAPE); bacharel em ciências da computação (UNISANTA); *Master coach*. Certificação PMP; foi instrutor do PMI – SP. Desde 2007, mais de 14 mil pessoas, em todas as cinco regiões do Brasil, já assistiram as suas aulas e palestras que ajudam no reconhecimento profissional. Obteve a Certificação P.M.P. em 2007 e foi instrutor do P.M.I. – SP; Um dos primeiros brasileiros que estuda a motivação e o desempenho em carreira a obter cinco formações diferentes em *coaching*, sendo duas destas *Master Coaching*.

Contatos
http://carreirasemalta.com.br
alexsandro@carreirasemalta.com.br
Facebook: Carreias em alta
LinkedIn: Palestrante Alexsandro
YouTube: Alexsandro Nascimento
Instagram: @palestrante_alexsandro
(13) 98112-7877

Venho estudando há anos o desempenho de profissionais, e esse assunto sempre me intrigou. Por que pessoas que tiveram as mesmas condições, estudaram nos mesmos colégios e cursos universitários, depois de algum tempo, apresentam condições profissionais e resultados muito diferentes?

É importante destacar que não estou falando apenas de resultados financeiros, pois o dinheiro que se ganha profissionalmente (e que é importante) é apenas um dos indicadores de sucesso e realização, e não o único, pois todos sabemos que há pessoas que têm muito dinheiro, mas nem por isso se consideram realizadas ou bem-sucedidas, às vezes, é até o contrário.

O mais importante que verifico pelo Brasil, ministrando aulas em MBA e palestras para milhares de pessoas, em todas as cinco regiões no Brasil, desde de 2012, é que cada um de nós tem a própria definição de sucesso profissional.

A questão é: a maioria não está satisfeita com a condição atual profissional, ou seja, ainda não atingiu o seu próprio conceito de sucesso profissional. Um dos principais motivos que ouço das pessoas pelo Brasil é que não recebem o devido reconhecimento pelo cumprimento profissional e pessoal.

Depois de ouvir e estudar, identifiquei que uma das principais causas (não a única, importante ressaltar) da falta de reconhecimento profissional é que grande parte dos profissionais não sabe como trabalhar e comunicar de forma estratégica o seu conhecimento técnico, o seu potencial e as suas realizações/resultados.

Em relação a trabalhar de forma estratégica o seu conhecimento técnico e se destacar positivamente na carreira, gosto muito da parábola do sábio e do velho lenhador que aceitou uma disputa contra um concorrente jovem e forte, para validar qual dos dois profissionais conseguiria produzir mais lenha em um determinado período.

Reza a lenda que o sábio e velho lenhador era famoso por ganhar em produtividade, mas, nesse desafio seria diferente. Tal competição chamou a atenção dos moradores da região, pois boa parte acreditava que o sábio lenhador iria perder para o seu oponente, porque esse era muito mais jovem e forte.

Na data marcada, os competidores deram início a uma intrigante disputa, e o mais jovem e forte, mesmo sabendo do seu porte, preocupado com a fama do sábio lenhador, de vez em quando, dava uma olhada no seu oponente mais velho, e sempre o via sentado. Deve estar cansando, ganharei fácil. – pensava. E assim a competição durou até o pôr do sol.

Ao final do dia, os jurados foram apurar qual dos dois produziu mais lenha e, para o espanto de todos, o lenhador mais sábio e velho, novamente, ganhou com boa margem de vantagem.

Muito intrigado, o jovem e forte lenhador foi até o seu oponente e questionou:

— Como você pode produzir mais do que eu se, por diversas vezes que observei, você estava sentado descansando?

O sábio velho lenhador, prontamente, respondeu:

— Engano seu, meu caro. Você me via, na verdade, amolando o meu machado, pois tinha verificado que você estava gastando muita força com pouco resultado.

Em nossas carreiras, muitos profissionais não estão recebendo o merecido e justo reconhecimento, por não "amolarem o seu machado". O que quero dizer com isso? Nos dias atuais, não basta apenas estarem satisfeitos com o conhecimento técnico, e depositarem apenas nele "todas as fixas" de sucesso profissional.

Esse é um erro que se repete mais e mais por onde viajo pelo Brasil. Claro que o conhecimento técnico é importante, isso é indiscutível. É óbvio que é necessário entregar resultados, mas, se esses dois fatores fossem suficientes, não haveria tantos profissionais reclamando pelo Brasil de falta de reconhecimento e de insatisfação com o chefe, empresa, e até mesmo carreira.

O que apresentarei neste capítulo é um método de sete etapas que desenvolvi com o objetivo de ajudar você a conseguir se destacar positivamente em sua carreira e, com isso, atingir os seus objetivos de maneira mais segura e rápida possível. Você verá que não é mágica ou milagre, mas, sim, estudo, pesquisa e prática de observação com milhares de profissionais, para identificar quais padrões os bem-sucedidos, que atingiam o reconhecimento e crescimento, tinham, que os com pouco destaque não praticavam.

Este é o método C.R.E.S.C.E.R. Ele contempla as sete etapas a seguir.

Conhecimento

Esse é um dos principais passos que todos os profissionais devem se atentar, pois é necessário conhecer o que realmente é valorizado, priorizado pelo seu chefe, sua empresa e seu mercado de trabalho. E, para ilustrar a relevância desse primeiro passo, contarei uma passagem que ocorreu em minha carreira.

Eu tinha pouco mais de 20 anos e liderava uma equipe de aproximadamente 20 técnicos. À época, eu tinha a mania de entregar a mais e fazer sempre mais do que era pedido, principalmente no que diz respeito à padrão de qualidade. Porém, havia um diretor em especial que, normalmente, me frustrava por não reconhecer o meu trabalho.

Toda demanda eu entregava sempre com um padrão de qualidade superior, com mais informações e subsídios para a tomada de decisão dele. Porém, era comum ele não reconhecer e, às vezes, até reclamar e comparar com a entrega de outro líder (par meu) que, no meu ponto de vista, era "mediana". A única diferença é que ele entregava sempre antes, e eu era no limite do prazo, o que, para mim, não era "problema".

Você já deve ter identificado o que ocorria, mas eu precisei de tempo e de muita reflexão. Como sou perfeccionista, sempre me preocupo com uma qualidade superior, e não necessariamente com o que foi pedido e o seu prazo. Porém, esse diretor valorizava, em primeiro lugar a agilidade, e não uma qualidade superior.

Apenas quando compreendi isso é que pude ajustar as minhas ações, para entregar a qualidade necessária, e sempre compreender e validar o que é prioridade da demanda.

Estou certo de que se você nunca passou por uma situação dessa, deve conhecer alguém que já, mas ainda não compreendeu verdadeiramente o motivo. Agora você já sabe: temos que conhecer o que é valorizado pelos nossos chefes, empresas, e mercado de atuação.

Ressignificação

Uma vez que você descobriu e compreendeu o que é valorizado pelo seu chefe, empresa e mercado, é necessário ressignificar como, daqui para frente, você se relacionará na sua empresa.

Ou seja, verdadeiramente, a partir dessa mudança de percepção, você atribuirá um novo significado ao seu relacionamento profissional, pois, de agora em diante e de forma estratégica, você sempre levará em consideração o que é priorizado primeiro pelo seu chefe e não por você. Isso fará toda a diferença para destacá-lo positivamente dos demais profissionais, lembrando-se de que, semestralmente, as universidades formam milhares de pessoas, e todos precisamos nos destacar.

Quando falo que você mudará a sua percepção e atitudes, isso contempla não apenas as demandas que receberá daqui para a frente, mas todas as vezes que se relacionar com o seu chefe, empresa, mercado, seja em reuniões, apresentações ou almoços de trabalho.

Entendimento

Essa é mais uma etapa que não é ensinada nas universidades; você precisa ter o exato entendimento de como o seu chefe, a sua empresa e o seu mercado de trabalho o enxergam. O que eles pensam de você? O que eles percebem de pontos a desenvolver e, principalmente, de pontos fortes, e como eles querem "aproveitá-lo" para a empresa.

Isso é excluir o "achismo"; vai muito além de alguns *feedbacks* pontuais, que sempre somam e devem ser levados em consideração. Sem saber exatamente como os seus superiores o percebem, como você poderá aproveitar todo o seu potencial a favor da empresa e, consequentemente, a seu favor?

Colocar "luz" sobre essa questão será um divisor de águas em suas percepções e atitudes e, certamente, você poderá ser mais estratégico e aproveitar melhor as oportunidades da empresa.

Solução

A partir deste momento que você já possui na sua empresa, com o seu chefe e com você (conhecimento, ressignificação e entendimento), será, enfim, possível desenvolvermos um plano de ação para colocar em prática e se destacar positivamente, obtendo o seu reconhecimento profissional.

Esse plano para a sua carreira (dentro de um determinado período) será como o aplicativo *Waze* no trânsito. Ele partirá de um ponto atual (sua situação profissional) e apresentará em tempo real a melhor rota, caminho, e o que você deve fazer para chegar ao seu destino e, no caso, ao seu próximo passo na carreira, próximo nível.

Isso por si só o diferenciará da maioria dos profissionais, os quais focam apenas em trabalhar mais horas dos que os outros (sem uma estratégia de priorização da chefia), e fazer mais e mais cursos (sem alinhamento a sua carreira, futuro e mercado de trabalho).

Comunicação

Agora que você já compreendeu como é visto o que é priorizado, e desenvolveu um plano de ação, precisa iniciar uma comunicação acurada. Ou seja, para que, ao mesmo tempo, reflita as mudanças que você está praticando e também leve em conta a forma de comunicar dos seus principais *stakeholders*, tais como chefes diretos, pares, fornecedores e clientes.

A comunicação é uma das principais ferramentas para apresentar de forma inteligente e estratégica o seu potencial, a sua capacidade ao mercado. Muitos profissionais "considerados competentes" não conseguem comunicar de forma acurada os seus principais interlocutores. Por isso, muitas vezes, ficam fora de oportunidades ou, às vezes, até deixam transparecer uma imagem não condizente com o perfil.

É muito comum o problema de comunicação em profissionais da área de exatas, por sinal, a minha área de atuação.

É importante lembrar ainda que "comunicação não é o que se fala e, sim, o que se entende!". Se você tem namorado(a), esposo(a), compreenderá melhor essa afirmação que também é verdadeira no ambiente de trabalho.

Evolução

Neste momento, temos que monitorar os resultados do plano de ação, para medir a evolução das suas ações e objetivos. E, como se efetuássemos ajustes de rota, exemplo: um avião, assim que decola, normalmente, faz uma curva mais ou menos acentuada, dependente de onde decolou, o caminho que terá de fazer e do seu destino. Contudo, essa é apenas uma primeira curva, pois, durante o voo, podem acontecer outras condições de tráfego ou climáticas que levarão o piloto a fazer novos ajustes de rota.

No seu caso, você é o piloto de sua carreira, e é o responsável por validar o seu destino, rota e, sempre que necessário, ajustá-la para manter o foco no seu destino; lembre-se disso.

Reconhecimento

Após a aplicação sistemática das seis etapas anteriores, você, com segurança, conseguirá se destacar dos demais profissionais. Com isso, o seu reconhecimento virá gradativamente de forma segura e sustentável.

É importante ter paciência e perseverança, pois o tempo de reconhecimento varia de empresa para empresa, e de chefes para chefes. E, no caso de ter que mudar imagens e percepções anteriores que os chefes tinham de você, pode ser que demore um pouco mais, porém, é certo que ocorrerá.

Lembre-se: para um crescimento seguro e sustentável de sua carreira, a direção certa é mais importante do que a velocidade rápida, pois eu mesmo já vi muitos profissionais com crescimento muito rápido e também quedas mais rápidas ainda. É possível acelerar sim, mas com um estudo, análise e prática sistemática de um método comprovado.

Quero encerrar este capítulo com uma frase de Ricardo Amorim que está muito relacionada a este conteúdo:

> "Você não ganha para trabalhar, você ganha para resolver problemas, criar soluções e encantar clientes."
> Ricardo Amorim

Capítulo 3

Saber que ninguém muda ninguém é claro. Então, por que sofremos?

Neste capítulo, você encontrará reflexões do porquê o ser humano assimila cognitivamente os melhores formatos socioemocionais, porém, a vivência emocional desejada está muito distante do que realmente acontece

Alicia Veloso

Alicia Veloso

Graduada em pedagogia no Uruguai, com especialização na área de educação para a saúde. Gestão de projetos, administração empresarial, liderança e comunicação, pela Escola Nacional de Administração Pública do Uruguai. *Expert* em gestão de RH, e *practitioner* em PNL pela faculdade de Villa Maria, na Argentina. *Life, leader & executive coach;* palestrante pela ABRACOACHES e Line Coaching; analista comportamental pela Line Coaching e SOLIDES. CEO do projeto PROCORH (Programa de Coaching para RH), aplicado em vários estados do Brasil. Ministra palestras nas áreas de desenvolvimento humano, liderança e análise comportamental. Autora do livro *Acredite se quiser*, e coautora do livro *Segredos de alto impacto*, ambos da Editora Literare Books.

Contatos
www.velosocoaching.com.br
contato@velosocoaching.com.br
Facebook: Veloso Coaching
Instagram: coach_alicia_veloso
YouTube: Alicia María Veloso
(55) 98452-2957

"O Cristo não pediu muita coisa, não exigiu que as pessoas escalassem o Everest ou fizessem grandes sacrifícios. Ele só pediu que nos amássemos uns aos outros."

Chico Xavier

Você já parou para pensar quão efêmeros são os relacionamentos humanos hoje em dia? Percebeu que estamos vivendo numa época em que tudo ao nosso redor perdeu, de certa forma, a essência mais profunda, tornando tudo mais instantâneo, genérico e automático?

Pois é. Mesmo estando conectadas 24 horas por dia, nunca antes na humanidade tantas pessoas sofreram depressão, solidão profunda, cansaço crônico, estafa mental e psicológica. O resultado disso é grave: altas taxas de suicídio entre jovens, crianças e adultos em várias partes do mundo, de todas as classes, independentemente da formação, idade, tempo e espaço.

Por que isso tem acontecido? Estamos frente a um dos paradoxos mais importantes desta era. Estar conectado às mídias sociais não é sinônimo de se sentir amado, acompanhado, compreendido, ou sequer escutado.

Se procurarmos respostas no campo científico, vamos encontrar informações como: "o nosso cérebro precisa de ao menos oito abraços diários para sentir ou produzir substâncias que gerem bem-estar, serotonina, dopamina, entre outras".

Tudo o que a nossa mente cria gera um impacto vibratório que foge da nossa capacidade de compreender a sua dimensão.

Porém, neste espaço, vou me distanciar do lado meramente científico e migrar para o espiritual.

Acredito firmemente que todos somos viajantes do tempo e espaço. A nossa alma vem assistindo a vários cenários diferentes ao longo de muitas vidas consecutivas, ou seja, oportunidades na escola da vida material para aprimorar o nosso espírito. Isso traz a compreensão suprema de que nada acontece por acaso, tudo responde a uma questão de causa-consequência, tudo o que emanamos para o universo (seja amor ou não) retorna em forma diretamente proporcional.

Nessa viagem, vamos reencontrando companheiros de outras vidas, com os quais tivemos amores profundos, amizades inesquecíveis. Olhamos para eles sem sequer conhecê-los nesta vida, o nosso coração dispara como se fosse um turbilhão de emoções encontradas e uma emoção gratificante de sentir que essa pessoa já é especial para nós.

Muitas outras vezes, nos deparamos com quem, em outras experiências pretéritas, foi desavença, desencontros, e é com esse tipo de alma que mais precisamos voltar a ter contato, para aprender a nos compreender mutuamente, por meio das conexões mais profundas e inexplicáveis.

Exercer, então, as habilidades socioemocionais, como a empatia, a paciência, a solidariedade, é mais do que uma competência a desenvolver. É a caridade em ação; até o silêncio faz parte desse último conceito.

Sei que é muito particular essa forma de ver o mundo, porém, traz uma revelação importante. O fato de depositar nos outros as nossas carências não é somente uma consequência dessa realidade, mas um reflexo do que nos falta espiritualmente, dos desencontros sofridos, dos amores perdidos, das decepções sentidas e provocadas.

Esses vazios existenciais, conscientes ou não, fazem com que nós, seres humanos em aprendizado, como crianças no primeiro ano escolar, busquemos de forma ansiosa encontrar no outro aquilo que nos falta internamente. Acreditamos, realmente, que somos incompletos até encontrar aquela pessoa que fará por nós o que não somos capazes de fazer.

E, quando isso acontece, quando o encontro surge (entre tantos que temos ao longo de uma existência), nós extrapolamos a nossa imagem e a nossa sombra naquele que será o nosso "salvador/a". Por um tempo, sentimos conforto e vivemos no autoengano de realmente acreditar que tudo será perfeito.

Mas, isso, da mesma forma que surgiu se modifica, se transforma, e o vazio volta a existir, cheio de dúvidas, dores, carências e desencontros. Ninguém conseguiu nos salvar de nós? Ninguém será o nosso refúgio espiritual que voltará de outros tempos para nos fazer sentir que estamos novamente em nossa casa espiritual?

Bem, a vida material é uma prova constante. De fato, cada episódio de nossa novela pessoal nos leva a um aprendizado específico, e somente nós podemos fazer essa viagem interior e espiritual.

Assim como nós, todos os que fazem parte desse cenário devem, precisam e farão as suas próprias viagens espirituais, cabendo a cada um ressignificar o seu comportamento, as competências socioemocionais, e as formas de convivermos uns com os outros.

Aqui vem o nosso título: ninguém muda ninguém. Podemos exercer sobre nós um elevado nível de autoconhecimento que faça dessa "fase escolar na Terra" uma etapa proveitosa, para que possamos voltar para a nossa "pátria espiritual"com o coração feliz por ter passado mais uma etapa.

Porém, todos os dias devemos nos policiar e refletir sobre o quanto de expectativa depositamos nos outros. Entramos em círculos viciosos, de repetir uma e outra vez os mesmos parâmetros comportamentais e situacionais.

Mulheres, por exemplo, costumam sofrer por relações tóxicas com pessoas que se tornam mais "filhos" do que companheiros de vida. Em algum momento, tomam a decisão (no melhor dos cenários) de finalizar essa relação tão pouco saudável. Porém, em um próximo relacionamento, voltam a repetir o mesmo padrão: não conseguem sair do ciclo de sentir que devem ser indispensáveis para a outra pessoa. Que se não forem elas, ninguém mais conseguirá mudar o comportamento do outro.

Como erramos! Quão pouco aprendemos se não viajarmos para o autoconhecimento! Exercemos a mais trágica forma de expressar o nosso orgulho: nos colocamos como "salvadores" de outras almas, quando nem sequer podemos nos salvar.

Esse sentimento nos faz suprir inconscientemente as nossas carências, voltando toda a nossa atenção para as fraquezas do outro, que não são mais do que o nosso próprio espelho tentando nos mostrar a imagem que precisamos ver. Porém, como toda imagem, é produto de uma percepção ou de uma distorção. Nem sempre é possível acessar essa perspectiva, e a consequência a curto prazo mais comum é o sofrimento!

Sofrimentos chamados desengano, desilusão, autocomplacência, autovitimização. Nada produtivo, certo? Vejamos:

Você	Nunca	Com frequência	Sempre
Sentiu que falhou com outra pessoa.			
Sentiu que deveria ter feito algo a mais por outra pessoa.			
Acreditou que a "culpa" deveria ser sua.			
Sentiu que o erro estava em você.			
Se frustrou porque não conseguiu obter de outra pessoa aquilo que esperava.			

Analisou com total sinceridade? Se sim, desejo, realmente, que os resultados sejam promissores, mesmo que eles estejam na fase de autoconhecimento.

Então, qual é o caminho? Bem, ele não é único, nem fácil de ser trilhado. Porém, traz muita paz de espírito quando compreendemos que devemos ser imprescindíveis apenas conosco. E isso não é egoísmo, mas uma descoberta de que cada um deve trilhar o seu "caminho de Compostela", como bem relata Paulo Coelho.

É preciso que nos libertemos dessas ataduras, do nosso orgulho exacerbado, para migrar para as relações mais saudáveis, em que não podemos fazer outras pessoas felizes, mas compartilhar o nosso bem-estar com elas.

Augusto Cury explica muito bem que ninguém torna outra pessoa melhor; no mais comum dos cenários, podemos influenciá-la para piorar o seu estado. E isso não somente compete às relações de casais, mas às de pais e filhos, familiares, amigos, alunos e professores em geral.

Quantos pais se encontram no dilema de não compreenderem as formas de perceber o mundo de seus filhos? Quantas perguntas similares às seguintes você já escutou ou fez: "eu ensinei tudo, porém, não entendo por que ele faz completamente o oposto"; "onde foi que eu errei?". Faz sentido para você?

De fato, a partir do momento que compreendemos que todos somos espíritos, almas únicas em jornadas de aprendizado, em companhia daqueles com os quais precisamos absorber determinadas experiências, como se fosse uma obra teatral na qual trocamos de papéis com versatilidade, para colocar em cena por vez, passamos a ser mais calmos, menos ansiosos, e empáticos o suficiente para entender que não podemos esperar dos outros mais dos que cada um pode compartilhar conosco. Por outro lado, tão pouco nós somos capazes de dar além do que nos é possível em cada viagem espiritual ou etapa da nossa vida, doar para a humanidade em geral.

Einstein falava da relatividade do tempo e espaço. A física quântica vem nos dar elementos para compreender que essas percepções são totalmente válidas, e podem até responder perguntas de ordem espiritual, antes impossíveis de serem confrontadas cientificamente.

Estamos vivendo uma era na qual a ciência respalda cada vez mais a espiritualidade, que explica a necessidade da ciência em retroalimentar um crescimento humano que todos desejamos para um maior aprimoramento espiritual e material. Mas, isso também fica nas mãos de nós, seres em aprendizado e, portanto, perfectíveis.

Faça esta outra reflexão: preencha a sua roda da vida. Responda para cada área de sua vida como você está respondendo às demandas que está recebendo. Na escala de um a dez, sendo um muito pouco e dez o máximo de desenvolvimento. Após fazer esse exercício, foque especificamente nas áreas pessoais e espirituais e compare com as demais áreas de sua vida.

Seja sincero ao ponto de responder: você está cuidando com carinho e reflexão dessas áreas? O que você poderia fazer para mudar a situação atual? O que está em você e o que se torna imponderável, que foge a sua tomada de decisão? O que é óbvio que você pode mudar e o que é óbvio que não está nas suas mãos?

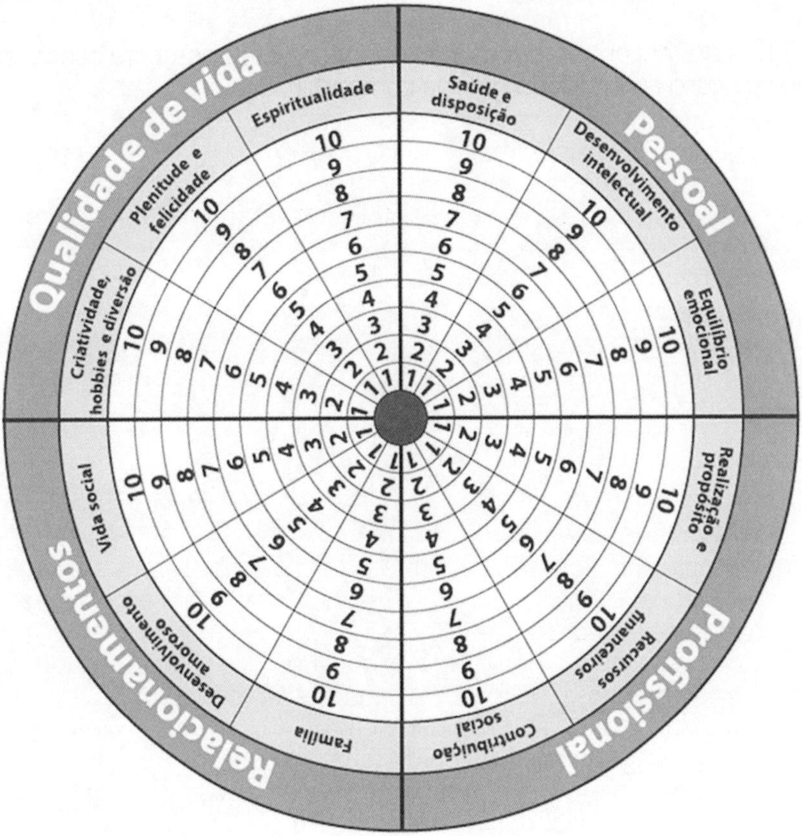

Para finalizar este encontro com vocês, feito da forma mais singela e espontânea em relação a essa reflexão de vida (talvez a mais profunda que venho fazendo como pessoa nos últimos tempos, em função do "ser" antes do "ter"), desejo compartilhar alguns *links* que podem servir, sem nenhuma intenção de convencer ninguém a acreditar em algo, mas a se permitir olhar fora da caixa, para o seu crescimento:

1. https://www.pensarcontemporaneo.com/os-15-melhores-filmes-espiritas-para-refletir-sobre-a-vida-depois-da-morte/
2. https://osegredo.com.br/nao-tente-mudar-o-outro-mude-se-

-voce-e-se-for-o-caso-para-bem-longe/

Sugiro a leitura do livro a seguir às mulheres. Ele fez muita diferença na minha percepção, mesmo ainda com o caminho sendo longo para atingir um estado "ideal".

1. https://www.wook.pt/livro/mulheres-que-amam-demais-robin-norwood/109831

Nós nos encontramos em outros espaços e tempos, para continuarmos o nosso aprendizado de vida compartilhado.

Capítulo 4

A comunicação é um enorme desafio, mas anime-se! É possível aprender a praticar!

Culpada! A comunicação é, obviamente, citada como culpada pelo sucesso e pelo fracasso das relações, sejam elas pessoais ou profissionais. Se há sucesso em várias situações, parece ser possível pararmos para observar e refletir sobre o que faz com que algumas interações sejam fluidas e tragam resultados positivos para todas as partes envolvidas. Neste capítulo, serão abordadas características essenciais da comunicação e algumas sugestões para que a competência seja desenvolvida de forma contínua e consciente

Ana Cristina Dutra

Ana Cristina Dutra

Mestre em Administração (Coppead/UFRJ), pós-graduada em Gestão de Negócios (FDC) e Gestão de RH (FGV), graduada em Comunicação Social. Gerente de Projetos de Desenvolvimento Organizacional na Fundação Dom Cabral, com sólida vivência em Gestão de Pessoas, tendo atuado na Vale, Repsol YPF, Ibmec e Michelin. *Coach* formada em "*Coaching* Integrado" - ICI; "*Coaching* de Carreira" – SBCoaching; "*Personal and Professional Coaching*" pela SBCoaching e pela SLAC; "*Executive Coaching*" pela SBCoaching e pelo Behavioral Coaching Institute; PNL pelo INAP; "*The Coaching Clinic*" e "*Leader Coach*" pela Pro-Fit; *Coaching de Carreira* pelo IMS. Formação em *Positive Leadership* pela SBCoaching, *Soul Centered Leadership*, pelo Metaforum. Realiza atendimentos individuais e em grupo com foco em autoconhecimento, propósito de vida, liderança e equipes. Co-idealizadora do Programa Elo – Jogos de Conexão. Sócia do Instituto Semilla Desenvolvimento Humano.

Contatos
www.institutosemilla.com.br
contato@institutosemilla.com.br
(11) 99006-6619 e (61) 98138-4645

"Qualquer coisa,
pergunta-me qualquer coisa,
uma tolice,
um mistério indecifrável,
simplesmente
para que eu saiba
que queres ainda saber,
para que mesmo sem te responder
saibas o que te quero dizer."
Mia Couto

Pessoas que gostam de ler costumam ter os nomes de seus autores prediletos na ponta da língua. Rubem Alves tem um lugar cativo em minha estante. Sua obra traz reflexões profundas, com uma assertividade graciosa que é só dele. Um de seus textos mais conhecidos começa com uma provocação adorável:

> Sempre vejo anunciados cursos de oratória. Nunca vi anunciado curso de escutatória. Todo mundo quer aprender a falar. Ninguém quer aprender a ouvir. Pensei em oferecer um curso de escutatória. Mas acho que ninguém vai se matricular.

Embora hoje em dia haja vários desses cursos no mercado, a escutatória que Rubem Alves propõe continua sendo um grande desafio do desenvolvimento humano. Cursos de "comunicação eficaz", "escuta ativa", "relacionamento interpessoal", "foco no cliente", enfim, inúmeras abordagens já foram criadas para tentar despertar a consciência das pessoas em direção ao óbvio: para escutar, precisamos silenciar os nossos ruídos internos e oferecer ao outro, seja quem for, a descansada consideração que ele merece.

Claro que há situações sem grande complexidade, como, por exemplo, um rápido "bom dia" no elevador. Porém, ao considerarmos as nossas interações mais significativas, com ou sem envolvimento emocional, não só a escutatória, mas a comunicação como um todo é competência essencial. Competência envolve conhecimento, habilidades e atitudes. Exige aprendizagem contínua e disciplina para treinar e aprender um pouco mais a cada dia.

Para isso, é necessário encarar um outro desafio: compreender que a humildade genuína e madura é condição para evoluir. Sim! É necessário ser humilde para desejar identificar pontos cegos na interação com o outro e com o mundo, assim como para potencializar a própria atenção, trazendo à consciência a necessidade de estar verdadeiramente presente para conseguir realizar uma boa comunicação.

Uma das ferramentas mais importantes para exercitar a comunicação complementa aquela proposta por Rubem Alves e, com a sua licença, proponho aqui chamá-la de "perguntatória"! Pode parecer simples, mas fazer boas perguntas é uma arte. Boas perguntas geram boas reações. Seja nas relações pessoais ou profissionais, quando uma pessoa recebe uma pergunta honestamente curiosa e reconhece no interlocutor um interesse genuíno, tende a abrir-se para uma boa conversa. A "perguntatória" aprofunda a conexão entre a fala e a escuta, especialmente quando as questões são formuladas sem a ansiedade da contestação, mas com aquela curiosidade saudável sobre o que o outro realmente está querendo dizer.

Como diz o Professor Fredy Kofman, há conversações em que os participantes monologam sem se escutarem nem se questionarem. Cada um vê a questão unicamente a partir de seu ponto de vista, como se fosse o único possível. São como interlocutores-competidores que têm dificuldade de acolher a possibilidade da cooperação e do crescimento mútuo, agindo como se conversas fossem combates para provar quem sabe mais, quem está mais bem informado, quem é mais inteligente e até quem é um ser humano melhor.

Interessante constatar que até as pessoas atentas ao desenvolvimento de sua inteligência emocional e preocupadas em evoluir espiritualmente (não necessariamente a partir de crenças religiosas), por vezes caem na mesma armadilha: permitem que a ansiedade de convencer o outro sobreponha-se à possibilidade de um diálogo recheado de boas perguntas, ponderações e esclarecimentos, no qual todos expressem os seus pontos de vista e se sintam considerados, compreendidos.

Podemos, então, dizer que cuidar da comunicação exige mestria*. Um mestre na arte da "perguntatória" e da "escutatória" procura estar sempre atento à relevância dos espaços conversacionais. Nas situações em que não há a possibilidade ou necessidade de consenso, após expor as suas ideias, ouvir e gentilmente questionar o interlocutor, sua atitude transmite claro respeito ao outro. É como se dissesse: "entendi bem o seu ponto de vista. Não compartilho totalmente, mas entendo e respeito".

E, claro, o mestre continua aberto a esclarecer a sua visão com muita serenidade, ouve a réplica a seus argumentos, aprende sempre mais e amplia o seu repertório de reflexões sobre o assunto. Não raro, surge uma dúvida sobre o seu posicionamento anterior e a curiosidade de experimentar um novo olhar. Não é mágica, é treino, vontade e disponibilidade. É sabedoria.

Um dos pressupostos para treinar essa comunicação, segundo Fredy Kofman, é reconhecer que uma pessoa quase nunca – ou nunca – tem todas as informações consideradas relevantes por todos os envolvidos numa determinada conversa ou discussão. Sendo assim, é necessário que as posições sejam expostas, mostrando aos interlocutores a forma com que raciocinamos, permitindo compreender por que pensamos o que pensamos. Para que isso aconteça, é inevitável estarmos dispostos a nos expor com verdadeira transparência, o que nem sempre é confortável.

Porém, quando os interlocutores constroem um ambiente de confiança no qual assumem a própria vulnerabilidade e agem de forma absolutamente verdadeira, cria-se a possibilidade de compartilhar informações, padrões, deduções, dúvidas, novos aprendizados e ideias. Kofman diz que, numa discussão, se há forte oposição a um argumento apresentado, explorar a oposição por meio de perguntas esclarecedoras gera fluidez e aprendizagem ao invés de estagnação.

Considerando que a comunicação reúne inúmeros aspectos, seria impossível esgotar o tema de uma só vez. Mesmo assim, é válido contribuir com a reflexão propondo alguns cuidados e estratégias que ajudam a criar um bom alicerce para desenvolver essa competência. Seguem, então, seis sugestões:

1. **Autoconhecimento** é um desafio mais árduo do que parece. A orientação para que todos invistam nessa busca é repetida aos quatro ventos a partir de motivações diferentes. Aqui, a sugestão é: procure observar o que pensa e sente durante as conversas mais relevantes das quais participa, em ambiente profissional ou não. O que desperta a sua atenção, o que dispersa, o que irrita, o que encanta, enfim, procure observar-se cuidadosamente. Observe também como a sua mensagem atinge os seus interlocutores e como eles reagem. Observar é ampliar a sua consciência sobre como você age e reage. Já é um bom começo.
2. **Inteligência emocional** é um tema que conquistou imensa visibilidade com o livro de Daniel Goleman (1986) e nunca mais recuou. Supor algo sobre o assunto é quase intuitivo, mas a proposta aqui é um pouco mais radical. Procure, efetivamente, entender os principais aspectos da IE (autoconsciência, controle emocional, automotivação, empatia), reflita sobre as suas próprias características, converse sobre o tema, aprofunde o seu entendimento, peça *feedback*, decida o que deseja desenvolver e busque aliados

que o apoiem nesse desenvolvimento. Quanto mais as pessoas conhecem e respeitam as próprias emoções, mais capazes são de reconhecer e respeitar as emoções dos outros (o que reforça o item anterior: autoconhecimento). A boa comunicação é, sem dúvida, temperada pela inteligência emocional.

3. **Consciência e prática:** para potencializar os itens um e dois, observe as suas conversas internas. Questione-se sobre as razões que o levam a pensar o que pensa, a agir como age. Comece pelas coisas mais simples. Quando, por exemplo, algo fizer disparar a sua gargalhada mais espontânea, aproveite para entender o que é realmente engraçado para você. É um exercício simples, mas, ao torná-lo natural e frequente, estará ampliando a sua consciência sobre quem você é, ao mesmo tempo em que treina a perguntatória.
4. **Combinados:** sempre que for possível, antes de iniciar uma conversa importante, uma reunião ou uma apresentação, combine com seus interlocutores as "regras" do evento: quanto tempo será dedicado ao encontro, em que momento as perguntas e dúvidas serão abordadas, como verificar o entendimento de todos, como prevenir que o raciocínio de cada um seja interrompido e prejudicado, enfim, como minimizar a possibilidade de desentendimentos. A ideia funciona para conversas pessoais e particulares da mesma forma. Numa conversa difícil, por exemplo, é recomendável combinar em que momento a conversa será encerrada: quando houver consenso ou quando um dos participantes pedir "pausa" para pensar? Em qualquer situação, combinados previnem alguns desgastes bastante comuns.
5. **O corpo fala:** há vários estudos a respeito da linguagem corporal. Independentemente disso, o senso comum reconhece que manter uma postura aberta e contato visual com o interlocutor, na maioria dos casos, é sinal de atenção. O corpo realmente comunica a nossa presença ou ausência, o nosso conforto ou constrangimento diante de certas situações. Vale a pena conhecer um pouco além do óbvio sobre este assunto e manter-se alerta.
6. **Rodas de conversa:** exercite com as pessoas que você gosta. Não é incomum que não conheçamos bem as pessoas que vivem e convivem conosco. Experimente jogos de perguntas que provoquem conversas em momentos descontraídos, sem a pressão de um desentendimento ou de uma decisão complicada a tomar. Reúna amigos, família ou equipes de trabalho, faça os combinados e aproveite a oportunidade para conversar, perguntar, escutar, descobrir afinidades, gostos, preferências, sonhos em comum.

Essa é uma bela forma de criar conhecimento mútuo e vínculos de confiança que, certamente, contribuem para desenvolver uma comunicação mais leve, prazerosa e assertiva.

E então? É ou não possível aprender a praticar? Não é fácil, mas vale a pena! Os problemas de comunicação nas relações não são totalmente visíveis a olho nu. Para conquistar uma visão mais ampla de qualquer situação, é essencial questionar e descobrir o que pode estar "encoberto" pelos filtros que fazemos naturalmente. É comum que nos acostumemos às coisas como elas são e exploremos pouco a beleza de como poderiam ser. Por acomodação ou desinteresse? Talvez seja apenas a falta da presença de espírito que nos faz acreditar que tudo pode ser melhor e que há muitas verdades alternativas, até mais atraentes do que as nossas... e que podem estar aqui, bem perto de nós.

Sigamos em frente!

"A lição sabemos de cor. Só nos resta aprender."**
Beto Guedes

Referências

ALVES, Rubem. *O amor que acende a lua*. Campinas, SP: Papirus, 1999.
KOFMAN, Fredy. *Metamanagement: o sucesso além do sucesso: a nova consciência dos negócios*. Rio de Janeiro: Elsevier, 2004.
GOLEMAN, Daniel. *Inteligência emocional: a teoria revolucionária que redefine o que é ser inteligente*. 30. ed. Editora Objetiva, 1995.
*Expressão inspirada no verso da canção de Oswaldo Montenegro, Léo e Bia: "Cuidar de amor exige mestria".
**Verso da canção de Beto Guedes, Sol de Primavera.

Capítulo 5

A ludicidade é uma rica alternativa ao aprendizado, mas é preciso saber a melhor forma de utilizá-la

Neste capítulo, você conhecerá melhor a questão da ludicidade e a sua correlação com a aprendizagem adulta, compreendendo a obviedade da escolha de utilizá-la em processos de desenvolvimento profissional formais, em dinâmicas integrativas para grupos livres ou, até mesmo, individuais, como recurso de reflexão, conexão e diversão

Ana Paula Dutra

Ana Paula Dutra

Pedagoga, pós-graduada em Psicopedagogia (UnB), Administração de Recursos Humanos (FGV) e Gestão e Desenvolvimento da Educação Profissional (UnB). *Coach* certificada pela Sociedade Brasileira de Coaching, reconhecida pela International Coaching Council – ICC (2013), pelo Instituto Maurício Sampaio (IMS) e Instituto Coaching Financeiro (ICF). Agente de transformação em projetos sociais e empresas privadas focados no desenvolvimento de líderes e equipes. Facilitadora para programas de empreendedorismo, carreira, felicidade e propósito. Atendimentos individuais e em grupo com foco em autoconhecimento e propósito de vida. Professora de *coaching* aplicado ao cinema – Escola de Cinema Social Cine Braza. Uma das idealizadoras do programa Elo – Jogos de conexão, e do programa Saber & Sabor – Team cooking. Fundadora do Instituto Semilla Desenvolvimento Humano.

Contatos
www.institutosemilla.com.br
contato@institutosemilla.com.br
(61) 98138-4645

Ler e contar histórias, jogar, desenhar, pular, correr, montar e colar sempre foram recursos ideais para o desenvolvimento infantil e infanto-juvenil. Especialmente por suas características criativas, o que proporciona possibilidades infinitas, sem limites para a inovações. Assim, carros e bichos voam, vassouras falam, quadrados se arredondam e bolas criam pontas. Histórias não têm fim.

O melhor é que, depois de anos de pesquisas e estudos sobre como o indivíduo adulto aprende, chegou também ao poder do lúdico a educação para pessoas de todas as idades. E é sobre isso que falaremos.

A velocidade com que tudo se movimenta e a cobrança do mercado para que sejamos profissionais de excelência, inovadores, criativos, competentes, podem criar uma cortina de ilusão para muitos que, juntamente com uma dose de ansiedade, correm o risco de perder boas oportunidades de experiências e aprendizados.

Como corresponder às demandas? Como desenvolver a criatividade? Como aproveitar melhor o que aprendo? Empreendedores, pequenas e grandes empresas preocupam-se por manter em seus quadros, profissionais que correspondam as suas necessidades internas e extrapolem as suas *performances*, acompanhando o mundo atual (com ambientes instáveis, mudanças rápidas, constantes e imprevisíveis).

Se o mundo apresenta volatilidade, incerteza, complexidade e ambiguidade, naturalmente exige perfis com facilidade de adaptação, agilidade, abertura e disposição para aprender, resiliência e resolutividade. Tais competências não são foco somente do empregador, mas também do profissional atento ao movimento livre e às tendências do mercado.

Do ponto de vista da apreensão de conhecimentos, tanto a Andragogia[1] como a Heutagogia[2] nos trazem importantes considerações. Ambas se debruçam sobre a aprendizagem e nos sinalizam bons caminhos a serem seguidos, não deixando de observar as características do aprendiz. O adulto aprende por interesse, necessidade e curiosidade

1 Andragogia – Conceito de educação voltada ao indivíduo adulto. A definição ganhou espaço na década de 70, por Malcolm Knowles, como sendo a arte ou ciência de orientar adultos a aprenderem.

2 Heutagogia – Explica o aprender. Propõe um processo educacional no qual o estudante é o único responsável pela aprendizagem.

(similaridade ou conexões entre elementos), aproveitando experiências já adquiridas, estando motivado por seu desejo de continuar crescendo. Interatividade, complexidade e transdisciplinaridade fazem parte desse movimento do aprender.

Vários estudos contribuem para a compreensão da aquisição de conhecimentos. Dois em especial podemos citar aqui: a pirâmide e os estilos de aprendizagem, que podem ser considerados parte do consenso de que as pessoas são diferentes umas das outras e que cada indivíduo aprende do seu modo.

A pirâmide de aprendizagem, de William Glasser[3], em suas observações de ordem prática, diz que as pessoas apreendem somente um percentual daquilo a que estão submetidas em um ambiente de aprendizagem, da seguinte forma: 10% quando leem, 20% quando ouvem, 30% quando observam, 50% quando veem e ouvem, 70% quando interagem (conversam, perguntam, numeram, descobrem, definem, nomeiam), 80% quando fazem (interpretam, escrevem, traduzem, expressam, ampliam, utilizam, praticam, diferenciam) e 95% quando ensinam aos outros (explicam, sintetizam, definem, elaboram, ilustram).

Os estilos de aprendizagem, estudados por David Kolb[4], mostram, ainda, que a nossa forma de aprender se integra às condições de aprendizagem, com seus aspectos cognitivos, afetivos, físicos e ambientais, o que favorece ações facilitadoras. Por que conhecê-los é importante? Porque, utilizando-os estrategicamente, o aprendizado poderá ser melhor aproveitado, independentemente da premissa de poderem mudar ao longo do tempo. O contrário também é real: não estando de acordo (estilo e estratégia), haverá desinteresse e baixo empenho.

Quatro estilos foram bem definidos em suas características e implicações. O estilo acomodador prefere experimentação ativa e concreta (análise lógica) – trabalho de campo, atividades práticas com desempenho de papéis são recomendadas. O estilo divergente analisa situações por diversos pontos de vista e organiza relações em um todo significativo – prefere trabalhar com tempestades de ideias, em grupo, e com *feedback* personalizado. O estilo assimilador aprende melhor com observações reflexivas e conceitos abstratos (com leituras, palestras, exploração de modelos analíticos). E o estilo convergente prefere a conceituação abstrata e aplicação prática das ideias (o hipotético dedutivo) – simulações, laboratórios, testes objetivos.

Aliar o estilo de aprendizagem às formas mais efetivas de

---

3 William Glasser – Psiquiatra americano, desenvolvedor de ideias de trabalho com inovações para o aconselhamento individual, ligado a escolhas pessoais, responsabilidade e transformação.

4 David Kolb – Estudou, descobriu e divulgou, na década de 1980, quatro **diferentes maneiras de aprender, que dependem de como percebemos a realidade e de como a processamos.**

aprender apontadas pela pirâmide nos dá melhores chances de apreensão de informações.

Além da atenção voltada a como os adultos podem melhor aprender, é importante despertar ao porquê de cada ação voltada à aprendizagem, ou seja, à intenção.

A partir do foco de interesse da organização ou grupo demandante, é confeccionada a linha mestra e suas regras, de maneira tal que a técnica de fundo lúdico, seja um jogo, uma dinâmica, ou outro, esteja sempre balizada por um propósito. Naturalmente, esse propósito deve estar em consonância com as suas necessidades técnicas e comportamentais. Elementos lúdicos podem e devem compor os métodos de treinamento, sendo o carro-chefe, a mola propulsora ou, simplesmente, o recurso de apoio da ação própria para a aprendizagem.

Mas, o que exatamente estamos chamando de lúdico? O lúdico é o que se refere à dimensão dos sentimentos, de espontaneidade, de ação e liberdade, envolvendo diversão, independentemente de vontades ou intencionalidades. Por ludicidade entendemos a consequência provocada por ele. Então, todo e qualquer recurso que favoreça tais aspectos naquele que dela se utiliza é considerado lúdico.

E não se trata da infantilização dos processos de aprendizagem adultos, pois o sistema de regras que organiza a sua utilização traz consciência e direção, diferentemente da maioria das brincadeiras da infância, que não implicam comprometimento, planejamento e seriedade. Várias ações, métodos e técnicas aplicadas já são encontradas nesse sentido, entre elas o uso de lego para prototipagem, o *design thinking*, a *gamificação*, treinamentos vivenciais, entre outros. E ele serviria exatamente para quê? Para adquirir conhecimento, desenvolver competências, talentos, criatividade e soluções.

Aos poucos vamos compreendendo que o lúdico pode ser um grande aliado. No mínimo, há benefícios básicos como: maior interação, convivência e socialização, o que aumenta o respeito e estimula a aproximação, facilitando as trocas, apoio, espírito de equipe, entre tantos outros. Ele colabora para uma boa saúde mental, inclusive. Facilita a aprendizagem e o desenvolvimento pessoal e cultural. Também ajuda a lidar com erros, frustrações e dificuldades, o que abre espaço para ajustes de comportamento ou "de rota", uma vez que se torna consciente para o aprendizado (livre ou conduzido).

E como agregar valor à ludicidade voltada ao desenvolvimento de adultos? É necessário falar sobre o preparo do facilitador. Ele é um provocador da participação coletiva e desafiará constantemente o participante. Portanto, é preciso que tenha preparo e conhecimento, especialmente sobre a natureza da atividade que escolherá trabalhar, conhecer causas e efeitos e formas de implementação para melhor planejar, executar e avaliar.

Aqui chegamos à necessidade de nos observar em nossa comunicação. Cabe uma pausa para nos questionarmos quanto ao uso prático e gentil da comunicação não violenta, dos *feedbacks* efetivos e das perguntas poderosas, com escuta ativa e foco. Sem observarmos que uso temos feito destes elementos, não é simplesmente identificando os estilos de aprendizagem e escolhendo as melhores ações lúdicas que teremos bons resultados.

Para que todos esses pontos sejam bem aproveitados pelo facilitador, o primeiro passo é ter objetivo. Outra observação: devemos saber que escolhemos preferencialmente canais sensoriais, para perceber o mundo a nossa volta, adquirir novos conhecimentos, experimentar e divertir. Desse modo, visão, audição e cinestesia (tato e movimento) podem ser ótimos "catalisadores", potencializando resultados.

Por exemplo, ações verbais como o uso da escrita e leitura, provavelmente, não servirão com o mesmo efeito a pessoas não verbais, que assimilam melhor imagens. Mesmo os adultos sendo desafiados, é necessário que o lúdico seja tido como é, trazendo a real possibilidade do prazer ao aprender. Essa é a sua maior vantagem. Afinal, sabemos que aprendemos por dor ou por prazer. Qual você escolheria?

Algumas sugestões para quem deseja optar por atividades lúdicas em ações diretas ou indiretas, considerando a preferência de canais sensoriais.

Canal preferencial: visão. Use recursos visuais (escritas, figuras, diagramas, mapas, anotações, resumos ilustrativos, infográficos); deixe espaços para que façam os seus próprios registros; *slides*, desenhos, artes. Marcações orais, voz com ritmo e entonação distintas do que deve ser enfatizado podem ser muito positivas – por exemplo, para deixar claras as regras da dinâmica. Vídeos são bem-vindos, mas não devem conter longas falas, para evitar distração.

Canal preferencial: audição. Estimule ações com diálogos (inclusive internos), discussões, debates, permitindo que se expressem oralmente; atividades coletivas com jogos e trabalhos em pequenos grupos; *brainstorming*; discursos e falas mais prolongadas. Observe: essas pessoas podem apresentar menos atenção em atividades com leitura e escrita.

Canal preferencial: cinestésico. Atividades de movimentos físicos (grandes ou pequenos) são bem-vindas. Estimule interações com materiais usando cores e recursos digitais; deixe que usem recursos de gravação para resumirem os seus aprendizados. Cuidado! Sem a estimulação externa ou movimentação, a tendência é perder a concentração.

Perceba que uma ação possui várias potencialidades para alcançar o maior número de beneficiados. Por exemplo, em um treinamento *outdoor*, grupos cinestésicos são mais estimulados, mas com a comunicação dividida entre escrita, fala, imagens e recursos adicionais como códigos, alvos, quadros, pincéis, microfone e voz, é possível alcançar a atenção de todas as preferências.

Adapte! É você quem dá o sentido, a condução e o peso das medidas. É você o responsável por fazer o sucesso de sua programação lúdica.

Se vai ser efetivo ou não? Nenhum trabalho de desenvolvimento é efetivo sem que haja um planejamento com base em objetivos e necessidades reais, envolvimento e acompanhamento pós-evento. Quanto mais seguro e claro tiver sido o diagnóstico para o *briefing*[5], melhores serão as escolhas das ações lúdicas e o fechamento. É o que deixará evidente de onde estamos partindo e para onde queremos seguir.

Follow-up é essencial. A sua medida é escolhida pelo projeto desenhado, pois faz parte dos indicadores de resultados, o que também fará grande diferença na forma como (e para que) for feito o *debriefing*, para saber o retorno dos resultados esperados, os aspectos positivos e os negativos do evento, e os próximos passos.

Independentemente da intenção do uso do lúdico ou da natureza de seu interesse (pessoal ou profissional), adultos brincam e sabemos que, quanto mais libertamos as nossas ideias e nos abrimos ao novo, mais *insights* alcançaremos, obtendo, possivelmente, respostas impensadas para quaisquer situações. É isso o que o lúdico deseja alcançar. É essa a sua proposta: sutilmente trazer a oportunidade da apropriação do conhecimento construído pelo indivíduo e estimular a ação, sendo dirigido ou não por uma mecânica previamente desenhada. Além de tudo, pode ser agradável, pois tende a deixar a dinâmica alegre e divertida, disponível para discussões e fechamentos coletivos.

E quando o jogo ou a dinâmica forem livres, pessoais, individuais, ou não, mas sem um *briefing* determinado, o que é mais comum em momentos familiares, de amizade, reflexivos individuais ou em sessões de *coaching*, por exemplo? Nesse caso, o *debriefing* é pessoal, pois o que acontece nas conexões que fazemos, externas ou internas, nos ajuda a nos compreender como seres únicos, na expectativa de nossas melhores versões dentro do que nos propomos.

O lúdico quer que encontremos significados, as nossas próprias vozes. A força do intangível na leveza da eterna aprendizagem. Como adulta, indago: por que não?

Referências

GLASSER, William. *Teoria da escolha: uma nova psicologia de liberdade pessoal*. São Paulo: Editora Mercuryo, 2001.

KOLB, David, A. *Experiential learning: experience as the source of learning and development*. New Jersey: Prentice-Hall, 1984.

5 Conjunto de informações a serem consideradas para planejamento e execução, considerando o que, necessariamente, precisa estar em determinado produto final.

Referências

Capítulo 6

O que você precisa para liderar a si mesmo e qualquer equipe com resultados extraordinários

As pessoas não sobrevivem sem água, comida e bons líderes. A frase, comparada à liderança com dois componentes fundamentais para a nossa sobrevivência, pode parecer até absurda. Mas, se refletirmos a ausência de bons líderes em nossas vidas, tenho a certeza de que a comparação será imprescindível e até óbvia

Anderson Rocha

Anderson Rocha

Estudioso do desenvolvimento e comportamento humano; formado em administração de empresas e especialista em gestão de pessoas, comunicação e desenvolvimento de líderes. Possui diversos artigos publicados em *sites*, revistas e jornais do Brasil e exterior. Colunista e colaborador de *sites*, jornais, revistas e emissoras de TV nas áreas de gestão de pessoas, liderança, comunicação, administração, vendas, motivação, entre outros. Escritor e professor de cursos de graduação e pós-graduação. Palestrante nas áreas de liderança, comunicação, vendas, motivação, atendimento e educação. Coautor do livro *Segredos de alto impacto*, da Editora Literare Books, e de diversos *e-books* nas áreas de comunicação e liderança. Já ministrou treinamentos e palestras para centenas de empresas e milhares de pessoas.

Contatos
www.andersonrocha.com.br
professorandersonrocha@yahoo.com.br
Facebook: Palestrante Anderson Rocha
LinkedIn: Palestrante Anderson Rocha
Instagram: andersonrocha.oinspirador
WhatsApp: (27) 99253-1069

Líderes não nascem prontos. A liderança é uma habilidade desenvolvida e refinada que pode ser aprendida por qualquer um. Por isso, a formação e o desenvolvimento contínuo de líderes devem ser prioridades das empresas e escolas. Um dos maiores desafios que percebo atualmente nas organizações, tanto públicas quanto privadas, é criar uma cultura centrada em valores tais como a integridade e transparência, que também sejam voltados à alta *performance*.

Lamentavelmente, alguns executivos e gestores acreditam que precisam fazer concessões, favorecendo um em detrimento do outro. É importante ressaltar que, segundo pesquisas, de todas as falhas da liderança, 90% são falhas de caráter.

Nos tempos atuais, é quase impossível que um estilo de liderança meramente autoritário seja bem-sucedido durante muito tempo. As pessoas simplesmente não permitem e nem toleram mais isso! A imagem do líder como um domador de leões, com uma cadeira e um chicote na mão, não funciona mais.

Os verdadeiros líderes facilitam a vida das pessoas

Os líderes devem enxergar e escutar mais. Para isso, é necessário prestar mais atenção às pessoas e procurar estudar mais sobre o comportamento humano. Um líder que não conhece bem as pessoas adota sempre as mesmas estratégias para todos os membros de sua equipe, sendo isso, muitas vezes, uma das principais causas de desmotivação, descontentamento e conflitos.

É necessário sempre influenciar e inspirar, ou seja, os verdadeiros líderes talvez não sejam, tecnicamente, os mais habilidosos ou talentosos, mas devem aprender a valorizar, reconhecer e inspirar aqueles que são. Para que isso ocorra, é preciso entender que algumas das principais necessidades humanas são: sentir-se importante, ser reconhecido e valorizado.

Para liderar com sucesso, os líderes também devem ser coerentes com o que dizem e fazem, inspirando e construindo credibilidade. Constrói-se credibilidade não fingindo ser perfeito, mas sendo sincero com as pessoas.

Outra característica essencial e óbvia para liderar é a humildade. Ser humilde não significa ser bonzinho, nem desmerecer o seu valor. A humildade está intimamente ligada ao respeito. O próprio significado da palavra humildade, que no sentido latino vem de *húmus*, ou seja, terra fértil, já diz tudo.

Liderar, acima de tudo, é tornar-se um "especialista" em gente

Seja mais transparente, paciente e generoso com as pessoas. Sendo transparente, conquistamos a confiança. Quando somos pacientes e generosos, nos aproximamos mais das pessoas, e conseguimos gerar um clima mais harmonioso e feliz.

Decisões corretas sobre pessoas exigem, de modo geral, conhecimento de suas individualidades e como as competências de cada um podem ser reconhecidas e utilizadas da melhor maneira.

Observo, em minhas pesquisas, muitas empresas promovendo bons colaboradores para cargos de liderança sem o mínimo preparo para exercer essa nova atividade. E, infelizmente, boa parte dessas empresas perde bons colaboradores e ganha péssimos chefes.

Mas, por que isso acontece? Geralmente, esses bons colaboradores têm muito conhecimento, e para liderar é fundamental entender pessoas, ou seja, é necessário o desenvolvimento e aprimoramento de competências comportamentais.

Aprender, entender, compreender e refletir sobre o processo da dinâmica do comportamento humano deveria fazer parte de uma das principais áreas de interesse e estudo das pessoas que exercem qualquer tipo de liderança.

Como posso conhecer melhor as pessoas? Observando, enxergando e escutando mais. As necessidades e desejos são individuais, ou seja, o que motiva uns pode desmotivar outros. Existem pessoas que precisam ser mais cobradas, enquanto outras, nem tanto. Comparo cada colaborador de uma equipe aos filhos. Cada um requer uma estratégia certa de educação.

Infelizmente, ainda existem muitos discursos. Sem a participação, o diálogo, o reconhecimento e o estímulo às pessoas, dificilmente será possível obter uma melhoria significativa na qualidade de vida no trabalho e, consequentemente, um aumento significativo dos resultados.

Alguns estudos revelam que o bom relacionamento é mais importante para a retenção de pessoas talentosas do que as políticas amplas da empresa, tais como salários e outros benefícios.

Fazer as pessoas trabalharem é fácil, qualquer feitor de escravos sabe como. Porém, estimular e ajudar a despertar o que cada um possui de melhor é só para os verdadeiros líderes. A empatia é um aspecto que interfere no ambiente de trabalho, pois é a capacidade de compreender o outro. A verdadeira compreensão só será possível se a pessoa se livrar de julgamentos que têm base em seus próprios valores. Para compreendê-lo é necessário ter empatia. Tentar penetrar em seu mundo, a fim de entendê-lo a partir de suas próprias experiências. Isso é essencial para o respeito ao próximo.

Os investimentos que muitas empresas fazem, no sentido do crescimento técnico e profissional desvinculado do desenvolvimento humano integral, têm efeitos de curto prazo. É essencial que esses programas também trabalhem com o respeito, cooperação, elogios, comunicação, reconhecimento e estímulo ao crescimento pessoal.

Atenção, elogios, generosidade, consideração e simpatia são ingredientes que provocam o aumento de cooperação, repercutindo, favoravelmente, na execução das atividades diárias, propiciando uma melhoria nas condições de trabalho.

O ser humano e seu trabalho não necessitam apenas de salários pagos em dia, instalações confortáveis e planos de benefícios. Respeito, gentileza e sinceridade são fatores essenciais.

A principal vantagem competitiva das empresas decorre das pessoas que nelas trabalham. As pessoas que determinam o sucesso ou fracasso de uma empresa.

Feedback – uma das principais ferramentas dos grandes líderes

Os líderes devem aprender a expressar o que sentem sem prejudicar os relacionamentos com as pessoas, tendo uma postura mais questionadora sobre a sua comunicação e comportamentos.

As pessoas precisam saber o que esperamos delas. Mas, como fazer isso corretamente? Dando um retorno de suas ações e comportamentos. O *feedback* é uma das técnicas mais eficazes e poderosas de comunicação, e uma ferramenta de crescimento e desenvolvimento humano.

Por meio dele se estabelece um processo de compreensão, respeito e confiança em uma relação. Mas, para dar um *feedback* correto é preciso entender as pessoas e a maneira como elas reagem a esse retorno. Uma "leitura" delas não é uma habilidade inata, mas algo que precisamos aprender a desenvolver.

Diante de tantas situações distintas que enfrentamos com a comunicação diária, acabamos nos sentindo temerosos, inseguros e com muitas dúvidas sobre como falar algo e não ser mal interpretado por demonstrar sentimentos e sentir alívio, sem prejudicar o relacionamento com os outros.

Poucos são habilidosos para dizer o que precisa ser dito sem ferir ou magoar, por isso o *feedback* é um elemento essencial para criarmos relações saudáveis e duradouras.

No processo de desenvolvimento, é um importante recurso, porque nos permite saber como somos vistos pelos outros. É ainda uma atividade executada com a finalidade de maximizar o desempenho de um indivíduo.

Porém, como dar um *feedback* de forma correta? Utilizá-lo em sanduíche é uma das melhores técnicas para possibilitar um retorno correto às pessoas.

Essa prática consiste em começar um diálogo destacando o que a pessoa faz de bom. Primeiro, elogie algo positivo que ela tenha feito. Depois de elogiar, comece a abordar os pontos negativos, destacando as questões que você gostaria que melhorassem, e diga claramente qual a mudança necessária para resolver a situação. Para encerrar a conversa, volte a dar ênfase em outros pontos positivos que você perceba nos comportamentos dela.

Dessa forma, você pode perceber que os pontos negativos, que precisam ser melhorados e desenvolvidos, são o recheio da conversa. Mas esse recheio tem suporte positivo tanto no início quanto no final do diálogo, pois o princípio da natureza humana revela a ânsia de ser apreciado.

Com o auxílio do *feedback* sanduíche encontramos pontos valiosos do outro, criamos uma abertura e construímos uma comunicação mais eficaz, tornando o diálogo mais agradável e leve, eliminando algumas das principais causas de conflitos, tanto no ambiente profissional quanto pessoal.

Ao aprender essa técnica, você conseguirá obter mais qualidade em suas relações, tornando-as mais saudáveis e duradouras, obtendo respeito, admiração e lealdade entre as pessoas a sua volta.

Como manter os talentos?

O líder que ensina, forma e desenvolve a sua equipe garante sempre os melhores resultados.

Em um mundo caracterizado pela intensa competitividade, inerente necessidade de pressa para vender e comprar, inovação brilhante e alta *performance*, se os líderes não conseguirem fazer com que as pessoas engajem os seus corações e mentes, dificilmente terão resultados extraordinários.

Para que esses resultados aconteçam, é fundamental manter pessoas talentosas nas empresas. Infelizmente, não há a devida atenção a esse aspecto tão importante. Nesse contexto, a liderança tem um papel decisivo, e deve aprender ao máximo os anseios dos colaboradores, fazendo perguntas do tipo: "o que podemos fazer para mantê-lo conosco?" "Que espécie de atividades quer desenvolver em sua carreira no futuro?". Além do *feedback* sobre o ambiente de trabalho e o seu estilo de liderança, encorajando as pessoas a serem específicas quanto ao seu descontentamento.

Os líderes também devem tomar bastante cuidado com os sinais prematuros de desinteresse, tais como uma mudança brusca no comportamento, diminuição no desempenho ou queixas repentinas de uma pessoa que não costumava se queixar. É importante que a liderança detecte, prematuramente, alguns desses sinais, e organize, imediatamente, um encontro em particular com o colaborador, explicando o que foi notado e perguntando se existem preocupações mais profundas por trás das queixas ou da mudança de comportamento. Diga, caso seja sincero, o quanto você o estima, e peça ajuda para mudar a situação.

Você lidera bem a sua vida?

A verdadeira liderança também deve ser exercida diariamente em casa, com o exemplo que estamos dando aos nossos filhos. Não existe outra maneira de liderar que não seja pelo exemplo.

Todos os líderes precisam parar, em alguns momentos, para refletir sobre o que realmente é importante e valioso em suas vidas. Observo muitos lamentos sobre não ter tempo para fazer uma atividade física ou ficar mais próximo da família. Na verdade, o que se tem nesses casos é que não foram definidas, claramente, quais são as prioridades. Você já definiu as suas?

Quando priorizamos algo, sempre arrumamos tempo. A essência do ser humano é ou deveria ser a capacidade de dirigir a própria vida. A nossa capacidade de escolher o rumo de nossa vida nos permite a reinvenção e construção de um presente e futuro repletos de possibilidades e oportunidades.

Os líderes devem ter a clara consciência de que a competência e a felicidade são atributos de sua inteira responsabilidade. Só assim poderão ter uma vida mais plena e realizada.

O processo para tornar-se um verdadeiro líder é árduo, embora altamente recompensador. Um caminho de contínuo aprendizado, em que o autoconhecimento e o autodesenvolvimento devem ser companheiros inseparáveis.

Não vivemos em um tempo difícil, mas apenas diferente. Os líderes devem ter a consciência dessa nova realidade e se adequar a ela, entendendo claramente que novos problemas e oportunidades exigem novas maneiras de pensar e agir.

Escolha assumir o comando da sua vida, pois a decisão sempre esteve e estará em sua mente, coração e em suas mãos.

Capítulo 7

É claro que a prática leva à perfeição, mas, por que não cultivamos bons hábitos?

Este capítulo fará o leitor repensar as suas atitudes, princípios, e auxiliará na transformação e renovação da mentalidade a respeito da sua existência. A prática dos conceitos apresentados trará qualidade de vida, não só ao leitor, mas também àqueles que o cercam. Não se trata de um texto de autoajuda ou motivacional, mas de princípios que, se praticados, levarão a uma nova vida

André Luiz Couto Cardoso

André Luiz Couto Cardoso

Carreira desenvolvida na Marinha do Brasil, com experiência na gestão de pessoas e tempo, administração e planejamento. Assessor de alto nível na Marinha, desde 2011, e experiência em auditoria administrativa em dezenas de organizações militares. MBA em gestão empresarial pela COPPEAD – UFRJ; mestrado em ciências navais; pós-graduação em submarinos para oficiais. Pastor auxiliar na igreja Verbo da Vida – Jundiaí, São Paulo. Graduado internacionalmente pelo Instituto Haggai, no seminário internacional de liderança avançada, em Maui-Havaí, EUA. Experiência de 28 dias em imersão com foco em liderança, gestão de pessoas, projetos, comunicação, delegação, prestação de contas, motivação e treinamento. Focado na mobilização e treinamento de colaboradores que já ocupam posição de liderança em suas atividades profissionais. Certificado pelo Instituto Rhema Brasil e Escola de Ministros Rhema, ligado ao Rhema Bible Training College em Tulsa, Oklahoma, EUA.

Contatos
andrelccardoso70@gmail.com
(11) 99992-7009

Por que sabemos que praticar exercícios e ter uma alimentação balanceada é bom, mas, muitas vezes, não iniciamos uma rotina adequada a esse sentido, ou então, começamos e depois paramos? Algumas atitudes em nossas vidas, que parecem óbvias de serem tomadas, enfrentam barreiras "invisíveis" que, muitas vezes, não são superadas. Assim, muitas ações que deveríamos ter em nosso próprio benefício nunca são executadas.

A falta de iniciativa e tomada de atitude estão ligadas a nossa mente, aos nossos pensamentos e emoções, mas como romper essas dificuldades? Como perceber que temos um bloqueio? Como fazer o que é o melhor?

No nosso cotidiano nos deparamos com manuais para tudo, desde as pesquisas na *Internet*, até a busca em bibliotecas, passando pelos manuais e conversas com pessoas mais experientes. Quase tudo está escrito, existem inúmeras fontes de pesquisa para diversos assuntos, dos mais simples aos mais complexos. Nos últimos anos, temos visto uma enxurrada de livros de autoajuda, o que, aliás, este capítulo não é, buscando ajudar pessoas, muitas vezes, desesperadas para conquistarem paz, sucesso, elevada autoestima e outras coisas de benefício pessoal.

O que você lerá aqui tem o poder de colocá-lo em ação para uma vida transformada e plena de conquistas, não sem dificuldades, mas repleta de vitórias, o que mudará, para sempre, a sua existência.

Diariamente, recebemos muitas informações que vão moldando a nossa mente e as nossas atitudes. São opiniões de "especialistas", imagens que não queremos ver, e fatos que não gostaríamos de ter tomado conhecimento. Ao final do dia, o nosso corpo está refletindo todas essas entradas e, ao longo de uma vida, muitos acabam padecendo, sofrendo no corpo as consequências de uma vida desequilibrada em diversos sentidos, por conta daquilo que permitem deixar entrar em suas mentes, as conhecidas doenças psicossomáticas.

Não saber lidar com as dificuldades da vida, onde o "ter" tem sido mais importante do que o "ser", traz consequências ruins e, muitas vezes, fatais. Síndrome do pânico e depressão, crises de ansiedade, angústias, medo e estresse são algumas das doenças e sintomas que têm assolado milhares de pessoas em todo mundo. Dar importância em demasia aos problemas tem causado divisão, brigas, doenças e perseguição.

A vida é repleta de dificuldades que trazem aflição ao homem, questões que, muitas vezes, estão acima da capacidade de resolução daqueles que estão vivenciando o problema. O "ter" tem sido muito mais importante do que o "ser", e esse fato tem destruído muitas vidas e famílias. O grande desafio da vida é saber como lidar com determinadas situações, como superar o que, naturalmente falando, é insuperável?

Muitas pessoas vivem o dilema do perdão, sofreram abusos das mais diversas ordens, foram caluniadas, abusadas emocionalmente e até sexualmente, e terminam com as emoções e sentimentos destruídos! O que fazer? Quem procurar? Como agir?

O manual que adoto neste capítulo se chama bíblia. Calma, não tem problema se você não é cristão! Ela é um manual de vida. Inclusive, muitos escritores famosos de autoajuda têm se valido do conteúdo bíblico para escreverem os seus livros, sem citá-la. Você pode se perguntar então: qual a diferença do que vou ler para os demais livros? Eu respondo: a percepção do homem interior.

A resposta do que é o homem interior você descobrirá mais adiante. Continue lendo e assimilará valores que, provavelmente, jamais tenha recebido e farão a diferença em sua vida, independentemente da sua crença religiosa.

A bíblia ensina a lidar de modo diferente com as coisas naturais do cotidiano, com as circunstâncias da nossa vida. Somos desafiados a ir além daquilo que observamos e percebemos com os nossos sentidos.

Como mencionei anteriormente, construímos barreiras e bloqueios mentais, fruto das coisas que vivemos diariamente, que nos impedem de romper e prosseguir, nos paralisam e trazem medo. Para muitos, até mesmo se locomover na rua é um desafio intransponível. Pessoas que se sentem inferiorizadas e limitadas para conquistarem o que sonham, cada vez mais certas de que não irão conseguir alcançar os seus objetivos.

Quero compartilhar alguns grandes exemplos práticos de pessoas que passaram por situações similares às descritas acima, e extrair os ensinamentos que as transformam.

Qual o legado que você está construindo para a sua descendência e para a sociedade? Como quer ser lembrado?

Em muitas ocasiões, no decorrer de nossas vidas, não conseguimos perceber o caminho que estamos traçando com as nossas atitudes, mas é certo que cada decisão que tomamos traz consequências individuais e coletivas.

Vou me basear na vida de Abraão, conhecido como o pai da fé. O livro bíblico de Gênesis relata a história deste homem. Abraão recebeu uma direção de Deus, uma orientação aparentemente vaga, "deixe sua terra natal... e vá à terra que te mostrarei", depois destas palavras, Deus dá a visão "farei de você uma grande nação". Abraão prontamente obedece à direção de Deus, sem duvidar, entretanto, leva seu sobrinho Ló com ele (BÍBLIA, Gn 13).

Obedecer parcialmente a uma direção traz problemas, no caso, a presença de Ló, acompanhando Abrão, cujo nome passaria a ser Abraão posteriormente, acarretou uma guerra que precisou ser enfrentada por ele. Trazendo para nossa vida, obedecer, parcialmente, direções que recebemos resulta em dificuldades que poderíamos ter evitado.

Seja fiel à direção que você tem, mantenha o foco e se cerque de pessoas que irão motivá-lo a prosseguir, e não daquelas que o incentivam a desistir ou desviar do seu alvo, que dizem que não é possível e você não é capaz. Isso não quer dizer que, durante a caminhada, ajustes não precisem ser feitos. Amigos de verdade, muitas vezes, irão nos alertar para não errarmos, mas, ainda assim, continuarão acreditando e nos incentivando.

Abraão tinha um foco claro na direção recebida: "ser uma grande nação". Ao longo da caminhada, foi amadurecendo e aprendendo com os seus erros. Quando ele entra no Egito, com medo de morrer, diz que sua bela esposa era, na realidade, sua irmã! Nada bom, a mentira disfarçada, pois na verdade sua esposa Sara era também sua meia irmã, trouxe consequências sérias para outras pessoas no local, assim, outro princípio a ser seguido é: jamais minta! A mentira nunca traz bons resultados, mesmo que, inicialmente, pareça dar certo. Jamais se associe com pessoas que mentem; sempre mantenha a verdade, mesmo que haja um aparente prejuízo inicial, a verdade sempre traz recompensas positivas.

Depois de se separar do seu sobrinho, Abraão foi para uma terra seca, infrutífera, e Ló, para o Vale do Jordão, local extremamente fértil. Habitou próximo a Sodoma e Gomorra. Creio que muitos conhecem o fim da história: as cidades foram destruídas. Já nas terras secas de Abraão, Deus reforçou a visão de futuro: "não tenha medo. A sua recompensa será muito grande".

Muitas vezes, nos deparamos com situações em que a vida parece um deserto, uma escassez de recursos de todas as ordens, entretanto, quando estamos convictos da direção tomada e da visão a ser alcançada, certamente a provisão chegará e a situação mudará para melhor. Durante a caminhada, em meio às dificuldades, devemos perceber os "sinais" de mudança.

No caso de Abraão, houve mais um reforço, algo para motivar e incentivar: "a sua recompensa será muito grande". Ele não duvidou e prosseguiu focado naquilo o que acreditava. A postura adotada e o esforço empreendido estão ligados ao que se passa na mente, a questão é que, ao longo do caminho, as dificuldades vão se sobrepondo as suas conquistas. Assim, com o tempo, você desiste e paralisa! O que fazer? A história de Abraão mostra que, diariamente, ele renovava a sua mente com a visão. Isso o ajudava a não focar nos obstáculos, mas, sim, se concentrar na visão que ele acreditava.

Ainda havia um grande desafio a ser rompido na vida de Abraão, como ele poderia se tornar uma grande nação, se não podia ter filhos? Muitas vezes, estamos focados no que acreditamos, perseguimos o que cremos, nos motivamos em meio às dificuldades, superando as barreiras, mas percebemos que falta algo fundamental para o sucesso, a multiplicação dos resultados!

Mais uma vez, Deus deu algo para ele se mover com segurança, algo palpável que poderia incentivar e lembrar Abraão das promessas que acreditava e perseguia. Deus falou para Abraão olhar para as estrelas no céu e a areia das praias, pois a sua descendência seria tão numerosa quanto elas. Ele acreditou e agiu à altura do que cria.

Durante toda a caminhada, Abraão foi recebendo incentivos, visões que o ajudavam a permanecer com foco no objetivo que perseguia. Ele soube identificar o que o levaria a prosseguir, e não aquilo que o faria desistir. Não que Abraão só tenha acertado, ele teve diversas falhas na caminhada, algumas vezes, teve mau caráter, como quando disse que a esposa era a sua irmã, ou quando aceitou ter um filho com a escrava Hagar, ao invés de esperar o filho de sua mulher Sara.

Para cada decisão errada, para cada atitude em desacordo com aquilo em que ele acreditava, houve sérias consequências, não só para ele, e não só para a sua vida. No caso do filho de Hagar, Ismael, surgiu dessa linhagem o povo árabe, que até hoje tem conflitos com o povo judeu, descendente de Israel. O filho de sua esposa Sara, sim, estava de acordo com a promessa e visão dada a Abraão.

Quando acreditamos em algo, quando temos a convicção do que queremos, não podemos sair do caminho com atitudes e pensamentos que nos afastam do objetivo final, não devemos tomar atalhos ou trilhas que parecem mais fáceis. A nossa mente sempre buscará essas coisas, porém, nem sempre o mais fácil é o melhor. Precisamos sempre renovar o nosso entendimento, a nossa mente, com aquilo que acreditamos. Devemos sempre trazer à memória as coisas que nos fazem lembrar o nosso objetivo a ser alcançado, o que dá esperança e ânimo para prosseguir a caminhada.

Talvez, neste momento, você esteja pensando que falar essas coisas é fácil, mas fazer é difícil, é aí que entra o homem interior. Mas, o que é isso? Para responder, vamos ver alguns exemplos bíblicos de homens bem conhecidos que tiveram o caráter e as atitudes transformadas ao descobrirem o que é o homem interior.

João, jovem impulsivo, chamado por Jesus de "filho do trovão", proibiu que pessoas servissem a Jesus, sendo por Ele repreendido, e provocou os outros discípulos ao perguntar se poderia se assentar ao lado de Jesus na Glória.

Pedro, com temperamento forte, instável e imprevisível, negou Jesus por três vezes e arrancou a orelha de Malco, servo do Sumo Sacerdote.

Apóstolo Paulo, perseguidor de cristãos, extremamente religioso, de família rica e intelectual.

Todos esses homens tiveram as vidas transformadas a partir do momento em que descobriram quem eles realmente eram. A percepção errada de quem somos é alimentada, diariamente, pelo que sentimos, vemos e ouvimos. Os personagens bíblicos João, Pedro e Paulo foram homens que tinham as suas respectivas vidas como um exemplo daquilo que os influenciava, daquilo que conheciam.

Ao entenderem quem realmente eram por meio de Jesus, notaram que não andavam em plenitude de vida, que caminhavam segundo as percepções do mundo, e não na percepção de Deus. Ao conhecerem os ensinamentos de Jesus, e não da religiosidade, descobriram o verdadeiro eu, o homem interior. A partir daí, passaram a viver de acordo com o que acreditavam e aprendiam diariamente com o que Jesus ensinava, e não de acordo com as circunstâncias que os cercavam. O apostolo Paulo explica, na carta aos Romanos capítulos 7 e 8, a respeito dessa mudança de postura, do natural para o sobrenatural, que está disponível para todas as pessoas.

Paulo fala que, quando o homem anda de acordo com o mundo que o cerca, ele faz as coisas que o mundo impõe, todos os resultados destrutivos recaem sobre ele, sejam emocionais, físicos ou materiais ("porque não faço o bem que quero, mas o mal que não quero esse faço" . Rm 7:19).

Na sequência, Paulo explica que, segundo o homem interior, ele tem prazer na lei de Deus, ou seja, o verdadeiro apóstolo Paulo era o seu homem interior, o seu espírito, que tinha prazer naquilo que Deus queria para ele. Paulo fala que, por meio de uma vida entregue aos ensinamentos de Jesus, o verdadeiro homem não estava mais condenado a andar segundo os desejos e imposições do mundo, mas, sim, de acordo o Espírito de Deus. (Rm 8:1).

Esses personagens bíblicos entenderam que, quando passaram a viver com atitudes e respostas de acordo com o que Jesus esperava deles, e não de acordo com o que estavam passando, as circunstâncias contrárias não tinham mais o poder de afetar as suas vidas ao ponto de entrarem em depressão, angústia, tristeza ou qualquer outro sintoma negativo.

Entenderam que podiam seguir as suas novas vidas, ouvindo e agindo de acordo com as orientações do próprio Espírito de Deus, que fala com o espírito do homem, o homem interior, assim, agradavam a Deus e viviam em justiça, não mais como escravos dos problemas, emoções ou sentimentos, certos de que nada poderia separar eles do verdadeiro amor de Deus, confiantes de que podiam estar atribulados, mas não angustiados; perplexos, mas não desanimados, perseguidos, mas não desamparados, abatidos, mas não destruídos (2Co 4:8,9).

O estilo de vida cristão não é estar dentro de uma igreja, mas ter ele dentro de você 24 horas por dia. É descobrir quem você é de verdade, um espírito, o homem interior, aquele que anseia estar junto ao Espírito de Deus. Uma pessoa que não vive de acordo com sentimentos, mas com aquilo que crê, que não toma atitudes com base no que está à frente de seus olhos, mas de acordo com os princípios em que acredita; vê além, pela fé, entendendo que os projetos de Deus são melhores que os nossos, e que Ele providencia tudo o que é necessário para que se cumpra o melhor em nossas vidas.

Quero desafiar você a experimentar o estilo de vida cristão genuíno. Não esse que, muitas vezes, assistimos por meio de escândalos na TV, mas aquele de relacionamento íntimo e verdadeiro, entre o Pai de perfeito amor e o filho.

Capítulo 8

É visível a necessidade de um atendimento de excelência, mas como consegui-lo?

De modo geral, as pessoas reconhecem o atendimento de excelência como um diferencial para o sucesso de qualquer negócio, mas por que é tão difícil consegui-lo? Neste capítulo, você irá entender melhor o porquê disso, e receberá ferramentas que possibilitarão alavancar os resultados da sua atividade, por meio de novas práticas aos seus clientes

Cecilia Negrini

Cecilia Negrini

Consultora empresarial, empresária, e palestrante internacional. Membro do *Institute of Coaching at Mclean Hospital at Harvard Medical School Affiliated* e representante do *National Wellness Institute* – USA no Brasil. Fez MBA em Gestão Empresarial pela FGV – Fundação Getulio Vargas, MBA em *Marketing* na Área da Saúde e é especialista em Linguística pela UNESP. Possui mais de 13 anos de experiência auxiliando profissionais da área da saúde a obterem melhores resultados. Fundadora e proprietária da empresa *Cecilia Negrini – Assessoria e Consultoria na Área da Saúde* que atua em todo o país prestando serviços em Gestão Financeira, Gestão de Pessoas, Gestão Operacional, Marketing, Gestão Arquitetônica e Planejamento Estratégico.

Contatos
www.cecilianegrini.com.br
cecilia@cecilianegrini.com.br
Facebook: @cecilianegriniconsultoria
Instagram: cecilianegrini

"Pensamentos tornam-se ações, ações tornam-se hábitos, hábitos tornam-se nosso caráter e o caráter torna-se nosso destino."
James C. Hunter

Os clientes estão a cada dia mais exigentes. A crise econômica financeira fez com que os consumidores ficassem mais criteriosos e analíticos em suas aquisições. O dinheiro ficou "muito caro", os brasileiros têm feito grandes esforços para manter os seus empregos e empreendimentos. Com isso, na hora de efetuarem qualquer gasto, analisam muito bem onde estão colocando o sofrido dinheiro, e querem todo o respeito e atenção possível.

Em consequência, possuímos, atualmente, consumidores muito mais críticos e, ao mesmo tempo, empreendedores e colaboradores despreparados para essa demanda. O principal problema é que o atendimento ainda é feito de forma amadora, tendo como recurso, muitas vezes, somente o jeito e a educação das pessoas envolvidas, o que torna o relacionamento fornecedor X consumidor muito pessoal.

Frequentemente, escuta-se no mercado citações como: "que cliente chato", "não sou obrigado a ouvir esse tipo de grosseria", "não sou eu o culpado para ter que ouvir isso", "que cliente sem paciência". É importante entender que, quando o cliente fala com o atendente ou prestador de serviço, ele está, na verdade, se referindo ao que ele busca ou não, com a pessoa que representa o produto ou serviço oferecido.

Para possuir um atendimento de excelência, a primeira coisa que se deve ter em mente é que você está para servir. Se o seu cliente sair descontente com o atendimento, isso demonstra que você não está totalmente preparado para qualquer tipo de pessoa e demanda do seu público-alvo.

Cabe a você se profissionalizar e poder oferecer soluções para os conflitos existentes, mesmo o cliente não tendo razão. É preciso ter técnica e preparo para o gerenciamento de conflitos.

Os consumidores não desejam somente comprar, mas interagir e desenvolver um relacionamento. Dessa maneira, é preciso ressignificar o conceito de atendimento e entender que ele é somente a "ponta do *iceberg*" do negócio. Para, realmente, se obter um atendimento de excelência, precisamos verificar fatores que vão além de técnicas como falar e agir.

Quando há um problema no atendimento, temos que primeiro olhar para a estrutura interna do negócio e avaliar alguns pontos:

1. O fornecedor possui uma cultura organizacional?
2. O processo seletivo dos colaboradores é de acordo com as competências, habilidades e atitudes necessárias para o cargo?
3. Conhece bem o seu público-alvo?
4. O proprietário preza pelo bem-estar de sua equipe?
5. Como o relacionamento com o cliente é estabelecido e mantido?
6. Conhece bem os concorrentes?
7. Tem condições de negociação em relação ao prazo e aos preços?
8. Oferece treinamento a sua equipe alinhado à cultura organizacional?
9. O seu produto ou serviço atende às demandas e expectativas de seu cliente?
10. É um líder inspirador e servidor que possui empatia?

Excelência no atendimento é sinônimo de resultado satisfatório, e isso envolve todos os itens acima, não somente o atendente. Não adianta treinarmos funcionários, se esses não tiverem uma estrutura empresarial organizada e eficiente, e um líder que seja exemplo para a equipe.

O Brasil, diante da crise política e econômica, necessita de pessoas que tenham princípios de bom caráter, honestidade, comprometimento, engajamento, amor e ações que fomentem o crescimento pessoal, inspirando e beneficiando todos que estão ao seu redor.

Muitos brasileiros têm assumido o papel de vítima e não de protagonista, culpando o cenário externo, seja o governo, a crise ou o cliente. Nós não podemos mudar o ambiente, mas temos como reestruturar o nosso negócio e oferecer melhores soluções. Assim, o fornecedor poderá sair do papel de vítima e assumir o de protagonista da sua vida, escrevendo uma nova história para ele, familiares, amigos, funcionários e clientes.

Mas, por que a mudança é tão difícil para alguns? Por que muitos não conseguem alcançar melhores resultados? Como aumentar o número de pessoas que inspirem por meio do exemplo?

O que notamos na prática é que muitos sabem o que querem, estabelecem metas claras, estão decididos a alcançá-las, mas não sabem quais ações e atitudes devem ser desenvolvidas para a obtenção de novos resultados.

Conceitos como o da liderança servidora podem contribuir para que os fornecedores ampliem a visão de como "servir" as pessoas, e não somente receber (quando estão no papel de vítima) pode gerar ações positivas.

Os brasileiros são pessoas que gostam de interação social, que são solidários, alegres e carinhosos, contudo, devido à crise econômica e o forte "exemplo" de corrupção por parte dos dirigentes do País, muitos acreditam ser normal aproveitar vantagens ilícitas, lesar os clientes, não cumprir com as responsabilidades financeiras e atribuir toda a culpa do seu insucesso ao mau governo.

Dentro do conceito do "servir" é apresentado que os líderes mais respeitados são aqueles com seriedade, honestidade, generosidade, comprometimento, espiritualidade, valores éticos e morais fortes. Realizar ações que beneficiem o desenvolvimento das pessoas ao redor, sejam clientes, familiares ou amigos, fará com que eles respeitem e confiem em você. Aumentará as chances e as opções para a obtenção de suas metas.

O mais importante é que, com isso, cria-se uma base sólida de crescimento pautada em valores morais admirados por todo o mundo. Assim, as pessoas que conseguem esses bons resultados irão inspirar os demais a seguirem também o seu modelo, e terão um "exemplo" que favoreça o progresso e desenvolvimento sustentável e contínuo do país.

Pequenas mudanças, continuamente, farão com que grandes mudanças ocorram. Contudo, as transformações em relação às crenças e valores demoram mais para acontecer. Então, comece organizando a estrutura interna do seu negócio com ações simples:

1. Organize estoques, arquivos e documentos;
2. Mantenha o ambiente extremamente limpo e organizado;
3. Desenvolva processos que sejam eficientes e que sejam revistos;
4. Sorria sempre;
5. Escute atentamente e atenda a necessidade de seu cliente. Caso não seja possível, esgote as possibilidades e apresente todas as tentativas;
6. Desenvolva uma cultura organizacional que esteja alinhada com o seu plano de negócio. Capacite os seus colaboradores para colocarem em prática;
7. Apresente-se sempre bem cuidado e vestido para atender o seu cliente, ele merece a sua melhor versão.

Contudo, como citado acima, muitos ainda não sabem como fazer isso. Não conhecem quais opções teriam para aumentar as suas ações e resultados. Na prática, verificamos alguns fatores em que os gestores e funcionários devam ser apoiados a utilizar para clarificar e aumentar as chances de obtenção das metas. Veja abaixo alguns.

1. Amigos: buscar se relacionar com pessoas que possuam as qualidades que você gostaria de ter. A convivência com elas o fará aprender a se comportar de forma diferente. Devemos conviver com quem nos motive e incentive a sermos melhores, que reconheça as nossas qualidades e tenha o comprometimento de apontar os nossos pontos de melhoria. Busque sempre amigos que você admire pelas qualidades que deseja ter.

2. Recursos necessários: investir em cursos, treinamentos e livros pode trazer o conhecimento ideal para aumentar o seu *networking* com pessoas que possuem a mesma busca que a sua. Contudo, muitos alegam não poder investir nesse setor por motivos financeiros. Então, existe a necessidade de viabilizar esses recursos e, dessa forma, fazer uma substituição em suas despesas, priorizando as que trouxeram mais desenvolvimento pessoal e profissional;

3. Perdas: quem quer mudanças terá que se acostumar com as perdas. Há uma tendência natural de querer manter o que já existe, e somente acrescentar as coisas que desejamos. Na prática, verificamos que, muitas vezes, perdemos, ou melhor, substituímos crenças, tempo, dinheiro, conforto, diversão, por trabalho, estudo e interação com pessoas que buscam coisas e valores semelhantes aos nossos;

4. *Know-how*: se você não sabe como obter o que deseja, busque as pessoas que saibam. Isso fará com que obtenha opções e crie ferramentas para desenvolver a sua criatividade. Muitos já fizeram algo igual ou parecido com o que você deseja. Ganhe tempo e economize dinheiro absorvendo a experiência e conhecimento deles, seja pelo convívio, cursos ou livros;

5. Suba degraus: sempre que começar algo, termine. Na prática, observamos que, se a maioria das pessoas tivesse terminado tudo o que começou, os resultados obtidos seriam diferentes dos que elas estão recebendo. Não busque atalhos, dê pequenos passos continuamente, começando e terminando tudo o que iniciar, e verá que os pequenos resultados irão acelerar a obtenção das metas futuras;

6. Ocupe o seu novo lugar: haja como se já fosse a pessoa que quer se tornar. Seja honesto, ético, responsável, organizado, engajado, generoso, simpático e fiel. O fazer e agir diferente trará resultados positivos e irá inspirá-lo a realmente caminhar em busca de ser a pessoa que deseja. Uma mudança real de comportamento demora mais tempo do que uma de atitude, porém você pode acelerar esse processo agindo de forma correta. Os resultados irão trazer evidências de que está no caminho correto;

Quando, realmente, uma pessoa se torna melhor, a qualidade no atendimento fica assegurada, pois estará, naturalmente, em um processo de empatia e simpatia com o cliente. Olhará para dentro do seu negócio e desenvolverá ações que devem ser feitas e que estavam postergadas por exigir esforço pessoal.

Por fim, o empreendedor que focar nas sugestões acima verificará que o seu olhar em relação ao cliente ficará mais generoso. Trabalhar será um enorme prazer e alegria por poder servir verdadeiramente, possibilitando satisfação e contentamento na vida das pessoas que o procuram. O melhor cliente será sempre o seu, pois é quem reconhece e valoriza o seu trabalho.

Referências

CASTRO, L.T.; NEVES, M.F. Administração de *vendas: planejamento, estratégia e gestão*. São Paulo: Editora Atlas, 2005.
CONSOLI, M.A.; NEVES, M.F.; CASTRO, L.T. *Vendas: técnicas para encantar seus clientes*. São Paulo: Editora Bookman, 2007.
HUNTER, James C. *O monge e o executivo: uma história sobre a essência da liderança*. Rio de Janeiro: Editora Sextante, 2004.
HUNTER, JAMES C. *Como se tornar um líder servidor: os princípios do livro o monge e o executivo*. São Paulo: Editora Sextante, 2006.
KOTLER, P.; KELLER, K.L. *Administração de marketing*. 12. ed. São Paulo: Pearson Prentice Hall, 2006.
KOTLER, P. *Marketing para o Século XXI: como criar, conquistar e dominar mercados*. Futura, 1999.

Capítulo 9

A mudança é necessária!

Admitir que é preciso mudar não é fácil. Hábitos arraigados, resistência a mudanças ou medo do desconhecido impedem as pessoas de enxergar o óbvio. Na atualidade, o mundo é caracterizado pelo VUCA – *volatility, uncertainty, complexity, ambiguity*. É óbvio que a mudança é difícil e nem sempre acertada, necessária e nem sempre indolor. Portanto, recomenda-se aos gestores: mude antes que seja obrigado a mudar!

Claudiney Fullmann

Claudiney Fullmann

Engenheiro industrial formado pela FEI; pós-graduado no BTE de Paris; especializado na Europa, Estados Unidos e Japão, em qualidade, produtividade e desenvolvimento de executivos. PhD pela Florida Christian University. Conselheiro pelo IBGC. Professor da FEI, MAUÁ, PDG, FGV, HSM e BSP. Executivo empresarial; vice-presidente e gerente geral da GE; divisão de equipamentos pesados. Foi um dos 400 homens da equipe mundial de Jack Welch. Ocupou cargos executivos em diversos segmentos industriais por mais de 40 anos. Consultor em estratégias empresariais, mentor de executivos, treinador e palestrante (francês, espanhol e inglês). Organizador e chefe de missões de estudo à Europa, aos Estados Unidos, ao Japão e à Coréia. Examinador do prêmio nacional da qualidade nas bancas de 1992 e 2003. Autor dos livros *O trabalho – Mais resultado com menos esforço/custo – Os passos para a produtividade*, e *Produção dinâmica na logística – O fluxo de satisfação do cliente*, publicados pela Educator. Tradutor e editor de vários livros de sucesso como o *bestseller A meta*, entre outros. É articulista de diversas publicações sobre liderança e gestão empresarial.

Contato
claudiney@fullmann.com.br

É óbvio que o crescimento é um processo de sucessivas mudanças, mas não é fácil lidar com isso, sempre há resistências. Embora seja uma das verdades da vida, a outra é a morte; quando chega o momento, todos sofrem por trazer incertezas e medo do desconhecido. Identifica-se a procrastinação, mesmo naquelas pessoas conscientes de que para melhorar é preciso mudar. Não é possível atingir resultados diferentes fazendo as mesmas coisas! Muitos se acomodam e convivem com uma rotina improdutiva, reclamando, às vezes, mas sem procurar alternativas, sem encarar a realidade como ela é, não como ela foi ou gostaria que fosse. O poder do óbvio é superior ao poder do hábito.

Para alguém admitir que precisa mudar, não é fácil. Um ponto de partida para a identificação do óbvio é a insatisfação. No mundo empresarial, pratica-se a gestão da mudança, considerando transformações e evoluções, estabelecendo um plano que contempla fases de implantação para uma situação complexa. Recomenda-se para os gestores: mude antes que seja obrigado a mudar. Lidere a mudança!

Existem, basicamente, quatro tipos de mudanças:

Estratégica – mudança de missão da organização ou orientação de seus negócios.

Estrutural – reformulação da estrutura da organização. Por exemplo, a mudança de vendas de uma loja para o comércio eletrônico. Apenas um mostruário ou catálogo são disponibilizados aos clientes que selecionam o desejado, encomendam em um *site* e recebem o produto em casa. A estrutura comercial e de logística são obviamente mudadas.

Focada em processos – introdução de novas tecnologias ou adoção de novos métodos e técnicas, como automação da produção, impressão 3D etc.

Focada em pessoas – desenvolvimento de comportamentos, conhecimentos, atitudes, habilidades e desempenho dos empregados.

Focada em resultados – aumento da lucratividade, recuperação de fatias de mercado, incremento de produtividade, melhoria da qualidade etc.

É óbvio que, para promover e gerir uma mudança, é preciso partir dos efeitos indesejáveis, das causas derivadas deles, e definir os objetivos da mudança.

Vejamos um exemplo de mudança focada em processos em uma indústria. Uma empresa tem falta de pontualidade no atendimento aos clientes. Para uma mudança dessa realidade, é necessário determinar um objetivo óbvio de garantir a pontualidade de todos os prazos combinados com os clientes.

Líderes que envolvem e motivam as suas equipes se valem de questionamentos pertinentes de: onde estou? Onde quero estar? Como chegar?

Na etapa "onde estou", busca-se identificar o que é preciso mudar. Muitas pessoas apontam inúmeras razões, a lista é imensa; reclamar todo mundo sabe, é fácil levantar a "problemática".

A questão "onde quero estar" procura o motivo para mudar. O sonho de um empreendedor e o propósito da constituição do negócio de querer ser lucrativo e obter retorno sobre o investimento é retomado. Um menor número de pessoas consegue projetar uma proposta viável de mudança, uma "solucionática".

O "como chegar" consegue abrir caminho para a mudança, para o melhor, para o racional e produtivo. Poucas pessoas ainda conseguem visualizar o "como". Transformar hábitos arraigados em uma situação obviamente melhor não é uma tarefa simples. Exige muito pensamento, ação e avaliação das consequências. Nesse momento, a atuação da liderança ou de um consultor usando técnicas como "árvores da realidade" ou "*workout*", dentre outras, pode orientar as pessoas envolvidas a serem criativas, inovadoras e visualizar um futuro próspero.

Para garantir que esse objetivo seja alcançado, precisam ainda ser considerados outros aspectos como: habilidades, motivações e recursos e, então, um plano de mudança. Vale lembrar que, se faltar o objetivo, haverá uma confusão; se faltarem habilidades, existirá a ansiedade; se faltarem motivações, surgirá uma mudança parcial; se faltarem recursos, terá frustração e, finalmente, se faltar plano, nada acontecerá.

Nessa gestão da mudança, a comunicação tem imensa importância. O óbvio não precisa ser explicado; por outro lado, nem todos processam telepatia, não conseguem captar o que o outro pensa. Nem todos estão na mesma frequência de pensamento. Quando se quer atribuir tarefas às pessoas, um processo deve ser detalhadamente esmiuçado para que haja padronização. O poder do óbvio acontece quando há uma boa comunicação verbal ou escrita. Não se pode supor que outros entenderão as suas intenções sem que a comunicação seja objetiva e clara. Certamente, o óbvio precisa ser dito, não interpretado. Nunca pensar que outros entenderão o seu pensamento silencioso, por mais que se diga que para um bom entendedor meia palavra basta.

É óbvio que as habilidades precisam ser desenvolvidas ou atualizadas. Rever a maneira de negociação da área comercial para vender a capacidade instalada, não além dela; treinar novos métodos mais produtivos e seguir a programação de pedidos. Peter Drucker afirma:

"coisas tão óbvias não são feitas e, muitas vezes, ocorrem conflitos entre gestores e subordinados por tarefas não realizadas por falta de comunicação eficaz". Para incremento da produtividade, busca-se simplificar e racionalizar situações complexas com a óbvia intenção de tornar as coisas mais rápidas e menos fatigantes – um trabalho com mais resultado e menos esforço/custo. Sempre podemos melhorar!

A motivação move as pessoas envolvidas no processo de mudança a identificarem os benefícios e continuarem seguindo o plano. No exemplo anterior, é pertinente uma avaliação de prêmios vinculados ao cumprimento dos prazos. Cada sucesso parcial deve ser celebrado. É um incentivo que não necessariamente precisa ser financeiro. Um evento festivo motiva as pessoas. Lembro-me sempre de uma experiência na GE: cada vez que alguém vendia uma locomotiva, batia um sino com tantas badaladas quanto o número de unidades. Imaginem o que aconteceu quando foram vendidas 700 locomotivas para a China! A comunicação dos resultados é um *feedback* importante no aspecto motivacional.

Os recursos materiais e humanos consolidam o plano, sabendo o que a organização pode ou não fazer. São coisas ou ativos que podem ser contratados, comprados, alugados, vendidos, depreciados ou melhorados. Tais recursos incluem pessoas, equipamentos, tecnologias, marcas, patentes, informações, dinheiro e relações com fornecedores, distribuidores e clientes. São variáveis e flexíveis. Em muitas situações, encontram-se equipamentos obsoletos e pessoas desatualizadas, que tiram uma empresa do mercado.

Uma análise na produtividade, muitas vezes, sugere uma mudança profunda na estrutura e nas políticas da organização. É óbvio que entramos na hipermodernidade com a transformação para a digitalização. O avanço tecnológico tende a substituir muitas das atividades tradicionais. O *software* vai dominar o *hardware*, romper com o passado e promover o futuro. O que foi ficção científica é hoje realidade; como, por exemplo, o carro elétrico e autônomo, e a impressão 3D até na construção civil e na mecanização da agricultura. Vivemos a criatividade na transformação de processos do analógico para o eletrônico, para o digital e para o virtual. Uma vertiginosa mudança na forma de pensar que, obviamente, exigirá modernização dos recursos, reeducação e reciclagem profissional.

Albert Einstein vaticinou: "Tornou-se chocantemente óbvio que a nossa tecnologia excedeu a nossa humanidade". Mais do que nunca, as pessoas precisam se atualizar em informática para se manter competitivas.

Muitos questionamentos sobre "para que" e "por que" serão feitos. Quem não se atualizar vai ser preterido, óbvio! Inovar é ir além do óbvio; enxergar além do que os outros veem. Muitas profissões tradicionais deixarão de existir e novas oportunidades surgirão, mas a dedicação para uma nova realidade terá de ser imensa.

Empresas e pessoas precisam se dedicar com urgência à inteligência artificial e indústria 4.0, em busca da inovação, da inspiração que tem tudo a ver com uma nova aprendizagem e antecipação das mudanças. É óbvio que a comunicação e as relações pessoais devem buscar novos significados para a vida, gerar experiências e novos conteúdos.

O plano deve seguir um roteiro predefinido: o óbvio requer concentração, foco, objetividade e disciplina. Mais do que bom senso, é um senso comum. É preciso pensar, e pensar dói, quando se percebe que um mau hábito impacta a sua vida e a de outras pessoas. Mudanças orientadas para resultados devem ser graduais e focadas com as vantagens de ser mensuradas, testadas, rápidas e visíveis para motivar as pessoas. É óbvio que só as mudanças de aspectos positivos devem ser implantadas no início do processo.

Para gerir a mudança na organização, é indispensável mitigar os impactos negativos e potencializar os positivos. Um bom planejamento e gerenciamento do processo de mudanças podem ser divididos em quatro estágios:

1. Identificação da mudança – reconhecer as necessidades e identificar a sua natureza;
2. Diagnóstico da situação – definição do objetivo e estratégias – seleção de métodos e técnicas;
3. Implantação – preparação – mudança – consolidação;
4. Monitoramento e avaliação – coleta de dados – avaliação dos dados.

É óbvio que sempre existe uma jornada emocional da mudança que, por sua vez, exige uma ação dedicada de um líder.

O papel do líder gestor da mudança é o de conscientizar e despertar o desejo de mudar e participar da mudança, ou seja, criar a necessidade da mudança. No estágio de transição, quando normalmente surgem temores e resistências, deve-se garantir o conhecimento e desenvolver habilidades para aplicar as competências e comportamentos necessários. Olhar para a frente, por meio de investigação, experimentação e descoberta para revisar e finalizar o plano de mudança. No estágio futuro, é preciso contemplar a aprendizagem, aceitação e comprometimento, tendo o líder a incumbência de estabilizar e promover o reforço para preservar a mudança.

Na ausência de consciência e desejo, é óbvio que pode ocorrer:

- Maior resistência dos envolvidos;
- Repetição das mesmas perguntas de entendimento em todas as oportunidades;
- Menor produtividade;

- Maior rotatividade de pessoas;
- Segregação de recursos e informações;
- Atrasos na implantação.

Na ausência de conhecimento e habilidade, é óbvio que normalmente ocorre:

- Baixa utilização ou uso incorretos de novos processos, sistemas e ferramentas;
- Pessoas preocupadas se estarão preparadas para ter sucesso depois da implantação da mudança;
- Maior impacto nos clientes e parceiro;
- Substancial redução da produtividade.

Na ausência de reforço, é óbvio que normalmente ocorre:

- Pessoal retorna à antiga forma de trabalho;
- A organização cria uma história de gestão fracassada de mudança.

É óbvio que todas essas transformações estratégicas e ações planejadas não substituem a essência da célula produtiva – o ser humano. De maneira abrangente, tais estratégias podem ser ilustradas na figura abaixo.

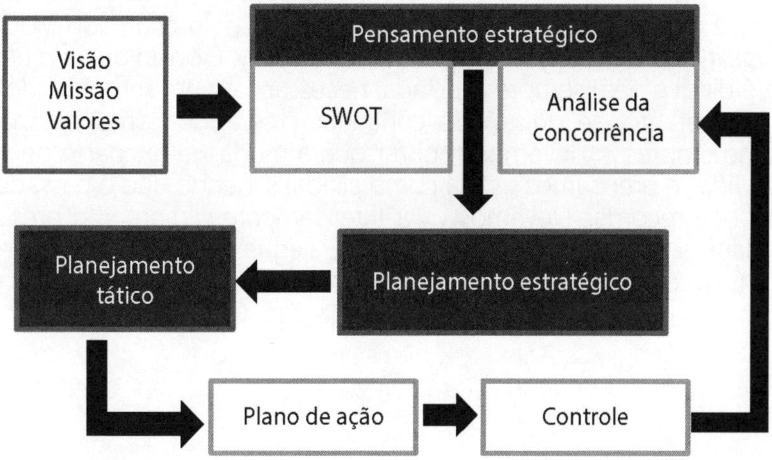

Todas essas mudanças estratégicas impactarão, direta ou indiretamente, a indústria e a prestação de serviço, bem como toda a cadeia produtiva. É óbvio que as empresas que não perceberam as mudanças, às vezes, sutis no mercado, precisam reconhecer que a arena competitiva tem agora:

- Maior diversidade de produtos e serviços;
- Competição intensa;
- Lançamento de novos produtos em ciclos cada vez menores;
- Ciclos de vida de produtos mais acelerados;
- Reestruturações e fusões organizacionais;
- Avanços tecnológicos;
- Novos hábitos e comportamentos de compras dos clientes.

Isso obriga a deslocar o foco da visão de satisfação das políticas internas para:

- Atender às necessidades e desejos dos consumidores;
- Entregar valor superior aos seus clientes.

Além dessas determinações estratégicas, na rotina diária, deve-se priorizar tarefas recorrendo ao quadrilátero óbvio da importância *versus* urgência:

1. Se é importante e urgente, **faça agora**.
2. Se é importante, mas não é urgente, **programe**.
3. Se é urgente, mas não é importante, **delegue**.
4. Se não é importante e não é urgente, **elimine**.

Na atualidade, o mundo é caracterizado pelo chamado VUCA – *volatility – uncertainty – complexity – ambiguity*. É óbvio que a mudança é difícil e nem sempre acertada; necessária e nem sempre indolor.

Entretanto, se quisermos continuar crescendo como pessoas e como empresas, devemos lembrar que a mudança faz parte de nossas vidas e precisamos usá-la como aliada, sabendo que o passado só se pode recordar. Devemos viver intensamente o momento presente e planejar o futuro com saúde, amor e alegria. O óbvio para ser feliz!

É necessário mudar para continuar existindo. A existência requer compreensão, adaptações e transformações. Comece agora!

Capítulo 10

Perder para ganhar? É certo que sim!

Você já teve que perder para ganhar? É óbvio que isso já ocorreu em algum momento de sua vida. Aliás, isso ocorre a todo momento com todos nós, mas será que percebemos? Ou passa despercebido e nem notamos o que deveria ser um hábito? Vamos conferir!

David Lima

David Lima

Graduado em negócios imobiliários; técnico em transações imobiliárias (tti); *life, leader & executive coach*; *coach* educacional; palestrante; analista comportamental pela Line Coaching. Especialista na área motivacional, usa a própria história de superação e desafios vencidos para encorajar pessoas a serem protagonistas de suas vidas. Ajuda empresas a manterem a equipe motivada e focada.

Contatos
www.davidcoach.com.br
contato@davidcoach.com.br
Facebook: Coach David Lima
Instagram: david_coachepalestrante
(11) 95911-8266

O desejo da humanidade, de uma forma geral, é sempre o de ganhar, porque esse ganho é sinônimo de sucesso, de vencer na vida, estar acima da média. Isso gera satisfação. Normalmente, somos bem vistos por nossos familiares e pelo ciclo social, em que estamos inseridos, quando atingimos esse patamar. O ganho faz parte do nosso histórico de vida, e salta os olhos das pessoas o fato de sermos bem-sucedidos em nossas ações.

Na busca por realizações, tentamos, ao longo de nossas vidas, adquirir e usufruir o máximo que podemos. Mas, o fato é que a maior parte da humanidade não consegue atingir essa meta de vida e vive em meio ao desespero, buscando soluções de uma forma errada; acaba caindo em armadilhas, desmotivações e frustrações.

Infelizmente, algumas pessoas vivem e não encontram o prazer da realização, de ter aproveitado uma vida plena, chegando ao fim de forma ao menos satisfatória. Deixam um legado de decepções e frustrações que, inevitavelmente, afetam a vida daqueles que convivem com elas ao longo de uma dura jornada na Terra.

O escritor e palestrante americano, Jim Rohn, afirma que: "somos a média das cinco pessoas com as quais passamos mais tempo", ou seja, de forma consciente ou inconsciente, somos influenciados. Esse deve ser um ponto a receber muita atenção, pois o ciclo de fracasso ou de sucesso é visível entre gerações de forma praticamente imperceptível quanto a sua causa.

A falta de conhecimento de como somos influenciáveis nos leva a agir sem critérios de seletividade, talvez por termos uma ideia de que essa seleção possa ser vista como uma discriminação. Bloqueamos esse tipo de ação e criamos uma crença limitante que não nos permite sequer analisar os efeitos positivos que tal seleção traria para as nossas vidas.

Se você tem uma família e amizades bem-sucedidas, é provável que essa máxima não se aplique a você, mas é óbvio que, para isso, seja preciso passar tempo bastante para se espelhar e seguir os exemplos.

Em 2017, o professor e economista, Richard Thaler, recebeu um prêmio Nobel por fazer uma pesquisa na área da economia, que mostra a nossa tomada de decisão sendo realizada, na maioria das vezes, de forma irracional, tendo como fatores de influência questões subjetivas e culturais.

Foi possível concluir a pesquisa pela junção da área econômica e psicológica, que o fez criar uma linha de economia comportamental que humaniza todo o processo e acaba se opondo à economia clássica, a qual pressupõe que as pessoas tomam decisões de forma racional com base nas opções oferecidas.

Pela ótica da neurociência, aprendemos que o cérebro é dividido em três partes. Vou citar duas delas que fazemos uso de forma automática: quando agimos com base nas emoções armazenadas em nosso sistema límbico, "uma espécie de HD", deixamos de usar o nosso neocortex, chamado de "cérebro pensante". A partir daí, criamos crenças limitantes que dão origem a uma sequência de erros.

É óbvio que, para identificar todos esses pontos, é preciso fazer uma análise detalhada na área do autoconhecimento, pois quanto mais nos conhecemos, mais o protagonismo de nossas histórias se torna real e verdadeiro. Devemos ter a consciência de que esse conhecimento deve vir de fontes confiáveis como a ciência, por exemplo, e não apenas do conhecimento adquirido ao longo da vida, de forma natural, com alguns eventos que podem confundir a nossa percepção dos fatos.

Um de nossos maiores erros está no fato de aprendermos algo e fixar esse aprendizado como uma verdade absoluta, não observando de forma macro todas as variantes que possam existir. Com tal atitude, só perdemos quando nos deparamos com situações que teríamos que estar preparados para agir corretamente.

O que fazer para mudar esse processo?

Continuar a perder!

Parece loucura, mas você vai entender, logo à frente, o quanto é preciso identificar e colocar foco na resolução dos problemas, para termos uma vida de sucesso e satisfação de propósito!

Perder

O perder aqui está relacionado a abrir mão de algo em função de um ganho posterior. Sempre que buscamos fazer alguma coisa, deixamos de fazer outras, por exemplo: na faculdade, o aluno que se dedica a estudar "perde" festas, viagens e muitos outros momentos de lazer em função de se graduar e, consequentemente, ganha no futuro o resultado de ser um ótimo profissional, tendo em vista que se preparou muito.

Aqueles que não abrem mão desses privilégios no presente pagam um preço caro no futuro. Imagine dois estudantes que trilharam por esses distintos exemplos, se encontrando décadas mais tarde. Com certeza, um deles sairá do encontro com o sentimento de realização, e o outro de frustração, provavelmente até em uma profissão sem realização pessoal.

Outros exemplos: para noivos se casarem, ambos "perdem" a segurança de um lar que já conhecem a rotina, e começam uma jornada desafiadora, que é o matrimônio. No entanto, "ganham", posteriormente, a satisfação de ter formado uma família com vivências que não conseguiriam sem a presença do cônjuge.

O investidor aplica o seu dinheiro, "perde" a satisfação de adquirir um bem ou serviço no presente, para "ganhar" poder de compra no futuro. Já aquele que se recusa a poupar no presente, no futuro, pode se deparar com uma fase ruim e não terá recursos para amenizar o impacto da adversidade. Essa é uma regra que pode ser aplicada em todas as áreas de nossas vidas.

Lembro-me, em certa ocasião, quando abri mão de um trabalho com boa remuneração, em função do meu objetivo de ser *coach* e palestrante. Eu acreditei no futuro, tive diante de mim o poder da escolha, e decidi "perder" a oportunidade que era boa, em função do "ganho" posterior na área em que eu me sentiria realizado.

Há alguns anos, se eu me encontrasse na mesma situação, o desejo de "ganhar" iria falar mais alto, e eu teria escolhido a remuneração ao invés da realização. Essa é uma atitude que revela o quanto ficamos imediatistas quando não pensamos, de forma racional, que temos que "perder" agora, para ganharmos depois.

Parece óbvio, mas quase sempre ignoramos esse princípio e deixamos a emoção tomar conta e influenciar as nossas decisões.

É fácil?

Com certeza não! Nós recebemos muitas informações durante todo o tempo e o nosso cérebro, que não está preparado para essa quantidade enorme de dados, tende a economizar energia. Isso nos leva ao piloto automático, sendo assim, um caminho que estamos acostumados a seguir é mais confortável, pois mudar a rota nos obriga a sair da zona de conforto, e esse é o principal fator de resistência à mudança.

Toda mudança exige uma atitude firme e com propósito para manter o foco e disciplina. O mais importante é ter a consciência de que somos humanos e, portanto, não somos perfeitos.

Erramos e iremos sempre, de uma forma ou de outra, errar. Porém, o mais importante é não desistir e não se cobrar além do que é preciso, afinal, temos que buscar evolução constante, mas, se buscarmos a perfeição no sentido literal, podemos nos frustrar quanto a isso.

É óbvio que o autoconhecimento é o primeiro passo de tudo, ele nos conduz de forma assertiva. Entretanto, na falta dele, ficamos como cegos tentando chegar a um local desconhecido e não conseguimos sequer distinguir os perigos que encontraremos no caminho.

Diz um ditado que: "conhecimento é poder". Essa é a mais pura verdade; tudo se resume a conhecer de forma ampla a área desejada, para o sucesso ser garantido. O autoconhecimento é o pontapé inicial para que o ser humano encontre o sucesso em todas as áreas da vida.

Conhecimento combinado a um plano de estratégia e execução é a receita perfeita para a humanidade evoluir de forma geral.

Desejo a todos vocês, que me acompanharam neste capítulo, o sucesso e a felicidade que encontrei em minhas atividades mais recentes, que me deram o prazer e a satisfação de fazer o que eu gosto, e de mudar a minha maneira de encarar a vida, por meio do autoconhecimento.

Quero agradecer a Deus, que me deu a oportunidade de externar os meus sentimentos e poder contribuir um pouquinho com você, trazendo os aprendizados, erros e acertos que tive até aqui. Lembre-se: você pode e deve ser o protagonista de sua história; os erros fazem parte da vida, portanto, não se cobre demais. Se caiu, levante-se. Sacuda a poeira e siga em frente. Quero também agradecer a minha esposa, Elaine Martins, que muito me ajudou neste processo, e a todas as conexões que tornaram este momento possível.

Um forte abraço a todos!

Capítulo 11

Os melhores líderes criam ambientes de alto desempenho

É óbvio que os melhores líderes são os que criam ambientes nos quais seus colaboradores podem ter melhor desempenho

Débora Madureira

Débora Madureira

Formada em letras e especialista em *marketing* direto. Realizou vários cursos complementares, entre eles, os de motivação e liderança eficaz; como se tornar um líder mais inovador; competências gerenciais; técnicas de negociação; gestão de pessoas e de negócios – Saint Paul – Escola de negócios. Participou de diversos seminários voltados ao mundo do *marketing* direto. Foi gestora e treinou equipes em grandes empresas do ramo de comunicação, com técnicas de vendas e de produtos. Foi professora de português no Colégio Bernardino de Campos / SP. Realizou o curso de inteligência emocional, e formou-se em *life & executive coach* pela Line Coaching. Realizou os cursos de palestrante *coach*, *leader coach*, analista comportamental e *coach* educacional. Autora do livro *Virei gerente e agora? – Dicas para a primeira gerência.*

Contatos
www.deboramadureira.com.br
www.palestrantesdobrasil.com/deboramadureira
dmadureira@uol.com.br
Facebook: Débora Madureira Palestrante e Coach
Instagram: dmadureirapalestranteecoach
YouTube: Débora Madureira Palestrante e Coach
(11) 99913-7528

Escolher as pessoas certas para os lugares certos é um bom começo para criar um ambiente favorável. Isso é óbvio, não é? Mas, não é o que sempre acontece na prática. Muitos líderes escolhem os seus colaboradores para executarem tarefas que não agradam, sem ser devidamente treinados.

O líder, às vezes, escolhe alguém para executar determinada tarefa sem se atentar à habilidade e desejo do colaborador. Simplesmente opta por alguém para cobrir a falta de um colaborador que saiu da empresa, foi transferido para outra área, ou foi promovido.

A maioria dos colaboradores consegue fazer muito mais do que é pedido; quando executam o que gostam, conhecem o objetivo da área e dominam as atividades atribuídas. Esses pontos são muito favoráveis para que o ambiente se torne agradável.

Mas, fique atento, pois ainda não é o suficiente para que o ambiente continue prazeroso, propiciando um maior desempenho aos colaboradores. A maior contribuição vem de você, o líder, para manter o alto desempenho da equipe. Essa frase é óbvia, com certeza! O gestor é o responsável pelo comprometimento da área com a empresa em que trabalha.

Trate a equipe com respeito, não grite, não chame atenção de um colaborador na frente do outro, não tenha uma hierarquia rígida e agressiva, não manipule a sua equipe, conquiste-a por motivação e respeito, e não por ameaça. Nunca compare um funcionário com outro, mesmo que seja para elogiar. Trate cada um individualmente.

Delegue aos seus funcionários, não seja centralizador. Inspire confiança, seja coerente, íntegro e cumpra promessas. Divida responsabilidade abraçando os compromissos da equipe, aumentando o respeito.

Não sobrecarregue os funcionários de alto desempenho. Desenvolva o conhecimento e treine todos, para que as atividades sejam igualmente distribuídas. Oriente os seus colaboradores a fazerem *follow up* dos prazos de cada atividade. Como gestor, você deve acompanhar e evitar que o prazo não seja cumprido.

Outro ponto que parece óbvio, mas nem todo líder consegue exercitar é ouvir os seus colaboradores. Muitos gestores nem esperam o colaborador terminar de falar, e logo interrompem. O exercício de ouvir traz grande benefício, pois colabora, e muito, conhecendo as necessidades e opiniões da equipe; evita refazer tarefas e, com certeza, agiliza a entrega das atividades.

Treine os seus colaboradores para terem um bom relacionamento interpessoal. Faça deles uma equipe facilitadora com as demais áreas da empresa.

Mantenha a sua equipe sempre bem informada, essa atitude ajuda a manter o foco no objetivo do departamento. A comunicação é a base da sua interação.

Outro ponto importantíssimo para criar um ambiente prazeroso é saber reconhecer a equipe e os colaboradores individualmente. O reconhecimento é o meio mais eficiente de gerar motivação. Demonstre gratidão!

Para você reconhecer com eficiência, precisa praticar e dar o *feedback* no dia a dia a sua equipe, principalmente, individualmente. Saiba prestigiar e valorizar o seu pessoal.

Intensifique o reconhecimento, não precisa estar premiando o tempo todo, mas faça elogios sempre que for cabível, pois essa prática ajuda a manter a equipe motivada, mesmo em tempo de crise.

Fique próximo dela, treine várias vezes se for preciso, preste atenção aos detalhes, corrija as falhas, não fique mal informado, seja comprometido. Assim, você será beneficiado tomando decisões mais ágeis, e a sua equipe dará o melhor, em um ambiente tão agradável, que será atrativo às outras áreas.

Contudo, não se iluda achando que nenhum colaborador vai cometer erros, mas saiba lidar, primeiro, com os seus. Um líder que não permite erros, acaba criando insegurança na equipe, podando a criatividade e a iniciativa.

É preciso desenvolver a capacidade do colaborador de errar e admitir, trazendo o fato o mais rápido possível ao seu conhecimento, para que a solução também seja rápida, antes que cause prejuízo à empresa.

Você sabe que as suas atitudes funcionam como modelo tanto positivo quanto negativo, portanto, procure gerar atitudes positivas perante sua equipe, a fim de motivá-la.

Em relação às atitudes positivas, vamos conversar um pouco sobre paciência. A nossa paciência é testada o tempo todo, principalmente, em tempos difíceis. Seja na vida pessoal ou na profissional.

Demonstrar paciência à equipe, ou melhor, ter paciência com a equipe, às vezes, faz parte de um aprendizado que adquirimos com experiências por meio de atitudes negativas que só levaram ao estresse, ao fracasso, à má solução perante um erro inesperado.

As experiências aumentam a nossa capacidade de ter paciência, porém, se preciso for, busque no "fundo do poço" a serenidade necessária para solucionar uma situação.

A vantagem de tratar as questões na esfera da paciência é que o resultado desejado será mais rápido de ser atingido e o exemplo de superação, ou o de treinar a paciência, será enraizado em sua equipe, em sua família e na roda de amigos. E há uma grande vantagem: a sua saúde agradecerá!

Mas, como nós nos comportamos em tempos de muita incerteza e de crises? Conseguimos encontrar em nós a paciência e a calma necessária para liderar nessa situação? Precisamos aprender a lidar com as situações inesperadas que nos cercam e que, às vezes, vêm do lado externo para o âmbito da empresa, e provoca uma mudança interna, uma reestruturação na empresa. Uma coisa é certa, não podemos transformar a situação em maior do que é de fato. Não podemos enxergá-la como uma tempestade.

Toda mudança gera insegurança, porque é uma ruptura com o conhecido e gera também ansiedade com o desconhecido. Cada colaborador pode reagir de uma forma, você pode se deparar com comportamentos bem diferentes, mas, lembre-se de que, se você foi um líder que manteve a equipe bem informada e esteve próximo, a reação tende a ser minimizada.

Você precisa manter o controle para dar o suporte e direcionamento que a equipe precisa para continuar motivada. Distribua bem o seu tempo, alguns colaboradores podem precisar mais de você do que os outros, mas todos precisam. É preciso equilibrar o seu emocional e mostrar flexibilidade para mudanças. Não existe sucesso quando há resistência.

E não esqueça... comemore com a sua equipe cada meta alcançada, pois fortalece o próximo desafio. Também considero um grande desafio o líder treinar os seus colaboradores a fim de que eles sejam capacitados a exercer um cargo de liderança, independentemente se será na própria organização ou não. Invista na qualidade de sua equipe.

Incentive cada colaborador a participar de cursos e seminários que enriqueçam os seus conhecimentos e experiências. A perspectiva de crescimento faz com que o colaborador se esforce ainda mais. É óbvio que é muito importante você também treinar o seu sucessor.

O líder precisa ter habilidade e o compromisso em treinar o seu sucessor para que, no futuro, assuma as suas atividades e funções com qualidade. Alguns gestores têm resistência em gerar um sucessor com medo de perder o próprio posto, mas se não quiser ficar estagnado na carreira, precisa treinar para crescer junto com a equipe.

Treinar o sucessor também traz vantagem. No caso de uma promoção ou de uma oportunidade no mercado de trabalho, a empresa não precisará negociar com você o prazo muito longo para assumir o novo cargo, dentro ou fora da empresa. Não será preciso passar pelo estresse e ansiedade em treinar o seu sucessor em poucas semanas.

O sucessor, antes de assumir a nova função, deve ser preparado em nível de conhecimentos, comportamentos, habilidades, liderança, valores e missão da empresa. Peça ajuda ao RH e promova oportunidades de treinamento e desenvolvimento em cargos de liderança. Comece já a treinar o seu sucessor.

É óbvio que o sucessor deve abraçar o mesmo comprometimento, gerando resultados favoráveis à organização. Seja um líder que promova inspiração ao seu sucessor!

Capítulo 12

Entendendo a perda, para obter ganhos extraordinários

O propósito deste capítulo é trazer uma reflexão sobre três aspectos da nossa vida, que considero fundamentais para reduzir o hiato existente entre o que sou, o que quero e o que faço, objetivando alcançar resultados mais afinados com os nossos projetos de vida. Os três pontos são: o tempo, a atitude e o autoconhecimento

Elder F. Perez

Elder F. Perez

Graduado em psicologia e administração de empresas. Pós-graduado em psicologia organizacional e terapia cognitivo comportamental. Atua como psicólogo clínico, palestrante e orientador de carreira.

Contatos
elderperez65@hotmail.com
(71) 98137-2869

Tempo

Os padrões temporais que regem a humanidade não são lineares. Eles são cíclicos, pois têm começo, meio, fim e recomeço. Assim se repetem os dias, as noites, as semanas, os meses, as quatro estações, os anos etc. É dentro desse ciclo que a história acontece. Essa repetição é tudo o que temos e precisamos para fazer diferente e criar a nossa história. E que história estamos criando?

Inicialmente, gostaria de trazer um pouco da mitologia grega, fazendo referência a dois deuses do tempo: Cronos e Kairós.

O primeiro refere-se ao tempo que se mede, o tempo sequencial dos segundos, minutos, horas, dias, semanas, meses, anos. De acordo com a mitologia, Cronos teria recebido uma profecia que dizia que o seu poder seria tirado por um de seus filhos. A partir daí, Cronos passou a comê-los no momento em que eles nasciam. De tão obcecado com a ideia de um dia não ser mais quem sempre foi, "viveu" o tempo repetindo sempre a mesma ação de eliminar aquilo que, supostamente, seria uma ameaça: seus filhos. E, com isso, ele deixou de "viver". Nesse caso, o tempo que gera é o mesmo que devora. O tempo que é dado também é eliminado.

No outro extremo, encontramos Kairós, que diz respeito à qualidade do tempo vivido. Aqui temos um deus do presente. Aquele que não dá importância ao tempo cronológico. Kairós não conta o tempo, ele simplesmente vive o momento. Ele sabe que a experiência se imprime no agora. Kairós é representado com pelos na parte frontal do rosto e cabeça, e careca atrás. Isso significa que quando ele passa ninguém consegue segurá-lo. Esse é o tempo da ocasião que gera a oportunidade.

Então, em que tempo permanecemos mais? No tempo amedrontador de Cronos, seguindo o seu ritmo e temendo ser devorados por ele? Ou desfrutamos da experiência do momento, da construção, das oportunidades, do único tempo em que se pode garantir ser feliz, que é o tempo de Kairós?

O que deve conduzir e orientar o nosso tempo na vida? Definitivamente, não deveria ser relógio. É o propósito que deve orientar as nossas escolhas. Nesse sentido, podemos dizer que o nosso tempo deve ser conduzido muito mais por uma bússola do que por um relógio. O propósito, assim como a bússola, indica uma direção a partir de onde está. Assim podemos traçar um roteiro até o destino.

Como podemos ver, o tempo é tudo o que temos e que deixamos de ter a cada momento. Essa é uma perda óbvia. E é no hiato de um e outro instante que se dá a vida. Você já se perguntou o quanto é escravo da rotina ou o quanto é senhor do seu cotidiano?

É importante ajustarmos a nossa relação com o tempo. O passado já não existe mais. Ele pode ser apenas memórias, sombras, aprendizados ou esquecimentos. O futuro é uma ilusão. Todo porvir é incerto. Sonhos e planos são construídos no agora. Não existe tempo mais importante do que este. Absolutamente nada importa mais do que o presente. Precisamos ver sempre o presente como uma novidade.

Observe uma criança brincando. Podemos dizer que ali está um exemplo de plenitude. Isso acontece, porque ela está toda naquele momento. Não há distração, há prazer naquela concentração. Esse estado é chamado de *flow*, (fluir). Nessa condição, há a abstração do que foi e do que virá. É como se ela já entendesse intuitivamente e claramente que a felicidade só pode estar no presente. Crescemos e talvez tenhamos esquecido que viver é conjugar-se no gerúndio, porque algo só é enquanto sendo. Nos dias atuais, é muito importante intensificarmos a nossa experiência de *flow*.

Não deveríamos transferir o bom, o bem e o belo para depois. O máximo que pudermos, devemos trazer tudo isso para o agora e, certamente, estaremos muito mais felizes no presente e no futuro.

A construção dos sonhos acontece já. Estar no passado ou no futuro é viver um tempo que não é o nosso. Se essa vivência é muito intensa e frequente, ela pode, inclusive, se tornar disfuncional e provocar a ansiedade e a depressão, por exemplo. Não há mal em visitar o passado ou o futuro de vez em quando, mas não devemos permitir que eles venham morar conosco por muito tempo.

Ao tomarmos consciência do agora, podemos nos tornar mais responsáveis pelos "rastros" que deixamos no caminho, e pelas consequências sobre o que fazemos. Saímos do papel de vítimas das circunstâncias e assumimos o protagonismo da nossa vida.

Tente atingir as suas metas aproveitando melhor o presente, mesmo porque o resultado mais gratificante de uma tarefa pode estar na sua execução e não necessariamente na sua conclusão.

Atitude

A força do óbvio, que muitas vezes podemos imaginar como algo bastante simples, só se revela na ação. Fazer o óbvio é fazer o que precisa ser feito de acordo com o foco que se tem. Nesse sentido, saber o que se quer é fundamental.

A construção dos nossos sonhos está pautada em conhecimento, habilidade e, acima de tudo, atitude. É esse último que retira os outros dois da condição de substantivo e os torna verbos. E verbo é ação. Atitude implica também na forma de agir e reagir. Tem a ver com o comportamento e como lidamos com as circunstâncias. Quanto mais claros forem os nossos objetivos, melhor poderemos lidar com as situações e saberemos o que precisa ser feito a curto, médio e longo prazo.

Nesse percurso, podemos identificar a estreita relação entre o óbvio e o ato na confecção de um sonho. Essa relação implica numa dinâmica menos improvisada e mais precisa. Como já foi dito, os objetivos devem estar bem definidos, do contrário, as ações correm o risco de se tornarem muito pulverizadas, consumindo muita energia para atingir pouco ou nenhum resultado. O propósito é o filtro e o funil dos atos.

Considero importante também tecer alguns comentários sobre a procrastinação. Em várias ocasiões temos o hábito de colocar o urgente antes daquilo que é fundamental. O interessante é observar que boa parte das "urgências" são criadas por nós, como, por exemplo, descansar, dormir, ver televisão, comer, sair, ler e enviar mensagens. Claro que essas coisas são importantes, mas a questão é o quanto estou me utilizando disso como algo "urgente" a fazer só para fugir do que é fundamental. Quando isso acontece, criamos a nossa resistência ao óbvio e boicotamos os nossos sonhos enquanto o tempo se vai.

Muitas vezes, trabalhamos, inconscientemente ou não, para nos manter na zona de conforto. É importante dizer que é uma tendência do nosso cérebro trabalhar nessa direção. É uma espécie de lei da gravidade interna. Qualquer movimento para cima provoca resistência. A resistência pode existir em qualquer lugar.

Para concluir este tópico, queria dizer que as grandes personalidades da humanidade tinham um propósito, sabiam o que queriam e se eternizaram pelas suas obras que são frutos dos seus atos. Eles nos provaram e nos provam, ainda hoje, que o próprio discurso ganha força por meio das ações de quem diz. É assim que se formam e se consolidam os exemplos e as lideranças. Portanto, como dizia José Martí: "fazer é a melhor maneira de dizer".

Autoconhecimento

Quem está entre o fazer e o ter, entre causa e consequência? Quem é esse que quer e que é?

> Não há e não pode haver autoconhecimento baseado em pressupostos teóricos, pois o objeto desse conhecimento é um indivíduo, ou seja, uma exceção e uma irregularidade relativas. Sendo assim, não é o universal e o regular que caracterizam o indivíduo, mas o único.
>
> Carl Gustav Jung

Será que a imagem que eu tenho e que os outros têm de mim corresponde ao que realmente sou?

Gostaria de chamar a atenção para um importante, porém, não único aspecto da vida, que pode contribuir de forma significativa para a idealização de quem somos: as falas ao nosso respeito. Nascemos e crescemos ouvindo o outro falando sobre nós: "olha que bebezinho lindo! Olha a orelhinha, o cabelinho, a barriguinha, os olhinhos dele. Como ele é bonzinho/danado! Ele é tão educado! Que menino esperto!" E por aí vai....

Começamos a nossa jornada na vida nos enxergando por meio dos olhos dos outros. Em certa medida, as falas que contribuem para a nossa constituição enquanto sujeitos, sejam pelas tentativas de corresponder a elas ou pelo esforço em refutá-las, são também as camadas que cobrem o ser. Nesse sentido, a vivência do que não somos pode ser a tônica da nossa existência agora.

É importante pensar que ninguém muda verdadeiramente para ser o que não é. O processo de autotransformação é fundamentalmente à jornada do saber sobre si. Nesse percurso, onde as dúvidas se assentam nas (in)certezas, podemos, aos poucos, ir identificando essas "camadas" que nos cobrem.

Sendo assim, a autotransformação diz respeito também a um processo de desconstrução, "desaprendizado" e ressignificação daquilo que nos atribuíram e que, de certa forma, nos constituiu. No entanto, os "ditos" postos sobre nós não precisam ser imediatamente e nem totalmente ignorados. Afinal, eles também formam o nosso autoconceito, que pode, inclusive, ser o ponto de partida para a percepção do que em nós está em desacordo com aquilo que chamamos de *self*.

A psicoterapia pode ser uma ferramenta poderosa nesse processo. O psicólogo entende que o dito emitido traz a medida única do prazer e da dor de quem diz. A voz do paciente precisa ser escutada, acima de tudo, por ele. Os recursos utilizados no *setting* terapêutico devem proporcionar a cada pessoa o encontro consigo e promover a percepção da sua responsabilidade sobre aquilo que o afeta.

A fluidez harmônica da vida se intensifica na medida que nos aproximamos da nossa natureza particular, nos envolvemos no nosso processo intrapessoal e assumimos o protagonismo da nossa existência. A partir daí é possível consolidar os alicerces sobre a partir dos quais cada um pode ser aquilo que quiser.

Portanto, uma coisa é a imagem construída de si e a outra é o que realmente você é. Quando esse saber se intensifica, a forma como recebemos as críticas e enxergamos os erros que cometemos muda radicalmente. Aprendemos a aprender, a aperfeiçoar sempre, sem a ilusão da perfeição, a acatar o que é útil e não tomarmos para nós o que não é nosso. Tudo existe no campo das possibilidades e nos cabe somente a escolha.

Dicas finais

As nossas crenças, que, muitas vezes, nos limitam, fazem com que avaliemos as pessoas, circunstâncias e coisas com base no nosso julgamento. Deixamos de avaliar para então julgar, ou seja, inverte-se o processo, empobrecendo a nossa perspectiva. Os parâmetros acabam sendo o fim e deixamos de julgar com base numa análise pura e simples. Em geral, esse processo se dá de forma inconsciente.

Saiba que respostas e *insights* podem surgir mais facilmente numa mente relaxada, abstraída da carga das emoções.

Quando temos a consciência do agora, começamos a jornada do autoconhecimento. Treine diariamente a percepção de tudo o que o cerca num determinado ambiente no momento em que estiver nele. Preste atenção ao cheiro, à temperatura, ao som, às cores, ao sabor, à textura, às pessoas... que sentimentos são experimentados?

A criatividade não é necessariamente um dom. Ela pode ser aprendida e exercitada por meio da percepção daquilo que é ordinário como algo incomum. Muitas vezes, o extraordinário implica sair do automatismo e fazer o jogo do contraditório, observando ou imaginando o oposto daquilo que se apresenta. Um bom exercício é: diante de uma tese posta, formule uma antítese e crie a sua própria síntese.

Não poderia deixar de falar do quão importante é dar atenção aos nossos talentos. Sejam eles quais forem. Subestimar qualquer talento nosso pode significar uma grande perda. Aprendemos, desde a escola, que precisamos estudar mais aquilo que temos dificuldades para não perdermos o ano. Até aí tudo bem; óbvio. No entanto, na maioria das vezes, esquecemos de reforçar aquilo em que somos bons. Negligenciamos os nossos talentos focando muito mais nas dificuldades e fragilidades do que nas nossas forças. Portanto, pense quais são os seus talentos e os acorde.

Referências

BAUMAN, Z. *Modernidade líquida.* Rio de Janeiro: Zahar, 2001.

BAUMAN, Z.; LEOCINI, T. *Nascidos em tempos líquidos: transformações no terceiro milênio.* 1.ed. Rio de Janeiro: Zahar, 2018.

DAVID, S. *Agilidade emocional: abra sua mente, aceite as mudanças e prospere no trabalho e na vida.* São Paulo: Cultrix, 2018.

DUHIGG, C. *O poder do hábito: por que fazemos o que fazemos na vida e nos negócios.* Tradução. Rio de Janeiro: Objetiva, 2012.

DWECK, C. S. *Mindset: a nova psicologia do sucesso.* 1. ed. São Paulo: Objetiva, 2017.

GALAHAD, L.C. *Cronos e Kairós, as personificações do tempo*, 2017. Disponível em: <https://mitologiagrega.net.br/cronos-e-kairos-personificacoes-do-tempo/>. Acesso em: 05 de nov. de 2018.

GEORGE, M. *Mindsets: altere suas percepções, crie novas perspectivas e mude seu modo de pensar.* Petrópolis: Vozes, 2017.

GIKOVATE, F. *Mudar: caminhos para a transformação verdadeira*. São Paulo: MG Editores, 2014.
GLADWELL, M. *Davi e Golias*. Rio de Janeiro: Sextante, 2014.
JUNG, C. G. *Presente e futuro*. 8. ed. Petrópolis: Vozes, 2013.
MOGI, K. *Ikigai*. Bauru: Astral Cultural, 2018.
SERRA, D. J. G. *Martí e a psicologia: o poeta e a unidade cognição/afeto*. São Paulo: Escrituras Editora, 2001.
TOLLE, E. *O poder do agora: um guia para iluminação espiritual*. Rio de Janeiro: Sextante, 2002.
UPDEGRAFF, R.R. *Adams óbvio*. São Paulo: Faro Editorial, 2015.
VIORST, J. *Perdas*. 4.ed. São Paulo: Editora Melhoramentos, 2005.

Capítulo 13

Devemos produzir mais do que nos ocupar

Neste capítulo, você encontrará estratégias para se tornar uma pessoa focada em ter uma vida mais produtiva e menos ocupada. Para isso, eu separei este capítulo entre os motivadores que vêm impedindo você de ter uma vida mais produtiva. As ferramentas que eu criei servem para ajudá-lo a ser mais produtivo e, assim, elaborar um mapa de ações claras e totalmente direcionadas a mantê-lo no controle de sua vida e de seus sonhos

Erick Herdy

Há mais de 20 anos no mercado brasileiro; estrategista de vida profissional e de carreira; palestrante e entusiasta de gerenciamento de projetos; membro da Sociedade Brasileira de Coaching (SBCoaching). MBA em gerenciamento de projetos pela FGV e graduado em ciências da informação. É criador e CEO de empresas de tecnologia da informação e de treinamento e consultoria. Já atuou como executivo de projetos globais em empresas multinacionais. Também é professor de diversos MBA's e cursos de pós-graduação no Brasil; coordenador do MBA de gerenciamento de projetos.

Contatos
www.hutil.com.br
contato@hutil.com.br
Instagram: erickherdy.oficial
Facebook: HUTIL Treinamento & Consultoria

Já pensou em deixar uma vida vazia e sem propósito para trás e recomeçar com um propósito maior, uma razão de ser e de existir? Ou seja, ter uma missão e deixar um legado de sua existência por onde passar? Saiba que isso é possível. Assim como eu descobri os caminhos e as estratégias, também criei ferramentas capazes de nos levar a ter uma vida cheia!

Neste capítulo, quero falar exclusivamente sobre como se tornar mais produtivo e menos ocupado na vida pessoal e profissional, e como, após ler vários livros, aprender e testar em mim muitas técnicas e ferramentas, eu disse: "uau, se tivesse este conhecimento no início da minha carreira, a minha vida teria sido muito diferente; teria sido melhor". Foi nesse momento que a ficha caiu e pensei: "já sei. Irei levar essa instrução a todas as pessoas que, assim como eu, precisam e querem mudar as suas vidas". O que eu não sabia é que, naquele momento, estava mudando o meu modo de viver para sempre.

Ocupação x produtividade

Você já sentiu que esteve ocupado por um dia inteiro e não foi produtivo? Não se preocupe ou se envergonhe, pois você não é o único nessa situação. Milhares de pessoas reclamam dessa mesma sensação, e isso acontece porque você se ocupou de tarefas ou ações que, simplesmente, não geram algum resultado percebido.

Bom, agora você pode estar se perguntando como pode gerar resultados produtivos, se nem ao menos sabe o que deve fazer ou o que é isso. Para responder a essa pergunta, precisamos saber o nosso objetivo, propósito e a nossa missão na vida. Somente com essas respostas poderemos saber com absoluta certeza se somos produtivos ou se simplesmente nos ocupamos na vida.

Ocupação

Ações que somente ocupam o nosso tempo são aleatórias, que, sincronizadas ou não, simplesmente preenchem um espaço de tempo ocioso na nossa vida. Por exemplo, fazer palavras cruzadas, bater papo furado, assistir a algum programa de televisão sem conteúdo que agregue valor ou conhecimento a nossa vida e, claro, o vilão da atualidade, navegar nas redes sociais para "assistir" a vida alheia. Não estou dizendo que não é para fazer nenhuma dessas ações, mas, para algumas pessoas, parece que esses são os únicos motivos de viver!

Claro que também existem as ocupações necessárias, por exemplo, levar os filhos na escola, ir ao supermercado, fazer a revisão do carro, ir ao médico, manter conversas com a família ou amigos, assistir a documentários, ler livros instrutivos (tal como este que você está lendo agora). Todos nós nos ocupamos na vida, mas o importante é saber com quais ações e por quanto tempo.

Produtividade

Produtividade significa gerar resultados produtivos em nossas ações. Dessa forma, você terá a sensação de que o seu dia rendeu. Para descobrir se está sendo produtivo, você precisa saber qual o seu objetivo naquele dia, que missão de vida precisa ser cumprida. Pode ser um objetivo pessoal ou profissional, ou ambos em um mesmo dia, você deve fazer uma lista de pequenos entregáveis. Para conseguir mudar a sua rotina de simples ações que apenas ocupam o seu tempo, por um dia verdadeiramente produtivo, é preciso entender alguns fundamentos que regem a sua vida e, talvez, você ainda não tenha se dado conta deles. O mais importante neste momento é entender...

Como funciona o nosso cérebro

O cérebro humano toma decisões, basicamente, para atender a duas necessidades básicas – gerar prazer ou eliminar dor – ou seja, todas as decisões que tomamos, de alguma forma, nos dão um prazer que pode ser a curto (imediato) ou a longo prazo; nos eliminam uma dor ou sofrimento. Convido você a fazer uma pausa agora e refletir um pouco se essa minha afirmação faz sentido e se as decisões que tem tomado em sua vida não são para atender a essas necessidades básicas.

Sabendo disso, precisamos prestar atenção se as decisões que temos tomado no dia a dia nos levam a ter o prazer na vida pessoal e profissional que, verdadeiramente, merecemos e buscamos, ou têm nos sabotado, assim como as decisões que deixamos de tomar por um medo das consequências. Isso tem prendido você em uma zona de conforto que não o leva a um próximo nível de evolução natural. Essas evoluções acontecem com base em nossas...

Crenças

Crença é o ato de acreditar na verdade ou possibilidade de alguma coisa, é sempre maior do que o puro conhecimento sobre algum fato ou acontecimento. Para que algo se torne uma crença, as pessoas, geralmente, têm uma opinião sobre certo fato, uma convicção que é materializada.

As crenças podem ser aliadas ou inimigas da nossa produtividade. O conjunto de crenças é, basicamente, dividido entre crenças fortalecedoras ou limitantes. Pare e analise o seu conjunto de crenças; ele o faz realizar tarefas que deixam seu dia mais produtivo ou mais ocupado? Você acredita que pode ser mais produtivo se quiser?

O plano de ação

Agora que já sabemos por que não conseguimos ser mais produtivos do que ocupados, podemos iniciar um plano de ação para alcançar essa meta. Por que eu não trouxe essas ferramentas antes? Porque, se eu trouxesse técnicas que podem auxiliá-lo nesta jornada, antes de mostrar como é possível ser mais produtivo, provavelmente, não faria muito sentido.

Tangram da produtividade

O Tangram da produtividade foi desenvolvido por mim, pois o primeiro passo para nos tornar pessoas mais produtivas é saber o que e onde queremos chegar, ou seja, a nossa meta. Para isso, criei este quebra-cabeça (Trangram) para nos auxiliar a montar passo a passo esse objetivo, de forma simples clara e direta. Por que eu escolhi o Tangram? Porque é um quebra-cabeça geométrico chinês formado por sete peças chamadas tans: são dois triângulos grandes, dois pequenos, um médio, um quadrado e um paralelogramo. Utilizando todas essas peças sem sobrepô-las, podemos formar várias figuras, assim, podemos montar o nosso objetivo da forma que quisermos. Vamos começar a criar o nosso plano?

Na primeira peça (A), escreva a sua missão de vida, o seu propósito, a sua visão de futuro e os seus valores.

Na segunda peça (B), defina cinco metas a serem atingidas na sua vida. Essas devem direcioná-lo ao seu objetivo maior. Como modelo, eu sugiro utilizar metas SMART – sigla para conseguir definir objetivos de forma mais acertada. O S é para específica, M para mensurável, A para atingível, R para relevante e T para temporal. Seja na vida profissional ou pessoal, é muito importante ter objetivos.

Na terceira peça (C), escreva algo que represente um lema, um grito de guerra, algo que o faça dar o próximo passo.

Na quarta peça (D), defina os KPI (*key performance indicator*), ou os famosos indicadores-chave de desempenho, para que sirvam de indicadores se você está caminhando ou não em direção aos seus objetivos.

Na quinta peça (E), determine o seu *roadmap*, ou o seu mapa de direção, para saber qual caminho seguir. Esse *roadmap*, eu explicarei mais à frente como criar.

Na sexta peça (F), inclua os obstáculos que impedem você de seguir este Tangram.

Na sétima peça (G), acrescente uma figura que represente tudo isso para você; pode ser uma foto da família, do seu objeto de desejo, do seu sonho. Como eu disse no início, não há limites para o que você pode fazer neste Tangram, afinal, é sobre a sua vida que estamos falando.

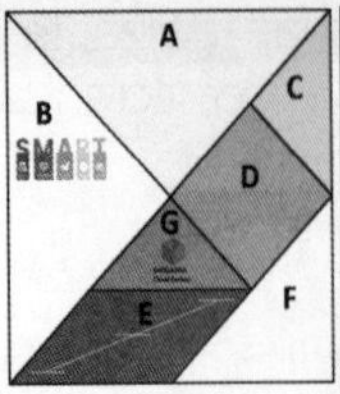

A	MISSÃO	
	PROPÓSITO	
	VISÃO	
	VALORES	
B	SMART-1	
	SMART-2	
	SMART-3	
	SMART-4	
	SMART-5	
C	PERSONAL	
D	KPI - 1	
	KPI - 2	
	KPI - 3	
	KPI - 4	
	KPI - 5	
E	ROADMAP	
F	OBSTÁCULO - 1	
	OBSTÁCULO - 2	
	OBSTÁCULO - 3	
	OBSTÁCULO - 4	
	OBSTÁCULO - 5	
G	LOGO EMPRESARIAL	

Modelo do Tangram.

Roadmap **da produtividade**

Agora que você já sabe claramente o que e onde quer chegar, está na hora de planejar o passo a passo desta jornada. Sugiro que você pegue uma folha em branco e, de acordo com o nosso exemplo abaixo, trace uma linha em toda a folha e, na parte superior, defina uma data ousada, mas, ao mesmo tempo, factível e atingível, de conclusão ou chegada do seu objetivo. Na base da linha traçada você irá colocar a data de início de sua jornada.

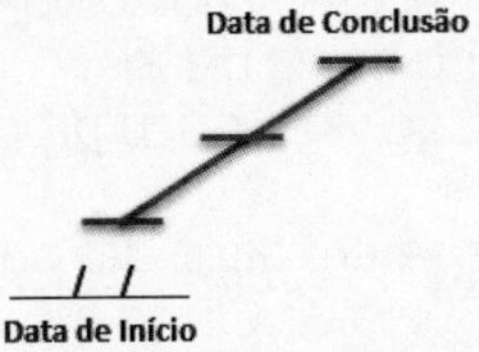

Figura A – *roadmap* da produtividade.

Agora, preste muita atenção, você irá incluir linhas transversais e escreverá as ações que o levarão da data de início até a data de conclusão, mas, deverá iniciar de trás para frente, ou seja, pela data de conclusão, tal como a figura (B) a seguir. Dessa forma, você evita se sabotar e empurrar a data de conclusão para depois.

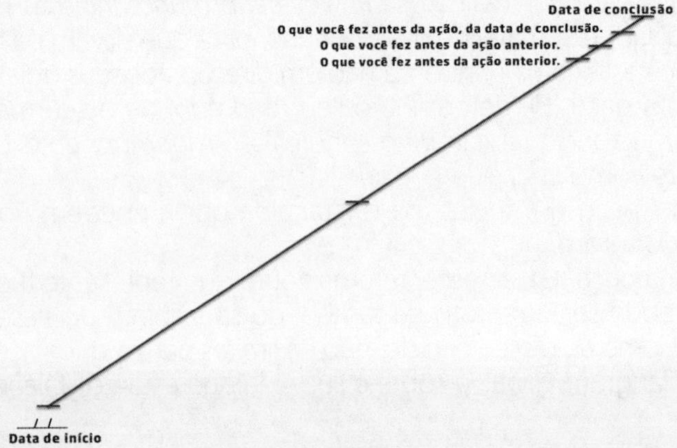

Figura B – *roadmap* da produtividade.

MAS – Matriz de atividade da semana

O próximo passo rumo ao desenvolvimento de uma vida mais produtiva é o desenvolvimento da matriz de atividade da semana. Essa pode ser definida de várias formas, mas o básico que eu recomendo para quem está começando é o modelo abaixo, em que você pode definir as suas atividades por hora, começando na segunda-feira, no início das atividades da manhã até o horário que o seu dia termina. Eu coloquei aqui abaixo umas das minhas primeiras matrizes para que você use como exemplo.

Como você pode ver, eu deixei algumas atividades minhas, porque eu gostaria de aproveitar e compartilhar parte da minha rotina. Sabe o que eu escuto com muita frequência das pessoas que eu ajudo a desenvolver estratégias de vida melhores. "Poxa Erick, minha agenda já é tão apertada, que eu não consigo encaixar mais nada, não tenho tempo nem para os meus amigos e família." Pois bem, eu sei que cada pessoa tem os seus compromissos e particularidades, mas vejamos este meu exemplo abaixo.

Matriz de Atividades da Semana (MAS)

		SEGUNDA-FEIRA	TERÇA-FEIRA	QUARTA-FEIRA	QUINTA-FEIRA	SEXTA-FEIRA	SÁBADO	DOMINGO
	08:00			AGENDA PESSOAL	REUNIÃO EXTERNA		TEMPO PARA A FAMÍLIA	MEU TEMPO PESSOAL
MANHÃ	09:00				REUNIÃO EXTERNA			
	10:00				REUNIÃO EXTERNA			
	11:00				REUNIÃO EXTERNA			
	12:00	ALMOÇO	ALMOÇO	ALMOÇO C/ ESPOSA	ALMOÇO	ALMOÇO		
	13:00	LIGAR P/ AMIGO	LIGAR P/ FAMÍLIA	LEVAR FILHO PARA ESCOLA	LIGAR P/ AMIGO	LIGAR P/ FAMÍLIA		
TARDE	14:00				REUNIÃO EXTERNA			
	15:00				REUNIÃO EXTERNA			
	16:00				REUNIÃO EXTERNA			
	17:00				REUNIÃO EXTERNA			
	18:00	PREPARAR ENTREGÁVEIS DO DIA SEGUINTE	PREPARAR ENTREGÁVEIS DO DIA SEGUINTE	PREPARAR ENTREGÁVEIS DO DIA SEGUINTE	PREPARAR ENTREGÁVEIS DO DIA SEGUINTE	REVISAR E PREPARAR PLANEJAMENTO DA PRÓXIMA SEMANA		
NOITE	19:00	ACADEMIA	MÍDIAS SOCIAS	ACADEMIA	MÍDIAS SOCIAS	ACADEMIA		
	20:00	ORGANIZAR FINANÇAS	TEMPO P/ FAMÍLIA	TEMPO P/ FAMÍLIA	TEMPO P/ FAMÍLIA	TEMPO P/ FAMÍLIA		
	21:00	TEMPO P/ FAMÍLIA	TEMPO P/ FAMÍLIA	TEMPO P/ FAMÍLIA	TEMPO P/ FAMÍLIA	TEMPO P/ FAMÍLIA		
	23:00	LEITURA	LEITURA	LEITURA	LEITURA	LEITURA		

Modelo de MAS.

Como você deve ter reparado, eu planejo a minha semana com algumas ações já preestabelecidas, isso me ajuda a estruturar melhor o meu tempo. Por exemplo, eu já deixo, toda quarta-feira na parte da manhã, a minha agenda reservada para assuntos pessoais, pois, dessa forma, se tenho uma consulta médica, preciso levar o carro à oficina, ou resolver qualquer assunto pessoal, sei que posso agendar na quarta-feira de manhã. Outra ação que gera muito resultado positivo de produtividade é agendar todas as reuniões externas em um mesmo dia, assim, sei que se tiver que passar o tempo todo fora do escritório, eu faço neste dia.

Você deve ter reparado, também, que eu deixo um espaço na agenda para fazer uma ligação telefônica para um amigo ou um familiar no retorno do almoço. Ligações como essas costumam demorar cerca de cinco minutos, pois têm o objetivo de dar um "oi" e saber como estão as coisas. Isso mostra atenção e carinho pelas pessoas que são, verdadeiramente, importantes para você.

Principais Realizações do Dia (PRD)

FOCO DO DIA:

PRIORIDADES:

○ __________
○ __________
○ __________
○ __________
○ __________
○ __________

O QUE ACONTECEU HOJE QUE ME DEIXA MAIS PRÓXIMO DO MEU OBJETIVO / META / SONHO

TRÊS COISAS PARA EVITAR NO DIA DE HOJE

① __________
② __________
③ __________

TRÊS AGRADECIMENTOS PELO DIA DE HOJE

① __________
② __________
③ __________

Modelo de PRD – Principais realizações do dia.

A última ferramenta que eu trago para você é a PRD. Ela o auxiliará a definir ações diárias com foco em produtividade. Nela, você define o foco principal do seu dia, cinco prioridades de entrega de resultados, três coisas que deve evitar para não procrastinar, e também precisa escrever o que aconteceu no seu dia que o aproximou de seu objetivo, sonho ou de sua meta. E, por fim, três agradecimentos pelo dia. Essas ações trarão clarezas, diariamente, de como você tem se comportado e o que deve melhorar para o dia seguinte.

Referências

ROBBINS, Anthony. *Desperte seu gigante interior*. Editora Best Seller, 2009.
________________. *Poder sem limites*. Editora Best Seller, 2017.
THEML, Geronimo. *Produtividade para quem quer tempo: aprenda a produzir mais sem ter que trabalhar mais*. Editora Gente, 2016.
VICTORIA, Floria. *Semeando felicidade*. Editora SBCoaching.
WELCH, Jack; WELCH, Suzy. *Paixão por vencer*. Editora Elsevier, 2005.

Capítulo 14

É notório que você pode falar o que pensa, basta saber como

Você é do tipo de pessoa que "fala o que pensa, doa a quem doer?". É possível externar a nossa opinião sem impactar negativamente os relacionamentos? Você já ouviu falar sobre CNV? Convido você a ler a história de Carlos e ter acesso a dicas para falar tudo o que pensa (ou quase tudo) sem magoar as pessoas. Será que isso é possível? É óbvio que sim!

Évila Carrera

Évila Carrera

Advogada, professora de graduação e de pós-graduação na área jurídica e de gestão, palestrante, escritora e especialista em comunicação e oratória. Possui MBA em gestão empresarial pela FGV; lecionou a disciplina "técnicas de comunicação" no pós-adm – FGV. É mestranda em administração estratégica de negócios pela Universidad Nacional de Missiones – Argentina. Coautora dos livros *Meios adequados de resolução de conflitos* (Empório do Direito) e *Justiça restaurativa* (D'Plácido), ambos sobre técnicas de comunicação e de negociação que podem ser aplicadas na resolução de conflitos, e coautora do livro *Coaching de Carreira* (ed. Literare Books, 2019), que trata da relevância da comunicação no exercício da liderança. Desenvolve treinamentos e cursos na área de comunicação, oratória, liderança e negociação.

Contatos
www.evilacarrera.com.br
contato@evilacarrera.com.br
(77) 98835-1382

Segunda-feira, 8h da manhã, começa mais uma semana para Carlos. Agenda sempre lotada, e a tendência era piorar, caso ele fosse o selecionado para assumir o cargo de gerente regional da empresa. Essa promoção dependia de uma série de critérios, dentre os quais estava a qualidade de relacionamento entre Carlos e os demais colaboradores.

Carlos era um profissional altamente respeitado pela equipe por seu vasto conhecimento em diversas áreas. Entendia de todas as regras e processos da empresa. Constantemente era convocado para dar parecer sobre os mais diversos assuntos. Isso o enquadrava em um perfil analítico. Os colegas nutriam por ele respeito, entretanto, estava longe de Carlos conquistar a admiração deles. Vou revelar o porquê: Carlos se comunicava muito mal com eles.

Carlos vangloriava-se por ser daquele tipo de pessoa que "fala o que pensa, doa a quem doer". Ele era implacável nas críticas e com pessoas que não possuíam o mesmo nível de conhecimento que ele. Até em grupo de *WhatsApp*, Carlos costumava ser, de certa forma, desagradável. Não suportava nada que fosse demasiadamente superficial, e mensagens motivacionais era o fim.

Esse "jeitão" acabou rendendo a ele inúmeras inimizades e dissabores, porém ele levava com orgulho a sua forma sincera de externar a sua opinião e acreditava que, por ser um homem inteligente, as pessoas se sentiriam reféns dele, pois precisavam de seus saberes em algum momento. Mas, agora, a sua promoção estava em jogo e, enquanto ele acreditava ser algo garantido, a empresa o avaliava, a fim de tomar a decisão mais acertada.

Passaram-se alguns dias, e um grupo de colaboradores foi convocado para uma reunião. O diretor geral revelou que Carlos era um candidato à gerência regional e que um dos critérios para essa promoção seria o relacionamento que Carlos possuía com os demais integrantes da equipe, bem como com os das outras sucursais.

Palavra franqueada aos presentes, o bombardeio começou. Praticamente, as críticas giravam em torno da forma como Carlos se comunicava. A forma "sincera" era encarada como "agressiva". O que ele julgava como "respeito", na verdade, era o "medo" que as pessoas tinham quando Carlos resolvia emitir a sua opinião. O diretor ouviu a todos atentamente, dispensou-os e, na manhã seguinte, anunciou quem seria o novo gerente regional: Antônio. Funcionário mais novo (tanto de idade, quanto de empresa, sem tanto conhecimento quando comparado a Carlos, mas que possuía excelente diálogo entre os colegas e as demais unidades da corporação).

Não preciso nem dizer que Carlos recebeu a notícia em estado de choque. Como assim? Antônio? O cara não sabe nem falar português direito. Desconhece os processos da empresa. Tem menos tempo de casa e não possui nem um terço de meu conhecimento. – disse.

Os colegas não gostaram do que ouviram, nem da forma que ouviram. Carlos, mais uma vez, colocou-se em postura de superioridade e, ao invés de se questionar sobre as razões pelas quais ele não foi o escolhido, empreendia esforços para depreciar o eleito.

Como forma de desabafar, procurou Ana, terapeuta e mentora de CEOs de grandes empresas. Na narrativa, a profissional pôde detectar a frustração de Carlos e também um grave problema: a sua comunicação.

Nesse momento, então, Ana iniciou uma verdadeira aula sobre aspectos relevantes da comunicação, garantindo a Carlos que ele poderia externar o que pensa sobre as coisas, mas era necessário, porém, saber como dizer, a fim de preservar os relacionamentos. E iniciou perguntando:

— Carlos, você já ouviu falar sobre comunicação não violenta?

Ele respondeu:

— Não. Mas, você não vai vir com esse lance de *coaching*, discursinho motivacional, né? Você sabe que eu não suporto isso. Não tenho a mínima paciência.

Ana, pacientemente, continuou:

— Trata-se de um processo de comunicação sistematizado pelo psicólogo Marshall Rosenberg, com o propósito de inspirar a empatia e a compaixão, servindo de mecanismo prático e eficaz para apaziguar conflitos. A CNV, hoje, vem sendo utilizada em vários segmentos sociais: nas relações familiares, para dirimir conflitos entre pais e filhos; nas escolas, para aperfeiçoar a comunicação entre professores e alunos, professores e direção; no poder judiciário na proposta de uma justiça restaurativa e, não, retributiva: pagar o mal com um mal maior; nas empresas, pois estudos revelam que o clima organizacional de uma empresa afeta diretamente a saúde física e mental de seus colaboradores. Ou seja, a forma como líderes e pares se relacionam e, obviamente, se comunicam afeta em sua produtividade e engajamento. E, por fim, a CNV é utilizada para dirimir conflitos de ordem social, religiosa e cultural.

— Interessante, Ana. Isso, sim, parece útil e científico.

— A forma como as pessoas se comunicam impacta decisivamente em seus relacionamentos. Por isso, a importância de você se atentar a sua comunicação. E continuou:

— Metaforicamente, Marshall afirma que fomos educados para jogar um jogo muito comum em nosso dia a dia. O nome do jogo é: "quem está com a razão?". A todo tempo estamos querendo ocupar a posição de "estarmos certos", ainda que isso represente ruir relacionamentos. Ele menciona, ainda, que fomos educados para adotarmos uma linguagem "chacal". Ou seja, uma linguagem que julga, que coloca no outro a responsabilidade pelos nossos problemas, uma comunicação que nos posiciona na condição de vítimas, que se baseia na dicotomia entre estar certo ou errado. Essa linguagem reforça o jogo "quem está com a razão?", além de incutir em nós a necessidade de sermos "recompensados" se agirmos "certo", ou de sermos "punidos" se nos portarmos de maneira "errada". E daí nasce a culpa, a vergonha, a ideia de ser uma peça fora do sistema.

— Nesse sentido, Marshall propõe a linguagem Girafa, ela que é o símbolo da CNV, ícone da linguagem do coração. Ela, sim, nos conecta, ao invés de nos distanciar ou nos estagnar em posições. E a metáfora da girafa é exatamente pelo fato de ela ter o maior coração entre os mamíferos. Porém, não se nasce sabendo utilizar a linguagem girafa, é preciso ter um esforço cognitivo para compreender o que está escondido em uma atitude ou em uma fala violenta. É preciso esforçar-se para aplicá-la, pois ela, infelizmente, vai de encontro ao que fomos educados a ser e a fazer. Ela exige escolha. Uma escolha consciente, porque nunca fazemos nada se isso não for escolhido por nós. Até "não fazer nada" é uma escolha. E questionou:

— Você já experimentou se colocar no lugar do outro antes de falar o que pretende dizer? Já se perguntou como a sua mensagem será recebida? Se estará dando margem a interpretações dúbias? Ou se está sendo claro? O que pretende dizer agregará a essa pessoa? Ou é apenas a sua vontade de alimentar o "chacal" que habita em você? Será que pode ser sincero sem ser agressivo ou desagradável? Até que ponto dizer o que pensa tem relevância em determinados momentos ou situações? É necessário mesmo dizer isso naquela hora ou naquela circunstância?

— Ana, você pretendia me ajudar me fazendo esse tanto de pergunta? Só está me deixando mais angustiado. Agora me sinto um legítimo chacal. Sou desses que amo dizer: "não disse que eu estava certo?". Isso me traz prazer. E com a metáfora de Marshall, sinto-me o chacal que se alimenta da presa morta.

— Exatamente, Carlos. Você está começando a compreender o processo. Essa postura de afirmar que está sempre certo nada acrescenta. É alimentar-se da carniça. Não edifica e afasta as pessoas de você. Isso não significa dizer que é fácil fazer. De modo algum. Porém, volto a afirmar: é preciso um esforço cognitivo para adotar uma comunicação mais empática. Uma comunicação que agregue. É melhor você ter paz a estar com razão.

— Lá vem você com essas frases motivacionais clichês!

— Pronto, Carlos. Tomemos essa sua fala como exemplo. Você parou para refletir como ela poderia impactar em mim? Por algum momento passou pela sua cabeça que eu poderia me magoar com isso?

— Não me diga que magoei você? Jura? Não era essa minha intenção.

— Carlos, não é esse o cerne da questão. A pergunta que fiz foi: você refletiu quais os impactos de sua fala antes de dizê-la? O que você falou, de fato, era necessário ser dito? Ou você apenas quis reafirmar a sua opinião sobre pensamentos motivacionais? Isso agregará ao nosso diálogo? Ou você quer se autoafirmar como homem racional que não tem tempo para banalidades motivacionais? São essas avaliações que você precisa fazer, caso queira se aperfeiçoar em seu processo de comunicação e, por conseguinte, em seus relacionamentos.

— É mesmo, Ana. Não havia pensado por esse ângulo. O que acabei falando não agregou em nada a nossa conversa. Só reafirmou o meu ego.

— É muito comum em equipes, grupos, famílias haver uma verdadeira batalha de egos. Cada um quer demarcar a sua posição. Mostrar que sabe. Opinar para não parecer sem pensamento próprio. E o que ocorre, por vezes, é " chover no molhado" ou bater um prego no coração de alguém. Por mais que você o remova, peça desculpas, a ferida já terá sido feita, e o relacionamento será abalado. Por isso, a importância do questionamento prévio, antes de dizer. O planejamento da fala. O filtro da empatia.

— Mas existem ferramentas práticas para que eu possa aperfeiçoar a minha comunicação diante de assuntos que eu não concorde ou que parece absurdo para mim? Há algum método para isso?

— Que bom que perguntou. Isso significa que está interessado em aprender. (Carlos já se sentiu mais confiante diante do elogio e colocou-se mais atento para escutar).

— Vamos lá. Vou dar três técnicas para externar a sua opinião sem afetar os seus relacionamentos:

Dica 1: jamais use a expressão "discordo do que você disse" ou " não tem cabimento o que acaba de dizer". Isso apenas o mantém na posição de "eu estou certo" e " você está errado". Essa dicotomia não agrega.

Quando você pensar diferente de alguém, comece respeitando a opinião dessa pessoa, dizendo: "avalio interessante o que acaba de dizer, porém tenho uma opinião diferente sobre o assunto. Penso que...". E continua a externar o seu pensamento, substituindo o enfrentamento pelo diálogo.

A comunicação corporal ajuda nesse processo, pois ela não pode ser agressiva (dedo em riste, sobrancelhas arqueadas, feição de raiva, timbre de voz alto e em tom agressivo). Isso não agrega. É violento. Em prol de sua opinião, pode-se estar pondo em xeque uma relação.

Dica 2: ao invés de apenas arrotar a sua opinião, dê opções. Por exemplo, digamos que a sua esposa vestiu uma roupa que, em sua opinião, não lhe caiu bem. Como você diria isso a ela?

Carlos respondeu:

— Seria sincero, claro. Diria que o vestido a deixou mais gorda. Simples assim.

Ana continuou:

— Você parou para pensar em como ela se sentiria ao ouvir isso? Praticou a empatia?

— Claro que não. Estou sabendo disso agora.

— Pois é. Ao invés de dizer "esse vestido a deixa mais gorda", dê opções: "querida, adoro quando você usa aquele vestido preto, ou então, a blusa azul que você comprou recentemente". Emitir a sua opinião nua e crua, além de afetar a autoestima dela e colocar em risco a noite, não agregará ao relacionamento de vocês. Isso vale para esposa, filhos, colegas de trabalho e todos com os quais nos relacionamos.

Dica 3: antes de tecer uma crítica, fortaleça a autoestima da pessoa. Isso a tornará mais receptiva ao que vai ser dito. Imagine um sanduíche: um pão, recheio e outro pão por cima.

No momento em que for criticar alguém, primeiro "forre" a base da conversa indicando os aspectos positivos dela. Agora é a hora do recheio. Siga a seguinte ordem: fato – sentimento – necessidade – pedido. Esse método foi proposto por Marshall. Lembra dele? O idealizador da CNV que mencionei lá atrás.

Narre o fato sem julgamentos, desculpas, razões e conceitos. Fale exatamente o que ocorreu. Como as coisas se sucederam e foram colocadas.

Depois externe os seus sentimentos diante da situação: raiva, agonia, angústia, arrependimento, injustiça. E é bem importante que saiba identificar esses sentimentos, pois eles devem ser aquilo que, de fato, sentimos. Aquilo que, verdadeiramente, somos nós que alimentamos e que fomos responsáveis por criar. Frustração, falta de reconhecimento, sentir-se preterido não são sentimentos e, sim, julgamentos. Você acaba delegando ao outro a responsabilidade por ter criado aquele sentimento.

Depois externe a sua necessidade. Traga para si a responsabilidade! Não é interessante que o outro seja acusado. Isso não é nada empático. Peça de maneira específica como deseja que a pessoa se porte dali em diante. Após isso, abra espaço para ela se manifestar. É necessário abrir espaço para ouvir. Nós, a todo tempo, estamos preocupados em falar e aprender a falar bem. Porém, deveríamos investir também na arte de escutar.

No final, tampe o sanduíche reforçando, mais uma vez, as qualidades e os aspectos positivos da situação ou de seu interlocutor. Não se esqueça, Carlos, a nossa comunicação impacta em nossos relacionamentos.

E, finalizando a conversa, Carlos perguntou a Ana:

— Então, quer dizer que posso falar tudo? Ou quase tudo o que penso?

Ana respondeu:

— É óbvio! Basta saber como!

Capítulo 15

Quem tira proveito do fracasso, planta a semente do sucesso equivalente

Você sabe distinguir um fracasso de uma derrota temporária? Entenderemos aqui a importância dos desafios quando somos colocados à prova, e perceberemos as oportunidades que temos para aprender lições valiosas. Compartilharei três leis do êxito que auxiliam no melhor entendimento de como podemos, por meio do autoconhecimento, transformar as nossas "derrotas temporárias" em sucesso permanente

Fernando Ciaramello Alves Pinto

Fernando Ciaramello Alves Pinto

Arquiteto e urbanista graduado pela Pontifícia Universidade Católica de Campinas – PUCCAMP. Especializado em gestão de projetos pela Fundação Vanzollini. Terapeuta comportamental e Instrutor *MasterMind* certificado pela Escola de Executivos e Negócios – Instituto de Albuquerque – MasterMind Brasil, e reconhecido pela The Napoleon Hill Foundation – Indiana – USA.

Contatos
www.mastermindcampinas.com.br
feuciaramello@mastermindcampinas.com.br
Instagram: fernandociaramello
Facebook: Master Mind Atibaia / Fernando Ciaramello

"O tempo é um mestre que cura as feridas da derrota temporária e iguala as desigualdades, acertos e erros do mundo. Nada é impossível com tempo."
Napoleon Hill

Em 2010, eu trabalhava com gerenciamento de projetos ligados à construção civil e viajava para algumas regiões do país, coordenando obras do setor de varejo – Walmart e CBD – Companhia Brasileira de Distribuição. Coordenar e conduzir reuniões, lidar com pessoas e equipes já havia se tornado um hábito em minha vida. Acreditava que alguns medos do passado já haviam sidos superados, como, por exemplo, falar em público.

Especificamente esse período estava sendo um mês mais desafiador do que o normal. Alguns acontecimentos em minha vida pessoal abalaram o meu emocional e o da minha família, fazendo com que eu perdesse o foco e a concentração em algumas situações.

No mês de agosto, estava para concluir a minha especialização em gestão de projetos pela Fundação Vanzolini. Lembro-me de que o nosso último trabalho era uma apresentação oral realizada em grupo. Cada integrante tinha como responsabilidade preparar a sua parte teórica e, posteriormente, apresentar-se diante da sala.

Enfim, chegado o dia da apresentação, repassei o meu texto, treinei algumas vezes e, na hora de me apresentar, travei! Lembro-me de ter sido o último da equipe a fazer a apresentação e, no momento de compartilhar a minha parte do trabalho, pouco fiz para agregar à apresentação. Foram minutos desafiadores. Primeiro, buscava controlar o emocional para não explodir e, segundo, gaguejar o menos possível. Hoje, tenho a certeza de que não tive êxito em nenhuma das duas opções.

A única lembrança clara que tenho daquela noite é que, após a nossa apresentação, faríamos uma confraternização em algum bar localizado numa travessa da Avenida Paulista. E, o meu amigo e colega de trabalho que fazia a especialização comigo, caminhando até o local da confraternização, disse em português bem claro: "que apresentação mais ridícula que você fez, jamais imaginei que você faria um papelão desse na frente de todo mundo".

Algumas cenas e palavras ficam gravadas em nossa memória, e essa foi uma delas. Acontece que esse meu fracasso não começou em meados de agosto de 2010. Ele começou há muitos anos. O fracasso é silencioso e age sem percebermos.

Para apresentar o meu trabalho de graduação no final de 2002, iniciei um processo de terapia que deveria ser de seis meses, pois o foco era a apresentação em público. Esse processo se estendeu por aproximadamente oito anos. Por não encarar o fracasso e não entendê-lo, criei hábitos e comportamentos para escondê-lo onde ninguém pudesse acessá-los. Ao invés de lidar e encarar o fracasso, acreditava que era fraco, e o troquei por outras desvirtudes: prepotência e cinismo.

Fiquei mais forte, pois em qualquer situação que eu era colocado à prova, utilizava a minha força interna para sobrepor as minhas fraquezas. Se falavam algo, respondia com cinismo e orgulho. Se discordavam de mim, já tinha uma resposta pronta, ou um argumento preparado. Utilizava a minha força vocal para me sobrepor. Assim, em silêncio, ao longo do tempo, preparava internamente o meu fracasso dentro daquela sala de aula.

Após esse episódio, trabalhei por mais um ano e meio nessa empresa e, hoje, vejo que, por não encarar o fracasso de frente, perdi a oportunidade de crescer profissionalmente e também pessoalmente.

Napoleon Hill, autor de obras como *A lei do triunfo* e *Quem pensa enriquece*, um dos primeiros homens a estudar o comportamento humano, diz: "nada conhece mais o fracasso do que o sucesso".

Apropriando-me das palavras de Napoleon Hill, tomando-as e transferindo-as para a minha realidade, só conhecemos o fracasso diante do sucesso, então, lidar com o público continuou sendo um desafio para mim. Se eu continuava confundindo fracasso com fraqueza, como saberia o que seria o sucesso equivalente desse meu fracasso?

Em 2012, já distante das grandes obras do varejo, mas ainda com os desafios da minha profissão e de futuros empreendimentos, foi me apresentado o treinamento *mastermind* LINCE – liderança, inteligência interpessoal e comunicação eficaz. Ao longo do processo, tive contado com a obra de Napoleon Hill, suas 17 leis do êxito, e com ferramentas práticas e objetivas para que os meus resultados pudessem ser mais efetivos naquele momento. Ao longo do treinamento, três leis do êxito me fizeram iniciar uma reflexão racional sobre os motivos que me levaram àquilo que eu acreditava ser um fracasso e que, muitas vezes, determinavam as minhas conquistas pessoais e profissionais.

Objetivo principal bem definido, autoconfiança e regra de ouro, essas foram as três leis do êxito que me fizeram refletir sobre o meu estado atual de consciência naquele momento. Juntas, cada qual com as suas ferramentas específicas, proporcionaram uma transformação que, confesso, ainda ocorre dentro de mim.

Sem grau de importância, nem ordem de utilização, vou compartilhar como cada uma dessas leis me auxiliou, de maneira prática, a transformar "fracasso" em "derrota temporária".

Objetivo principal bem definido

"Se você sabe perder uma corrida sem culpar os outros pela derrota, tem perspectivas brilhantes de sucesso mais adiantes na estrada da vida." (NAPOLEON HILL)

Acredito que um dos motivos que colaboram para que a probabilidade do fracasso seja maior que do sucesso é não termos a clareza do porquê fazemos o que fazemos. Ter objetivos bem definidos é ter clareza de onde queremos chegar. Pode parecer uma tarefa simples, mas isso está longe de ser algo fácil de ser definido.

Podemos, talvez, maquiar esse objetivo em nossas decisões e, assim como eu, confundir o fracasso com fraqueza e, dessa maneira, tomar atitudes e ações que me levaram àquela derrota temporária. Nossos objetivos estão ligados ao nosso desejo ardente, que está ligado aos nossos porquês.

Simon Sinek, em uma de suas apresentações no TEDx, compartilha a importância do ciclo dourado. Ele explica sobre onde nos encontrar quando o assunto é definir bem um objetivo. Sinek diz que 100% das pessoas sabem o que devem fazer em suas organizações ou em sua vida pessoal; alguns sabem como fazer o que precisa ser feito e poucos sabem o por que fazem o que fazem.

"Aqueles que começam pelo por que têm a habilidade de liderar aqueles que estão a sua volta, e o que nós fazemos serve como prova do que nós acreditamos." (SIMON SINEK)

Ter essa certeza nos dá confiança para superar as derrotas temporárias.

Autoconfiança

"O único homem que nunca comete erros é o homem que não faz nada. Não tenha medo de erros, desde que não cometa o mesmo erro duas vezes." (THEODORE ROOSEVELT)

Qual o seu maior medo?

Quanto tempo da sua vida você investe em preocupações ou anseios que tiram o seu foco?

O que de pior pode acontecer se esse medo se concretizar?

Temos o costume de pouco falar sobre aquilo que nos aflige. Falar sobre as nossas derrotas, os nossos medos, as nossas aflições e angústias pouco faz sentido no mundo digital e globalizado de hoje. Tiramos fotos sorrindo para as mídias sociais e, pouco tempo depois, estamos deitados num quarto escuro, nos lamentando de não ter algo para suprir as nossas necessidades.

Segundo Napoleon Hill, somos amaldiçoados com seis medos básicos que precisamos entender e dominar:

- Medo da pobreza;
- Medo de problema de saúde;
- Medo da velhice;

- Medo da crítica;
- Medo do abandono;
- Medo da morte.

Essa foi a lei que mais me auxiliou a entender que, realmente, não existe fracasso, mas, sim, pessoas que desistem no meio do caminho. Partindo do princípio de que temos livre arbítrio e podemos fazer as escolhas que desejarmos, desistir ou não desistir é uma questão de escolha.

Para tomarmos uma decisão consciente, precisamos ter clareza. Quando transformei as minhas fraquezas em prepotência e cinismo, permiti que a minha mente, inconscientemente, determinasse os meus passos. Tornei-me preconceituoso e orgulhoso, acreditava que a única maneira de executar bem alguma coisa era aquela que eu ditava. Por medo de encarar os meus medos, permiti que a minha autocrítica ficasse desproporcional, nivelando todo mundo por cima, sem enxergar as qualidades natas de cada um. Algumas pessoas, amigos me diziam que eu mostrava em meus olhos que os demais eram ignorantes.

Dessa forma, o medo da crítica, principalmente da autocrítica, me cegou e me aprisionou em meus anseios e preocupações. Sem perceber, determinei que, toda vez que fosse falar em público, o fracasso seria certo. Utilizei *o* princípio da autossugestão de forma negativa.

Os nossos medos nascem de experiências que vivemos ao longo de nossa jornada. Nascem da necessidade de sobreviver diante de experiências, geram algum tipo de dor ou sofrimento. Apenas por meio do autoconhecimento é que resgatamos e curamos essas feridas. Reconhecer essas situações, se perdoar e se desculpar pelo que passou é essencial para encararmos os medos com responsabilidade.

Para vencer o medo de falar em público, precisei entender e respeitar as minhas dores, ter um objetivo claro em minha vida e caminhar em direção aos meus medos. Isso foi primordial para conquistar uma oratória profissional.

Talvez você esteja se perguntando se ainda tenho medo. Tenha certeza de que sim. O que faço diariamente é encarar cada um deles e mentalizar:

> Mais cedo ou mais tarde, quem cativa a vitória
> é aquele que crê plenamente:
> eu conseguirei!
> Napoleon Hill

Regra de ouro

"Não existe derrota, exceto a que vem de dentro. Não existe barreira intransponível senão a fraqueza de propósito inerente." (EMERSON)

Costumamos dizer em nosso treinamento que a regra de ouro é fazer o bem sem ver a quem, por isso, quando praticamos o bem, a benção passa primeiro por nós.

Dentro dessa introdução, qual a relação entre regra de ouro e tirar proveito do fracasso?

Quando estamos envolvidos no problema, estamos vivendo o vitimismo do fracasso e não enxergamos a possibilidade de êxito em nossas ações, deixamos de olhar as pessoas e as situações que estão a nossa volta. O sofrimento emocional que gera o fracasso nos impede de ter um olhar racional e, dessa maneira, entendermos que passamos por uma derrota temporária.

Trabalhar a regra de ouro é se despir da vaidade, orgulho e preconceitos. Doar o nosso tempo aos que precisam é se conectar com o nosso lado humano, nos permite perceber que algumas pessoas, mesmo em estágio total de pobreza, ainda sorriem diante de um olhar fraternal.

Doar o que temos de mais precioso, o nosso tempo, e praticar a regra de ouro faz desenvolver as virtudes do bom caráter, paciência, humildade e confiança. Assim, trocamos aprendizados por sorrisos doados, percebemos olhares falados e sentimos abraços gratos. Diante da dor do próximo, levamos luz a nossa existência e descobrimos que somos capazes de continuar caminhando, superando e contornando as nossas derrotas temporárias.

Com a prática e o entendimento dessas três leis do êxito, pude tomar consciência e entender aquilo que escondia a sete chaves. Descobri que, por anos, não permiti que as pessoas ao meu redor soubessem das minhas dores e dos meus medos. Acuado, atacava sem pensar. Quando me deparei com tudo isso, quando olhei nos olhos do fracasso, meus medos vieram à tona. Descobri que não era apenas o medo da crítica que me assombrava e, dessa maneira, me tornei mais forte emocionalmente para enfrentar os desafios que o caminho me apresentaria.

Ao longo desse processo de autoconhecimento, conheci um texto, em 2014, durante a minha formação de instrutor *mastermind*, que vem me auxiliando na minha busca por superação:

> Jamais aceitarei a derrota, retirarei de meu vocabulário palavras e expressões como "desistir", "não posso", "incapaz", "impossível", "fora de cogitação", "improvável", "fracasso", "impraticável", "sem esperança" e "recuo", pois são palavras e expressões de tolos. Evitarei o desespero, mas, se essa doença da mente me contagiar, então prosseguirei, mesmo em desespero. Trabalharei firme e permanecerei. Ignorarei os obstáculos sob os meus pés e manterei os meus olhos firmes nos objetivos acima de minha

cabeça, pois sei que onde um deserto árido termina,
a grama verde nasce. Persistirei até alcançar êxito.
O Maior vendedor do mundo – OG Mandino

Eu venci? É óbvio que venci. Em fevereiro de 2018, falei para os 1400 novos alunos que ingressaram na UNIFAAT, tirando lágrimas e aplausos daqueles que me assistiam.

Referências

ALBUQUERQUE, Jamil. A *arte de lidar com as pessoas: a inteligência interpessoal aplicada*. 1. ed. Academia de inteligente, 2004.
ALBUQUERQUE, Jamil. *A lei do triunfo para o século 21: um épico da ciência do comportamento*. 1 ed. Editora Napoleon Hill, 2009.
HILL, Napoleon. *O manuscrito original: as leis do triunfo e do sucesso de Napoleon Hill*. 1. ed. Editora Citadel, 2017.
MANDINO, Og, *O maior vendedor do mundo*; tradução de P.V. Damasio – 36º Ed. Rio de Janeiro, 1994.
SINEK, Simon. Comece pelo porquê: como grandes líderes inspiram pessoas e equipes a agir. 1 ed. Editora Sextante, 2009.

Capítulo 16

É claro que você tem emoções, mas como tirar proveito delas?

Quais são as suas principais emoções? Por que você tem certas reações perante algumas situações ou pessoas? Aprender a percebê-las, reconhecê-las e geri-las é a condição básica para se manter saudável em todos os campos da sua vida. Nas próximas páginas, irei falar sobre esse tema, a fim de que você possa não só entender, mas, principalmente, se beneficiar de suas emoções

Fernando Tepasse

Fernando Tepasse

Experiência em desenvolvimento humano por meio da arte, educação, comunicação ou inteligência emocional, relacional e financeira. Graduado em teatro/licenciatura pela Universidade Estadual do Rio Grande do Sul; pós-graduado em gestão de ensino; especialista em emoções, *marketing* de diferenciação e palestras. Educador há 15 anos; fundador e CEO do Espaço da Arte, com mais de 12 mil alunos. Ator, diretor e escritor. Autor do livro *Caminhos para a cena – desenvolvendo teatro de qualidade na escola*; coordenador editorial do livro *Coaching: a hora da virada*; coautor dos livros *Segredos de alto impacto*, *Manual completo do empreendedorismo*. Já ministrou treinamentos e palestras para inúmeras organizações e secretarias de estado no RS. Ministra palestras com os seguintes temas: *Família – como se conectar e viver em harmonia*; *A jornada de Odin – reencontrando sua essência*; *Empreender, por quê?*; *Liberdade emocional*; *Aprenda a ganhar dinheiro com suas compras diárias*.

Contatos
www.fernandotepasse.com.br
Facebook: Fernando Tepasse Oficial
Instagram: fernandotepasse_oficial
LinkedIn: Fernando Tepasse
(51) 99334-5377

As emoções que mudaram a minha vida

Era julho de 2003, e eu estava estreando como diretor em um festival de teatro a nível estadual com o meu grupo adulto que apresentou a peça *O caderno*. Após o fechar das cortinas, corri para cumprimentar os atores. O público tinha se divertido muito e eu estava feliz com o resultado do espetáculo. Aguardamos radiantes e ansiosos o momento do debate. Normalmente, nesses festivais, os avaliadores têm a missão de dar um *feedback* ao diretor e ao elenco sobre como foi a apresentação; pontuar os equívocos e valorizar os acertos.

Lá estávamos nós, sentados no palco, em frente aos três avaliadores e ao público. Confesso que estava com medo, afinal, era a primeira vez que me encontrava naquela posição. Tremendo, peguei o microfone e comecei a falar, disse o meu nome e o do grupo, de onde vínhamos e, quando fui explicar o processo de montagem, um dos avaliadores pediu a palavra. Em um tom de descrédito, fez a pergunta fatídica: "qual é a sua formação mesmo?". Gelei, pois apesar de eu já ter participado e trabalhado com grupos de jovens, ministrado treinamentos, retiros e outros cursos para crianças e adolescentes, tinha assumido há pouco tempo a função de professor e diretor de teatro, e não tinha uma formação específica na área. Tentei explicar, contudo, mais uma vez ele me interrompeu com tom de deboche, disse aos outros dois avaliadores: "ah, ele é autodidata". Todos riram e mandaram eu continuar.

Quase não consegui falar, pois o medo havia se transformado em vergonha e raiva. Além de ter sido humilhado com aquela atitude, a nossa peça foi achincalhada pelos avaliadores, com comentários infelizes e preconceituosos. Saímos de lá arrasados. Eu tinha vontade de me "enfiar numa toca" e não sair mais de lá. Toda a euforia pela participação no festival havia se transformado em angústia, medo, vergonha, raiva e tristeza.

Rodrigo Fonseca, presidente da SBie – Sociedade Brasileira de Inteligência Emocional, ensina que existem duas formas básicas de nos transformar: por meio das mudanças de hábito ou com um forte impacto emocional. Aquele momento foi um grande "soco no estômago". Nos dias e semanas seguintes, não tinha mais vontade de dar aulas de teatro, pensava até em voltar para a área comercial e desistir de ser professor. Minha única certeza era a de que não queria sofrer novamente uma rejeição daquelas.

Esse tormento ficou tão intenso, que me vi diante de apenas duas opções: parar com tudo ou correr em busca de uma especialização na área teatral. Recordo-me como se fosse hoje da angústia e do medo de ter que tomar essa decisão: seguir e arriscar o novo ou parar e voltar ao velho. Então, como nada é por acaso, eis que reencontrei um amigo que me apresentou à recém-criada UERGS – Universidade Estadual do Rio Grande do Sul. Fiz a minha inscrição para o vestibular e passei. Depois de alguns anos parado, voltei à academia, com a certeza de que aquele era o caminho a seguir.

A partir do ingresso na graduação em teatro/licenciatura, transformei não só a minha, mas a história de milhares de pessoas, criando, em 2004, aquela que se tornaria a maior organização de arte-educação do RS, o Espaço da Arte, instituição que dirijo, sou professor e ajudo mais de 12 mil alunos, em 37 cidades, a se desenvolverem por meio do teatro e da dança. Nesse tempo, também pude gerar oportunidades de trabalho a mais de 50 profissionais. Inclusive, nos tornamos referência para que alguns desses professores empreendessem as suas próprias organizações, utilizando a nossa metodologia e modelo de negócio.

Obviamente que, naquela época, eu não tinha a consciência e o entendimento que tenho hoje. Por isso, olhando para trás, só tenho que agradecer pelo ocorrido, pois percebi que aquelas emoções foram o impulso para toda essa transformação.

Pude notar que dentro de nós há uma espécie de "guia", um farol que mostra os caminhos que devemos trilhar, porém, só conseguimos acessá-lo verdadeiramente quando nos conectamos a nossa essência. Para isso, temos que estar atentos e reconhecer os sinais que a todo o momento nos indicam aquilo que devemos ou não fazer. Eles são chamados de emoções.

O que são e para que servem as emoções, afinal?

Segundo Daniel Goleman, considerado pai da inteligência emocional (IE):

> Todas as emoções são essências, impulsos, legados pela evolução, para uma ação imediata, para planejamentos instantâneos que visam ar com a vida. A própria raiz da palavra emoção é do latim *movere* – mover – acrescida do prefixo "e", que denota "afastar-se", o que indica que em qualquer emoção está implícito uma propensão para um agir imediato[1].

Fonseca complementa: "são um conjunto de respostas químicas disparadas por estímulos internos ou externos, baseadas na ativação

1 Inteligência emocional – A teoria revolucionária que redefine o que é ser inteligente. Objetiva, 2011. p. 41.

de programas emocionais que engatilham neuro-hormônios, para gerar ação ou movimento no ser humano"[2].

Perdoe-me a redundância e a insistência, mas preciso deixar claro o entendimento de que as emoções existem por uma razão essencial: provocar uma ação, reação, ou seja, para que você, literalmente, saia da inércia e se movimente, faça alguma coisa! Foi o caso de um grande amigo que estava viajando ao litoral e presenciou um acidente. Quando parou para verificar a situação, viu que o carro batido estava pegando fogo. A sua reação foi instantânea, pois sabia do risco que corria a mulher que ainda estava no automóvel. Ele conseguiu retirar a motorista e colocá-la em local seguro. Logo após, o veículo explodiu e foi todo consumido pelas chamas. Ele relatou aos jornais que, apesar do medo que sentiu, não teve dúvidas sobre o que fazer, seu coração acelerou e ele só pensou em correr para tirar a mulher de dentro do carro.

É exatamente assim que acontece, essa emoção dispara uma série de reações no seu corpo, como o envio massivo de sangue para as pernas, liberação de hormônios como a adrenalina, tudo para que você fique em estado de alerta e tenha impulso suficiente para agir. É interessante que, neste caso em especial, junto a essa ação interna, há uma paralisia, mesmo que por alguns poucos instantes, justamente para que você possa avaliar a situação e tomar uma decisão entre agir, fugir ou se esconder.

A maioria das emoções que sentimos provém da interação com outras pessoas. Ao entendermos isso e percebermos em nós os padrões de reações que temos perante determinadas situações, como quando somos contrariados e criticados, conseguimos canalizar as emoções de forma a tirar o melhor proveito delas ou não nos afetarmos tanto com coisas que não estão em nossas mãos. É importante se dar conta de que não podemos controlar o que o outro faz ou fala, mas a forma como encaramos essas situações e as emoções que vieram delas.

Como tirar proveito das emoções?

É importante destacar que nenhuma emoção é totalmente boa ou má, elas simplesmente existem. A forma como você percebe, entende e reage a elas é que vai definir os benefícios e malefícios para a sua vida. Há várias opiniões quanto ao número exato das emoções. Para Goleman, são sete as emoções básicas, porém, alguns autores falam em mais de 20. Já Fonseca prefere focar nas cinco que ele considera mais relevantes, vamos a elas:

Medo: esta é a primeira e mais presente emoção da nossa vida. Desde a gestação estamos sob a sua influência, pois as dúvidas, preocupações, dores e medos dos pais são repassadas diretamente para o feto de forma inconsciente. Essa emoção pode estar disfarçada de

2 Emoções – A inteligência emocional na prática. Editora Reflexão, 2019. Pg. 25.

vários nomes, como angústia, vergonha e ansiedade. O importante é saber que tudo se origina do medo de não ser aceito, querido, de não conseguir amar e ser amado. Assim, ele também é uma forma de proteção, mas pode ser o impulso para uma grande transformação. Quando você vence o medo, comunica ao seu cérebro que está no comando e passa a enfrentar outras adversidades com mais tranquilidade.

Raiva: é sob a influência da raiva que o seu corpo estremece, o sangue é direcionado para as mãos, a pulsação acelera, a respiração fica curta e rápida, uma onda de hormônios dispara, deixando você com energia suficiente para reagir àquilo que está o perturbando. Nos casos mais graves, a amígdala cerebral sequestra a sua razão e você não consegue pensar, somente reage. Então, quando estiver sob o efeito da raiva, tente se afastar daquela pessoa ou situação que provocou essa emoção, depois, grite, soqueie o travesseiro e respire lenta e profundamente, informando ao seu cérebro que aquilo que o afetava já não está mais ali. É comum que a raiva esteja ligada a uma expectativa não realizada, como quando você esperava que alguém agisse de uma forma e essa pessoa faz o contrário. O que precisa ser ajustado são as expectativas. A raiva também é um sinal de que algo o está incomodando e você precisa dar atenção a isso. Jamais guarde a raiva, transformando-a em mágoas e rancores.

Tristeza: uma das principais funções da tristeza é proporcionar tempo para o ajustamento em todo o seu ser que, por causa de uma perda ou decepção, desequilibrou-se. Há considerável perda de energia e entusiasmo nas atividades cotidianas, em especial aos prazeres e diversões. A tristeza diz que algo muito ruim o afetou e está na hora de por um fim naquilo. Ficou triste, chore o quanto precisar. Essa emoção tem prazo de validade, independentemente do que a originou. Caso a tristeza esteja durando demais, ela já pode ter se transformado em depressão e, nesse caso, é preciso pedir ajuda para "dar a volta por cima".

Essas emoções precisam ser sentidas quando aparecem, pois se as negarmos, elas voltarão mais fortes, e serão transformadas em doença. Jung já dizia que "aquilo que resiste persiste". Quando conseguimos superá-las, especialmente a tristeza, é natural que venha a próxima emoção, a alegria.

Alegria: ela dispara uma sensação de felicidade, que causa uma das maiores transformações biológicas no ser humano. O cérebro libera a endorfina e os níveis de energia aumentam, inibindo aqueles sentimentos e preocupações negativas. O corpo relaxa e surge uma disposição para qualquer ação. Está aí a grande importância de provocar momentos como esse. Quando estiver alegre, celebre e impacte o maior número de pessoas, pois se a negatividade infecta o ambiente, a alegria o contagia ainda mais.

Amor: eis a última e talvez a mais significativa emoção. O amor, em sua essência, é a grande busca do ser humano. No final de tudo, o nosso maior objetivo é amar e ser amado. Quando uma mãe vai dar à luz, o seu corpo libera uma substância chamada ocitocina, também conhecida como o "hormônio do amor". Ele também é liberado quando vivemos o amor, provocando uma sensação de plenitude e compaixão, estimulando, assim, o desejo de cooperação e desenvolvendo a capacidade de se colocar no lugar do outro e, às vezes, abdicar. Viver o amor é estar pleno, desprovido de preconceitos e certezas absolutas.

O principal benefício da inteligência emocional

A maioria das pessoas investe tempo e recursos para desenvolver a sua capacidade cognitiva, as suas habilidades físicas e motoras, mas poucos perceberam a importância de investir nas emoções. O nosso cérebro é formado basicamente por 20% de razão e 80% de emoção. São elas, as emoções, que acabam decidindo a nossa vida, desde as questões mais simples e cotidianas, até aquelas mais complexas e profundas. Compreender como todo esse sistema funciona vai ajudá-lo a lidar com as mais variadas situações, desde os relacionamentos pessoais até os profissionais.

Acredito, porém, que o maior benefício da inteligência emocional está ligado à capacidade de desenvolver o autoconhecimento e, a partir daí, aprimorar e ampliar as relações com a família e os amigos. Quando não compreendemos as emoções dos outros, normalmente, interpretamos erroneamente os fatos, gerando frustrações, dores e afastamento. Um exemplo disso são os familiares que estão há anos sem se falar por questões que poderiam ser resolvidas se houvesse inteligência emocional. Compreendendo as emoções, nos tornamos mais sociáveis, empáticos, conseguimos entender o que leva uma pessoa a agir de determinada forma e, então, evitamos desentendimentos.

Quando entendemos que dentro de cada ser humano existe uma infinidade de cicatrizes invisíveis, feridas emocionais que determinam a forma com que cada um vê o mundo, passamos a julgar menos e a ter mais tolerância com o próximo. O nosso maior erro é querer que todos olhem o mundo pela nossa ótica, mas esquecemos que as nossas lentes são resultados da nossa história e que o outro nunca verá da mesma forma. Ao desenvolver a sua inteligência emocional, você passa a ver o outro como um ser único e aprende a compartilhar o que há de melhor em si, construindo relações com base no respeito e na empatia, gerando aquilo que todos nós buscamos: amor incondicional!

Capítulo 17

A arte de ir além

Sobreviver é fácil, viver é para poucos. A sua vida pode ter sentido e propósito, basta ir além do óbvio. Neste capítulo, você encontrará princípios simples e poderosos para viver da melhor forma, e compreender o porquê de não conseguirmos ter uma vida plena, além de estratégias eficazes para alcançar essa meta

Guilherme Ferrari

Guilherme Ferrari

Graduado em gestão de recursos humanos (Unifaat) e *coaching* (Instituto Brasileiro de Coaching). Possui mais de dez anos de experiência profissional em cargos de liderança e desenvolvimento de pessoas. Ao longo de sua carreira, já realizou diversos treinamentos e palestras nas áreas de liderança, comportamento e relacionamentos. Escritor, palestrante, especialista em desenvolvimento pessoal em todo o território nacional.

Contatos
www.guilhermeferrari.com.br
contato@guilhermeferrari.com.br
Instagram: guilhermeferrarioficial
Facebook: Guilherme Ferrari Oficial
(11) 97180-9689

"A vida é muito curta para ser pequena."
Benjamin Disraeli

O que é a vida?

Basta abrir um livro, ligar o celular ou até mesmo navegar na *Internet*, para receber inúmeras ofertas de respostas para essa pergunta tão importante. Arrisco dizer, crucial. Entender o que significa as nossas vidas é o ponto de partida para aprendermos a gerenciá-la e alcançar os nossos objetivos.

Não é a minha intenção discorrer uma longa compreensão filosófica sobre o tema. Mas, o meu papel é simplificar esse conceito poderoso, que carrega consigo a chave da mudança para qualquer pessoa que deseja encontrar propósito e amor por viver. Precisamos, mais do que nunca, parar tudo o que estamos fazendo, voltar ao básico da nossa existência e nos questionar acerca da razão de estarmos aqui. Compreende? Precisamos olhar ao espelho e perguntar o que estamos fazendo com o maior dom que nos foi dado: a vida. Talvez, até carecemos de remover alguns entulhos de informações contidos em nosso interior, que ofuscam a nossa visão sobre esse patrimônio tão importante.

A vida é um presente que você recebeu de Deus com um *plus* no mesmo pacote, chamado liberdade de escolha. Olha que fantástico! Dois presentes valiosíssimos no mesmo embrulho, no mesmo pacote. Tudo feito com muito amor e precisão das mãos de um Deus amoroso e perfeito, entregue especialmente a você. Em certas ocasiões, chegamos a acreditar que esse presente foi um acidente ou que poderia ter sido um erro. Sinto muito em desapontá-lo(a), mas você não foi vítima de uma "bala perdida", foi o alvo certo! Deus acertou em cheio quando quis a sua existência, portanto, não desperdice esse presentão.

Saber o que fazer com esses dois presentes (vida e liberdade de escolha) é o ponto de partida para transformarmos as nossas vidas para sempre. Mas, então, o que é a vida? Um presente. Utilizá-lo significa viver. E viver é a arte de se esvaziar. Ah, meu caro leitor, olha que benção! Olha que sublime! Viver significa estar vazio, se entregar, amar, se relacionar, trabalhar, perdoar, contemplar, servir e chorar. Entre tantas outras facetas, vivemos nos esvaziando. E sempre haverá um paradoxo nesse contexto, pois na medida em que nos esvaziamos nos enchemos, na medida em que nos entregamos e proporcionamos o bem ao próximo nos tornamos cada vez mais completos. Simples!

A arte de se esvaziar precisa ser aprimorada se desejamos construir um verdadeiro legado, isto é, impactar outras vidas deixando uma obra aqui na Terra que durará muito tempo, ou quem sabe será eternizada. Podemos nos eternizar nos corações das pessoas, gerações após gerações, podemos ser lembrados por termos tido uma vida maravilhosa e ter feito a diferença no mundo. De que forma? Nos esvaziando. Aplicando os nossos dons, talentos e originalidades para o bem do próximo, este que está aí do seu lado na empresa, no mesmo sofá que você em casa, talvez na mesma cama, na mesma casa e até nas conversas do *WhatsApp*. A nossa casa é o primeiro ambiente em que precisamos nos esvaziar. Essa arte precisa nascer no nosso núcleo familiar, depois igrejas, clubes e empregos.

Não é possível me esvaziar para mim, eu só posso me esvaziar para você e você para mim, ou ao seu próximo. O mais precioso dessa compreensão é que isso nos oferece um sentido de vida completo e profundo, capaz de transcender qualquer dimensão como trabalhar, juntar dinheiro, construir patrimônios e impérios, ou querer realizar grandes empreendimentos. Não que essas coisas sejam erradas, o que, por sinal, são muito importantes e nos proporcionam grandes aprendizados e realizações. O fato é que agregar a tais coisas o mais alto valor em nossa escala de valores produzirá a longo prazo uma vida incompleta, com poucos frutos. Devemos compreender que o alvo supremo da nossa missão de vida precisa ser o que há de mais supremo: pessoas.

A resposta para nossa missão vida está no próximo. O verdadeiro e poderoso sentido da vida se resume às pessoas e seus relacionamentos. Se as pessoas não constituírem o nosso alvo maior, construiremos uma vida semelhante aos gravetos atirados ao vento.

É óbvio...

Quando entendemos o que é a vida e para que ela serve fica mais gostoso viver. Por isso, conseguimos entender também a razão de muitos estarem sofrendo face a uma vida centralizada apenas no eu, em se preencher e armazenar tudo para si.

Em grande medida, o que aprisiona as pessoas de avançarem e evoluírem é a satisfação. Talvez você nunca tenha entendido o perigo que a satisfação pode trazer as nossas vidas. Uma vida óbvia é uma vida satisfeita. Uma vida satisfeita é uma vida aprisionada. Uma vida aprisionada é uma vida óbvia, comum e sem gosto.

A satisfação com a vida é diferente daquela satisfação que temos após um bom almoço em uma churrascaria. A diferença entre essas duas percepções é simples e essencial para entendermos o estado atual das nossas vidas. Tudo o que, verdadeiramente, gostamos e admiramos nos deixa em estado de insatisfação. Ao assistirmos um bom filme ou seriado, ficamos insatisfeitos por ter acabado, uma boa conversa é aquela que nos deixa insatisfeitos, pois não desejamos que os assuntos acabem. Uma boa companhia sempre nos deixa insatisfeitos ao ir embora.

Em nossas vidas, a insatisfação é extremamente importante para o nosso avanço e para a nossa melhoria. Precisamos nutrir dentro de nós um sentimento de insatisfação com o nosso estado atual. Assim agimos, assim criamos situações para a inovação e a criatividade. Você pode estar, neste exato momento, satisfeito(a) com o seu casamento, com a sua carreira, com as suas leituras e até mesmo com a sua dieta. Eis o problema! Indo mais a fundo, noto as seguintes áreas que mais as pessoas estão satisfeitas e, por assim estarem, amarguram zero por cento de evolução e colhem frustrações e desesperos. São elas: satisfação no relacionamento com Deus, satisfação no casamento, no exercício da profissão, nas amizades e na manutenção da saúde.

Um bom relacionamento é aquele insatisfeito, um bom emprego é aquele que o deixa insatisfeito(a) e a melhor vida de todas é aquela que, graças à insatisfação, conseguimos nos aprimorar em todas as áreas. Uma vida óbvia é resultado de muita satisfação. Tudo levado em direção ao óbvio acomoda, perece e desaparece. O óbvio não encanta, não abre espaço para questionamentos e desafios. É uma totalidade limitada e prejudica, substancialmente, as nossas vidas. O óbvio representa pouco esforço, quase que uma pane no sistema emocional, ocasionando bloqueios e desequilíbrios pessoais. Quer viver a vida que vale a pena ser vivida? Torne-se insatisfeito(a)!

Note que insatisfação é diferente de ingratidão. Uma coisa é estarmos em estado de insatisfação, outra em estado de ingratidão. Quando insatisfeitos, batalhamos e perseveramos em busca de algo maior. Compreendemos que o que já conseguimos e o que temos nos fornecem os combustíveis para prosseguirmos. Em outro extremo, quando ingratos, cremos que nunca temos o suficiente e que tudo o que conquistamos até o devido momento é inútil e fútil. Portanto, podemos concluir que a insatisfação é positiva quando nos permite o humilde avanço e aperfeiçoamento, logo a ingratidão é um descontentamento oriundo da vaidade e do ego.

Pontuo aqui apenas duas ações importantes e imediatas que abrirão portas para outras melhorias, e assim tornarão você uma pessoa mais insatisfeita. Prepare-se para começar a colher os frutos ainda hoje:

1. Aumente o seu relacionamento com Deus. Fale mais com Ele, busque-o intensamente na sua casa, no seu carro e na empresa em que trabalha. Se você está fraco na sua comunhão com Ele,

estará fraco em tudo (insatisfação no relacionamento com Deus);
2. Ligue para o seu amado ou amigo e diga em verdade como você o acha importante. Diga a essa pessoa que ela é uma benção em sua vida (insatisfação nos relacionamentos) e que deseja ter mais tempo com ele.

Além do óbvio

Todos caminham para alguma direção. Algum caminho ou sentido sempre nos apresenta oportunidades e desafios, bem como ganhos e perdas. A escolha dessa direção é essencial para nós e, por mais que não escolhamos alguma direção a seguir, estamos ainda em alguma determinada direção, seja ela agradável ou não.

Negligenciar a nossa capacidade de escolher e interpretar os caminhos que temos à frente significa jogar no lixo um presente tão valioso, e se dispor a viver à mercê das circunstâncias alheias. Uma vida óbvia que, levada pelos ventos se compara a gravetos atirados, nos faz perecer, é um extremo oposto do óbvio. Você pode estar muito longe da vida que almeja ter, mas escolher e se manter em direção ao seu propósito é uma responsabilidade sua e de mais ninguém.

A vida não é linear, ela tem altos e baixos e suas doses de surpresas inquietantes, quando aprumamos o nosso barco da vida em direção a entender que a velocidade é menos importante. O sentido da nossa rota é que traz gosto e paixão por respirar e vencer. A velocidade em que nos deslocamos é apenas um elemento aplicável em qualquer rota, logo a sabedoria consiste em selecionarmos a rota corretamente e não correr.

Para termos o que não temos, precisamos fazer o que não estamos fazendo. Para conseguirmos fazer coisas novas, precisamos deixar de fazer coisas velhas, e para abandonarmos o óbvio, precisamos absorver o que vai além dele. Ir além implica decisão e ação, nada mais. Quando insatisfeitos, estamos preparados para avançar do cenário de uma vida comum, sem tempero e encantamento. Uma vida que a maioria das pessoas caminha sem ao menos saber como fazer a diferença e utilizá-la de maneira eficaz. Somente atrás do muro que divide o óbvio do além é que descobrimos o extraordinário. Atrás desse muro tem muito poder reservado para você. Poder esse capaz de transformar a sua vida e a de todos os que estão ao seu redor. Quando ultrapassar o muro do óbvio, desfrutará de um poder infindável e compreenderá o propósito da sua vida e o que realmente significa a arte de se esvaziar e abençoar o seu próximo.

Está disposto? Uma vida além do óbvio é seguir na contramão de uma grande multidão. É entrar por uma por uma porta estreita e um caminho apertado. Acima de tudo, uma vida além do óbvio é uma vida que traz sentido, inspira e motiva.

Use o seu poder

Quando ultrapassamos as barreiras que deixam as nossas vidas óbvias, encontramos algo valioso. Sentimos um gosto nunca sentido. Passamos a balizar para a edificação do próximo, a olhar com outras lentes as causas e dores das pessoas que nos cercam. Sentimos um anseio por somar e contribuir exponencialmente para a construção dos sonhos de um plano maior, profundo e completo. Mas, que poder é esse?

Olhe para as suas mãos. O que você nota? Apenas dedos, unhas, alguns calos e anéis. Essas mesmas mãos, quando orientadas para uma vida além do óbvio, se tornam fachos de luz. É assim que eu as enxergo. Quando reparo nas pessoas andando nas ruas, não vejo mãos, vejo luz, poder! Nossas mãos podem criar, desenhar e falar. Mas, o mais importante é que elas podem tocar. E tocar, em nosso contexto, significa demonstrar afeto, cuidado, carinho e proteção. Podemos curar dores emocionais quando tocamos com amor e compreendemos as dores. Também podemos inspirar quando o nosso toque encaminha e abençoa sonhos. Esvaziar-se é ser afetuoso e dar a real atenção, é ouvir na essência, isto é, sem se preocupar em responder.

Uma fonte ilimitada de poder também muito poderosa é a sua boca. Por meio dela você abençoa ou amaldiçoa, simples assim, não tem meio termo. A sua decisão de viver a melhor vida de todas permite controlar com eficácia a sua comunicação. Ao invés de singelas palavras, entram em cena as flechas capazes de gerar lágrimas, sorrisos, dar força, emocionar e edificar.

Amado leitor, entenda, você tem esse poder. Use-o! Engano o seu achar que guardar esse precioso poder o tornará ainda mais poderoso(a). Quanto mais você guarda, mais ele acaba, e quanto mais aplica na vida das outras pessoas, mais transborda luz e poder. Além do óbvio, você está vivendo, mais perto do seu real propósito.

Saia agora da vida óbvia. Não deixe para a próxima hora a oportunidade de se esvaziar e viver uma vida além do óbvio. Essa decisão pode ter seus custos, mas as recompensas são tremendas. Topa? Então, comece já!

Capítulo 18

As crenças limitantes nos impedem de ver o que está claro, é possível vencê-las?

Uma das linhas de pesquisa mais proeminentes dentro da psicologia diz respeito às crenças que cada indivíduo possui e de que maneira elas nos afetam em várias esferas da vida. Neste capítulo, você encontrará a resposta para a seguinte pergunta: será possível mudá-las ou estamos predestinados a viver com essas crenças por toda a vida?

Iraildes Muniz

Iraildes Muniz

Consultora empresarial, empreendedora, palestrante, *Life coach*, *trainer* e professora de ensino superior. Graduada em Administração de Empresas e Especialista em *Marketing* Empresarial pela Universidade Federal do Amazonas (UFAM). Mestranda em Planejamento Estratégico. Participa de estudos na área da Física Quântica com foco na mudança de paradigmas e desenvolvimento humano. É uma apaixonada pelo empreendedorismo e por auxiliar pessoas no desenvolvimento pessoal, na expansão de seus talentos e habilidades.

Contatos
iraildesmunizz25@gmail.com
Facebook: iraildesmuniz
Instagram: @iraildesmuniz
(92) 99220-2085

As crenças que possuímos estão impressas em nossa mente como um carimbo. Carol S. Dweck, uma das maiores especialistas no assunto, diz que nem sempre temos "consciência dessas crenças, mas elas têm forte influência sobre aquilo que desejamos e sobre nossas chances de consegui-lo".[1]

Existem as poderosas edificantes por um lado, e as limitantes por outro. Essas últimas são as responsáveis pelo maior volume de males modernos, como a ansiedade, a depressão, o fracasso financeiro e a procrastinação[2]. É possível transmutá-las?

As crenças individuais limitantes podem ser transformadas de acordo com o objetivo desejado. O indivíduo necessita, primeiramente, ter consciência delas e, por meio do esforço, da experiência e da formação, são capazes de desenvolver uma mentalidade poderosa. O que se percebe, no entanto, é que as pessoas, no geral, não se preocupam em avaliar as suas crenças, focando apenas em outros elementos, como o conhecimento.

No entanto, são duas coisas totalmente distintas, apesar de estarem relacionadas ao modo como compreendemos o mundo. De nada adianta possuir uma bagagem enorme de conhecimento, se as crenças cultivadas forem limitantes. É como tentar encher um copo que já está completo.

De acordo com Gustave Le Bon, existe uma grande confusão entre conhecimento e crenças. Para o autor, é das crenças que deriva boa parte dos acontecimentos históricos. No entanto, os trabalhos científicos sobre o tema quase não existem[3].

Conhecimento e crenças são conceitos distintos. Quando falamos em crenças, estamos fazendo referência a um fenômeno que tem lugar no subconsciente. Trata-se de um conteúdo interno responsável pela maneira de pensar, agir e se comunicar.[4]

Já o conhecimento, em sua forma pura, só pode ser adquirido de forma consciente, a partir de métodos racionais e verificáveis, que garantam a verdade das informações. Tanto o conhecimento quanto

1 DWECK, Carol S. *Mindset: a nova psicologia do sucesso*. p. 8.Objetiva, 2017.

2 IBIDEM. p. 8.

3 BON, Gustave Le. *As opiniões e as crenças*. Disponível em: <http://www.ebooksbrasil.org/adobeebook/lebon.pdf>. Acesso em: 14 de nov. de 2018. p. 19.

4 IBIDEM. p. 24.

as crenças moldam a personalidade, mas esses dois elementos têm origens e bases distintas[5].

Ao deixar de analisar o poder das crenças, negligenciamos a sua influência sobre o nosso comportamento. Carol S. Dweck menciona que "a opinião que você adota a respeito de si afeta profundamente a maneira pela qual você leva sua vida". Isso significa que o conjunto de crenças de uma pessoa pode determinar, em grande medida, aspectos comportamentais[6].

As nossas crenças ditam os nossos pensamentos e esses impulsionam os nossos sentimentos, por último, moldam as nossas atitudes perante a vida e os seus desafios. Por isso, há indivíduos que encaram os obstáculos como desafios a serem vencidos, e outros nem tentam vencê-los, desistindo antes de tentar, ou, quando muito, persistem por um tempo, mas acabam abandonando a jornada, muitas vezes, um pouco antes da vitória.

Por que as crenças limitantes nos impedem de ver o óbvio? Toda mentalidade é limitante e irreversível, ou existiriam mecanismos capazes de expandir a nossa consciência, modificando a nossa visão de mundo? Após pesquisas realizadas durante muitos anos, a estudiosa, professora de psicologia da Universidade de Stanford nos Estados Unidos, Carol S. Dweck, concluiu que existem dois tipos de mentalidades distintas: a fixa e a de crescimento. Compreender esses dois conceitos é fundamental para decifrar o funcionamento das crenças.

O indivíduo que possui um *mindset* fixo acredita que as suas qualidades, habilidades e inteligência são natas, gerando a sensação e consciência de que possuem qualidades imutáveis. Normalmente, eles acreditam que a sua inteligência está sempre sendo posta em julgamento, e isso gera um sentimento de insegurança, levando-os a criar uma tendência de não engajamento, impedindo-os de adquirir conhecimentos novos por acreditarem que estão em um nível de dificuldade maior do que eles pensam que são capazes de superar.

Falando em termos práticos, é o mesmo que dizer que não podemos mudar, nem aprender coisas novas, em razão de uma suposta limitação mental. É justamente nesse *mindset* que reside as crenças limitantes[7].

A boa notícia é que podemos moldar a nossa mentalidade, superando as crenças limitantes, desenvolvendo e fortalecendo as crenças poderosas. O *mindset* de crescimento representa uma mentalidade voltada ao desenvolvimento pessoal. Uma pessoa com esse tipo de crença acredita ser capaz de adquirir conhecimento, superar obstáculos e melhorar as suas qualidades, por meio do esforço individual[8].

---

5 IBIDEM. p. 24.

6 DWECK, Carol S. *Mindset: a nova psicologia do sucesso.* p. 12. Objetiva, 2017.

7 DWECK, Carol S. *Mindset: a nova psicologia do sucesso.* p. 12. Objetiva, 2017.

8 IBIDEM. p.13.

De acordo com Marta Tavares, muitas das crenças limitantes que marcam o *mindset* fixo são formadas ainda na infância, quando estamos mais propensos a internalizar pensamentos negativos. A autora explica[9]:

> Algumas das crenças que nós podemos desenvolver na infância não são sempre saudáveis e são criadas como um resultado de uma experiência traumática ou confusa que nós esquecemos. A maneira como nós, consciente ou inconscientemente, vemos o mundo em termos de dinheiro é geralmente baseada em tais crenças. Identificar as nossas crenças limitantes é o primeiro passo. Uma vez que tenhamos identificado o que algumas dessas crenças/*imprints* encobrem, poderemos usar diferentes técnicas da PNL para mudar completamente esses obstáculos, permitindo, assim, que veja e experimente todas as oportunidades financeiras que, normalmente, estão a sua disposição.

Então, para superarmos o *mindset* fixo ou uma crença limitante, necessitamos dar o primeiro passo, que é identificar e se conscientizar de que essas crenças existem. Esse pode ser um processo difícil, tendo em vista o fato de que essas crenças se alojam, conforme abordado, no subconsciente. No entanto, existem técnicas diversas, entre elas a PNL, capazes de trazer à tona essas crenças, de forma que sejam perceptíveis e possam ser combatidas.

"Muitas pessoas, ao invés de se concentrarem no que é possível, perdem muito tempo a pensar sobre o que elas não têm," explica Marta Tavares. A maioria das pessoas se concentra no que não deseja ao invés de se concentrar no que deseja para as suas vidas profissionais, de relacionamento, enfim, não há foco no positivo.

Essa perspectiva com foco no lado negativo impede as pessoas de aproveitarem as oportunidades que a vida oferece. Quando mantemos um estado sereno de mente, um *mindset* de crescimento, conseguimos prosperar com muito mais facilidade, abrindo o nosso leque de oportunidades para o desenvolvimento de habilidades e competências[10].

Como vencer as crenças limitantes e atingir metas, objetivos e sonhos? Estando consciente delas e tomando atitudes proativas no sentido de combatê-las. Buscar conhecimentos para a expansão das aptidões natas é necessário e possível para quem quer mudanças consistentes em sua vida. Acreditar que é possível mudar já é o início para a vitória.

---

9 TAVARES, Marta. *Crenças: a PNL e o dinheiro*. p. 31. Zen energy, 2013.

10 TAVARES, Marta. *Crenças: a PNL e o dinheiro*. ZEN ENERGY. jan. 2013, p. 31.

É certo que cada pessoa nasce com certos talentos, que podem ou não ser expandidos, mas, com esforço, paixão e conhecimento é possível prever quais obstáculos cada pessoa é capaz de ultrapassar e vencer na busca pelo êxito em suas vidas.

Explorar a natureza de seus problemas é o início da mudança de *mindset*. Vamos supor que uma pessoa, principalmente na infância, viveu com a sua família fases de grande carência material, muita dificuldade financeira, esse contexto de pobreza pode gerar uma crença de que ela nunca vai ser uma pessoa rica, abundante e próspera. Se não romper com essa crença limitante, dificilmente atingirá resultados positivos ao longo de sua vida adulta[11].

Então, para que a crença limitante seja destruída, é fundamental que a pessoa se dê conta do histórico por trás da crença, perceba que a realidade, vivida no passado, não precisamente será a sua no presente ou no futuro.

É necessário visualizar as suas origens e aceitar que não se pode deixar levar por fatores que lhe são externos. Como no exemplo acima, a pobreza da família em nada impede que o sujeito coloque em prática os seus conhecimentos, habilidades e tome atitudes para implementar projetos e vencer pelo próprio mérito.

Depois de reconhecer e analisar as crenças limitantes, é hora de colocar em prática algumas crenças poderosas. Uma das crenças mais transformadoras é a de que somos capazes de desenvolver as nossas qualidades, criando um grande amor pelo aprendizado constante. Não é necessário que ocultemos as nossas dificuldades e limitações. Muito pelo contrário, podemos transformá-las rompendo com os nossos medos[12].

Carol S. Dweck faz algumas perguntas interessantes que levam ao questionamento sobre que tipo de *mindset* queremos ter[13]:

> Por que perder tempo provando constantemente a si mesmo suas grandes qualidades se você pode se aperfeiçoar? Por que ocultar as deficiências em vez de vencê-las? Por que procurar amigos ou parceiros que nada mais farão do que dar sustentação a sua autoestima, em vez de outros que o estimularão efetivamente a crescer? E por que buscar o que já é sabido e provado, em vez de experiências que o farão se desenvolver?

Responder a cada uma dessas perguntas é importante, pois nos permite perceber onde estamos nos equivocando. Uma das grandes características do *mindset* de crescimento, que é o ideal, é a busca constante por conhecimento, ainda que seja necessário passar por

11 Ibidem, p. 31.

12 DWECK, Carol S. *Mindset: a nova psicologia do sucesso*. Objetiva, 2017. p. 14.

13 IBIDEM. p. 14.

momentos difíceis, superar barreiras e vencer obstáculos, a grande sacada desafiante é conseguir vencer a si. "Esse é o *mindset* que permite às pessoas prosperarem em alguns dos momentos mais desafiadores de suas vidas", de acordo com Carol S. Dweck[14].

As crenças limitantes acabam prejudicando a nossa compreensão de que estamos em um mundo de infinitas possibilidades. A falta de resultados positivos na vida perpassa a falta de crença em si e a visão míope sobre as suas qualidades e potenciais. Todos os sonhos e desejos podem ser realizados por meio de estudos, dedicação e esforço individual. Por isso, existem pessoas que alcançam os seus objetivos, realizam sonhos ou permanecem presas ao fracasso, ao medo, à insegurança.

A superação das crenças limitantes passa, necessariamente, pelo reconhecimento de que existem dois tipos de *mindset*, ambos discutidos anteriormente. E mais, ter um *mindset* fixo não significa que o indivíduo está sujeito a fracassar a vida inteira e não tem como obter o sucesso em sua vida pessoal, profissional e financeira. Existem muitas técnicas, derivadas da psicologia e de várias outras áreas do conhecimento que ajudam na mudança de paradigma e rompimento dessas crenças.

Nem toda crença é prejudicial. Na verdade, o *mindset* de crescimento nada mais é do que uma crença poderosa voltada ao sucesso e ao desenvolvimento pessoal. Cada ser humano possui poder de escolha e pode determinar se pretende cultivar um *mindset* fixo ou de crescimento.

Para que a transformação comece, é fundamental que a pessoa se questione onde deseja chegar e avalie o que a impede de atingir esse objetivo. Após, conforme mencionado, é crucial trazer a crença limitante para a superfície, para a mente consciente. Seja sincero com você, queira mudar, sinta que é possível e elabore os seus objetivos, trace as suas metas, crie o seu plano de ação e o coloque em prática. Só a partir de então a verdadeira transformação pode acontecer e você poderá viver plenamente.

Referências

BON, Gustave Le. *As opiniões e as crenças*. Disponível em: <http://www.ebooksbrasil.org/adobeebook/lebon.pdf>. Acesso em: 14 de nov. de 2018.

DWECK, Carol S. *Mindset: a nova psicologia do sucesso*. Objetiva, 2017.

TAVARES, Marta. *Crenças: a PNL e o dinheiro*. ZEN energy, 2013.

14 IBIDEM. p. 14.

Capítulo 19

A regra de ouro continua atual? É certo que sim!

"O óbvio é aquilo que nunca é visto até que alguém o exprima de maneira simples."
Kahlil Gibran

Como você se relaciona com as pessoas? De forma profissional ou pessoal? Você se importa com o próximo? Como você reage às circunstâncias da vida, principalmente as ruins? Se você deseja fazer a diferença, ser alguém que agregue, este capítulo é para você. Vamos aprender o que Jesus nos ensinou há mais de dois mil anos e que continua atual: tratar o próximo como gostaríamos de ser tratados

Leandro Cáceres

Leandro Cáceres

Técnico em informática e gestão da produção industrial. Participou do treinamento liderança, inteligência interpessoal e comunicação eficaz pelo *Mastermind* LINCE. Sócio da empresa BBC TECH Produtos Eletrônicos, e gestor do *e-commerce* Kcres Produtos Eletrônicos.

Contatos
leandro@kcres.com.br
Facebook: Leandro Caceres
(11) 94797-6733

Os dias atuais são frenéticos, não é verdade? Já acordamos com a cabeça cheia, porque sabemos o que nos espera pela frente. E somam-se a isso as eventualidades a que todos nós estamos sujeitos e que nos irritam muito. Encerramos o dia ainda mais cansados e decepcionados, porque vemos o quanto poderíamos ter feito e não fizemos. Logo, vem o pensamento que não sai da cabeça, de que poderíamos ter agido de forma diferente e não agimos. É uma tortura. O que fazer? Dormimos e acordamos ainda mais cansados, recomeçando o mesmo ciclo sabendo que teremos que enfrentar aquela e mais outras situações frustrantes novamente.

Sabe por que tudo isso é difícil? Porque por trás de todas essas situações há uma pessoa envolvida. A todo momento estamos lidando com pessoas. E, muitas vezes, esquecemos disso. Um terno não anda sozinho, um uniforme sem ter quem o use é apenas um pedaço de pano. Como seria ir a um hospital e vermos vários uniformes brancos imóveis bem no momento em que precisamos de ajuda? Esses são apenas alguns exemplos, use a imaginação e analise como seria o dia de hoje sem as pessoas com quem você se relacionou, como teria terminado o dia de hoje?

Agora, pense ao contrário: e se você não existisse? Como teria sido o dia dessas outras pessoas? Melhor? Pior? Então, é difícil responder, mas uma coisa eu sei, pode parecer jargão, mas não estamos aqui por acaso, por isso temos que aprender a viver de modo que possamos conviver bem com as outras pessoas. Isso é necessário para que a nossa vida tenha sentido, há um propósito que devemos cumprir e, para isso, vamos precisar de toda ajuda possível, e sermos também quem ajudará quando necessário.

Quando digo um propósito, me refiro também a um projeto, um sonho, algo que queira alcançar, por isso precisamos tornar essa caminhada melhor. Mas, quando falamos em projetos, sonhos, objetivos, o que vem a nossa mente? Trabalho? Carreira? Estudos? O nosso grande projeto neste mundo é a nossa família.

Pode parecer piegas, mas é verdade. Eu não sei qual é a sua história com a sua família, mas é nela que aprendemos a nos relacionar, foi nela que crescemos, aprendemos, tivemos experiências boas e ruins que nos moldaram. E mesmo que a sua realidade tenha sido outra, você está ao lado de pessoas que podem ser consideradas a sua família, e são essas que, por estarem muito mais próximas, sofrem mais. Por isso, precisamos nos esforçar para que possamos viver bem com aqueles que amamos. Esse é o nosso primeiro e mais importante propósito, a nossa família.

Quando Jesus esteve entre nós, não esteve aqui por acaso, houve um propósito a cumprir, e Ele cumpriu. Mas, em toda a sua caminhada, Ele nunca esteve só, sempre esteve rodeado de pessoas, família, discípulos, doentes, necessitados e autoridades. Ele foi um mestre em lidar com cada uma dessas pessoas e atender as suas carências, além de ensiná-las a tal ponto, que morreriam pela causa.

E um desses ensinamentos foi a regra de ouro:

> "Assim, em tudo, façam aos outros o que vocês querem que eles lhes façam; pois esta é a Lei e os Profetas."
> Mateus 7:12

Fazer aos outros aquilo que queremos que nos façam parece tão óbvio, não é verdade?

É óbvio, porque ela faz parte do nosso dia a dia, muito mais do que possamos imaginar, mesmo que, conscientemente, não a pratiquemos, ela tem tudo a ver com a lei do retorno. Para toda ação há uma reação igual ou contrária, a todo momento estamos vivendo isso, desde o acordar até o dormir. Ao longo de todo dia, tudo o que fizemos, dissemos, todas as pessoas com as quais nos relacionamos trouxeram uma consequência.

Por exemplo, imagine que, em uma manhã, o seu filho demore para acordar, e você fique estressado, porque não chegará a tempo para o trabalho. Então, você sai emburrado, nem fala direito com ele, e se fala, é para dar uma bronca. Deixa o coitado na porta da escola e sai loucamente para o trabalho, ainda estressado. Isso vai ditar o ritmo do dia, provavelmente, você vai se deparar com outros eventos difíceis e tomará a decisão errada, porque está contaminado com essa raiva. As pessoas que cruzarem o seu dia, provavelmente, receberão toda essa fúria, e aí o estrago está feito. Esse sentimento vai crescendo e pode causar até problemas maiores. Quem sabe no caminho do trabalho, você está furioso porque está atrasado e acaba batendo o carro?

Então, como estava nervoso com o seu filho, nem deixou ele contar a sua grande novidade. Com isso, sem perceber, você estragou o dia dele. Além disso, um cliente ligou e, como você estava nervoso, o atendeu mal e perdeu uma grande venda. O dia passou arrastado, cansativo, até chegar em casa, querer apenas tomar banho, jantar e assistir TV, sem se importar com ninguém. O que mais terá perdido? Pode parecer exemplos bobos, mas mostram que uma pequena atitude errada pode causar um grande estrago. É a nossa atitude diante das circunstâncias que nos torna vencedores ou perdedores.

Imagine-se jogando uma pedrinha em um lago, aquela água serena recebe o impacto da pedrinha e, no mesmo instante, pequenas ondas circulares se formam, uma após outra. Assim como essa pedrinha causou uma reação à água serena, uma atitude ou uma palavra podem gerar ondas, e nem podemos imaginar o que vem a seguir.

Lendo essa história, agiríamos como Jesus nos ensinou?

Provavelmente, muitos agiriam da mesma forma, inclusive eu! Quantas e quantas vezes agi exatamente assim, mas decidi mudar. Estou aprendendo ao escrever este capítulo, porque ainda somos uma obra inacabada em constante processo de crescimento e desenvolvimento. Diante de uma situação como essa, precisamos tomar uma das três possíveis decisões:

1. Continuar do mesmo jeito;
2. Não fazer nada;
3. Querer a mudança.

Continuar do mesmo jeito, levando a vida, tratando todos a sua volta sempre do mesmo jeito. Quem sabe as pessoas um dia mudem, não é verdade? Quem estiver incomodado que se mude! E o pior que isso pode acontecer. Quantos não acabam sozinhos porque não quiseram mudar? Ouvimos muito dessas histórias em hospitais, asilos. Será que um dia não pode ser você a contar uma história triste, porque preferiu continuar do mesmo jeito?

Não fazer nada também é uma decisão, é a mais confortável, pois gera menos estresse e dá menos trabalho. Não fazer aos outros aquilo que não queremos é muito diferente de "fazer aos outros", pois "fazer" requer ação, dá trabalho.

Então, para "não fazer", basta apenas se omitir, ficar quieto observando, não ter atitude para evitar ter um resultado ruim, afinal, se toda ação gera uma reação igual ou contrária, basta não jogarmos a pedra na água. E, pronto, viver em paz. Engana-se quem pensa que apenas não fazendo nada é que as coisas ficam mais fáceis, pelo contrário, a passividade gera um outro tipo de problema: a desordem, a desarmonia e até o tumulto. Einstein disse: "O mundo é um lugar perigoso de se viver, não por causa daqueles que fazem o mal, mas sim por causa daqueles que observam e deixam o mal acontecer".

O mundo está sempre em movimento; desde o princípio de tudo vemos o constante movimento da vida, e o fato de ficarmos quietos não mudará isso, por isso, quando Jesus diz "fazei aos outros", significa que devemos cumprir essa ordem de ação, ir em direção a alguém ou a algo. Isso nos leva ao terceiro e mais importante ponto.

Se você está lendo este livro é porque deseja a mudança. A passividade incomoda, e é preciso agir, mas agir do modo certo, tratar melhor as pessoas para que todos saiam ganhando. Para isso, há passos que devem ser tomados para que isso aconteça, são passos simples, diria que são óbvios, mas que fazem toda a diferença.

Em primeiro lugar, ouça. Jesus, em seus ensinamentos, dizia "quem tem ouvidos ouça!". Preste atenção às palavras, elas são sementes, e podem ser boas ou ruins. Por isso, temos que escolher bem o tipo de semente que queremos.

Há muitos anos, antes de haver os recursos tecnológicos e científicos para plantio, os agricultores, para terem uma boa colheita de milho, separavam as melhores espigas da colheita anterior. Dessas, separavam os melhores grãos, pois sabiam que com esses a chance de ter sucesso no próximo plantio aumentava. É assim que funciona com as palavras, precisamos separar somente o que é bom de tudo que recebemos; o que não presta, descartamos.

Separando o que é bom, vamos estar cheios daquilo que é positivo, construtivo. As nossas palavras e comportamento são o reflexo do que há dentro de nós. O próprio Jesus ensina isso, a boca fala do que o coração está cheio. Se quisermos tratar bens as pessoas, precisaremos estar cheios do que é bom. Cerque-se de coisas construtivas e positivas, gaste menos tempo com notícias ruins, conversas fúteis no *WhatsApp*, postagens bobas no Facebook. Leia bons livros, ouça áudios construtivos, aproveite bem os poucos minutos que você tem com aquilo que contribua para que a sua colheita seja farta.

Morei em uma casa que tinha um pomar com pé de limão, laranja, mamão, romã, amora, além de alguns outros vegetais. Todo os finais de semana, eu parava para cuidar desse pomar, rastelar o terreno, tirar as folhas velhas, cuidar das árvores, adubar, tratar. Era um grande trabalho e tive que aprender muitas coisas, mas valeu a pena. Cuidar de tudo isso, como disse, era cansativo, mas, como diz a regra de ouro: dá trabalho, exige esforço, mas o resultado é recompensador.

Quando comecei a cuidar do pomar foi desanimador, pois estava abandonado, as árvores tinham um ou outro fruto, o mato estava alto. Mas, com o tempo, tudo começou a ficar diferente e se tornou um lugar que nos dava prazer. Havia potencial, bastava tirar apenas o que não prestava para dar espaço ao que era bom.

A semente que você tem recebido tem que ser plantada em um lugar adequado, como naquele pomar que tinha potencial, mas estava escondido em meio ao mato alto e abandono. Pode ser que dentro de você haja também algum mato alto que precise ser cortado para dar espaço ao potencial que está escondido. Um lugar como aquele não era bonito de se ver, mas, com o tempo, se tornou um lugar agradável, e é assim no nosso dia a dia, muitas vezes, não somos um lugar agradável de se ver.

Se quisermos alcançar os resultados que almejamos, precisaremos atrair as pessoas e não afastá-las. Quando aquele terreno foi trabalhado, o ambiente mudou, pois, antes, por mais que a casa que morássemos fosse bonita, ao lado dela havia um espaço que passava uma má impressão. Porém, depois de um tempo, com toda a grama aparada e as árvores com os seus frutos aparecendo, uma bela vista surgiu.

Essa é grande lição que Jesus nos deixou: servir. Todo o trabalho que tive para recuperar aquele pomar só teve sentido quando ele nos serviu, ou seja, quando pudemos usufruir de tudo de bom que ele tinha para nos oferecer. E quanto mais usufruíamos, mais tínhamos.

Tudo de positivo e construtivo que tem "plantado" precisa ser colhido, se não colher, tudo isso vai murchar e morrer. É muito triste ver um fruto vistoso estragando no pé. Fazer aos outros o que queremos que nos façam é servir bons frutos, impedindo que eles apodreçam no pé. Quanto mais se colhe e reparte, mais espaço e colheita constante se tem.

Quando queríamos uma limonada gelada em um dia de calor, sabíamos onde conseguir o limão. E as pessoas ao nosso redor, quando estão precisando de algo, podem contar conosco ou precisam ir em outro lugar para conseguir ajuda?

Para conseguir um limão, bastava ir colher; era acessível. Precisamos ser acessíveis para quando precisarem de nós. Um bom relacionamento com as pessoas é crucial para que tudo isso que estamos construindo não venha a ruir.

Algum tempo depois, mudamos dali e o proprietário isolou totalmente o terreno e o pomar ficou abandonado. O mesmo acontece com quem se fecha, levanta barreiras e se torna inacessível. Por um tempo, ainda consegue produzir alguma coisa, chama a atenção de alguma forma, pois ainda restam alguns frutos, mas, com o tempo, assim como aquele terreno que ficou fechado e não foi mais cuidado, não há mais nada a oferecer. Hoje, isso pode mudar, a decisão é sua!

Capítulo 20

Para o sucesso nos negócios e na vida: conhecimento, foco, disciplina, persistência e ação

Enquanto pequenos e médios empresários focam a energia no trabalho técnico e ignoram a verdadeira atribuição, áreas estratégicas da empresa são entregues, perigosamente, nas mãos de pessoas despreparadas, e os sonhos viram pesadelos reais

Lou Brito

Lou Brito

Laudeci Lopes Brito estudou ciências econômicas; graduada em gestão hospitalar; especialista em licitações e contratos administrativos; MBA em *executive coaching*. Possui formação em *life, executive & leader coaching*. Analista comportamental, *coach* educacional, palestrante e *expert trainer*. Servidora pública com vasta experiência em gestão de equipes multidisciplinares. Atua como treinadora de empresários de pequenas e médias empresas de forma presencial e *online*. É palestrante e instrutora de cursos na área de desenvolvimento empresarial e profissional.

Contatos
https://rhinnoad.builderall.net/loubrito
contato@loubrito.com.br
loubrito.oficial@hotmail.com
Facebook: Lou Brito / Lou Brito coach empresarial e palestrante
Instagram: britolou
(98) 98213-2511

Há muita fantasia sobre a conquista do sucesso e da felicidade, como se isso fosse uma linha de chegada ou um pódio. Até parece que as coisas estão lá, como um troféu, aguardando o grande dia. Isso, de certa forma, limita as chances de nos sentirmos realizados.

Afinal, o que é sucesso para você? Em geral, temos o hábito de relacionar o sucesso com coisas mirabolantes, grandiosas e, principalmente, às conquistas de bens materiais.

Mansões, iates, helicópteros, viagens de luxo e roupas de marca são sinônimos de sucesso para nós. Além disso, somos bombardeados e induzidos, diariamente, pela mídia que não se cansa de mostrar o *glamour* da vida alheia.

Estamos sempre focados nos palcos, sejam de atletas famosos, grandes empresários, artistas e "amigos bem-sucedidos" do Facebook.

Para considerarmos algo como sucesso e felicidade, temos que levar em conta a época e o contexto aos quais as situações estão submetidas.

O autoconhecimento é a chave para entender o que é sucesso, para nós, é claro. Para isso, precisamos nos questionar sempre. Qual o meu estado atual? Quais conquistas eu considero mais importantes em minha vida? O que estou fazendo agora me leva ao meu estado desejado? Clarice Lispector tem uma frase que resume a situação muito bem: "a direção é mais importante que a velocidade".

Nos negócios como na vida pessoal, tudo começa com um sonho, é verdade, mas, para torná-lo realidade, é óbvio que você precisa de muito mais do que força de vontade e trabalho duro, ou seja, não importa o quanto se esforce, se não fizer a coisa certa.

Em geral, "viramos" empresários por diversos motivos: por insatisfação, falta de tempo, baixos salários etc. Raramente empreendemos por ter encontrado uma oportunidade e nos preparado para fazer o que precisa ser feito.

São muitos os detalhes que precisam ser considerados antes de abrir um negócio, ainda assim, a nossa emoção e impulsividade encobre a realidade. Acabamos nos aventurando, apenas com base no que "achamos", nem sempre no que conhecemos.

O sonho de empreender se assemelha à ilusão do *iceberg*. Você se impressiona com a pequena parte visível daquele enorme bloco de gelo e esquece a parte submersa. A parte visível é formada pelo palco, as luzes, o brilho, enfim, o que acreditamos ser, de fato, o sucesso.

A parte que é infinitamente maior sempre fica invisível. São os nossos bastidores formados pelo conhecimento, coragem, planejamento, ação, persistência, erros e acertos, escassez de recursos, alguns fracassos, foco, trabalho duro, resiliência, recomeços e realinhamento de metas. Mesmo assim somos arrebatados pela ansiedade, e pela paixão por nossas ideias e não damos a devida importância aos bastidores.

Esse é o perfil da maioria absoluta dos pequenos e médios empresários. Foi o que ocorreu comigo antes de aprender qual o verdadeiro papel do empreendedor.

Tempos difíceis aqueles. Muito trabalho, dedicação, falta de foco, exaustão, descontrole e pouco resultado. Às vezes, eu chegava a comparar a minha vida com a de alguma funcionária e ela sempre saía ganhando em todos os aspectos.

O pior período foi entre 2007 e 2010. Trabalhávamos com comércio e prestação de serviços de consultoria, ramos completamente diferentes e público idem. Não focávamos em nada. Eu me matava de trabalhar para conseguir entregar um serviço de qualidade e, ainda assim, não havia um retorno financeiro que justificasse tanto trabalho.

Diante disso, alimentava a ilusão de que se estivesse presente no escritório ou no comércio o tempo todo, havia certo controle, talvez até por intimidação. O fato é que eu não tinha vida. A palavra "caos" soava muito branda diante daquele inferno em que me envolvi.

As contas não fechavam, os desvios ocorriam com frequência e as dívidas se acumulavam. E eu, no meio desse turbilhão de acontecimentos, atingi o meu nível máximo de ansiedade. Não havia sequer tempo para cuidar da saúde.

No início de 2010, quando eu pensei que não havia mais chances de a situação piorar, me enganei. Após sentir algumas dores, fui diagnosticada com câncer e comunicada de que a cirurgia seria urgente.

O câncer tem um estigma de morte que é cultural. Morre-se de todas as doenças, mas, quando o diagnóstico é de câncer, você já é vista como "caso perdido". Deu medo. Tudo que eu queria naquele momento, era mais uma chance.

Abandonei tudo, foquei na cirurgia e na quimioterapia que era imprescindível para uma provável cura. Tive reações tão violentas durante o tratamento que, por vezes, meus familiares temeram que o pior acontecesse.

A empresa implodiu e se transformou em dívidas, claro. O caos se instalou irremediavelmente. Resolvi encarar a quimioterapia e abandonar tudo aquilo que, certamente, contribuiu para aquela doença.

Agora que tudo faz parte do passado, graças a Deus, parece óbvio, mas tive certo bloqueio para entender que não fazia sentido me preocupar em salvar a empresa, enquanto a minha vida estava em risco. Diante desse ponto de vista, os problemas da empresa deixaram de ter tanta importância.

Antes de empreender, eu havia me licenciado do serviço público, mas, depois, tive que voltar a trabalhar lá, mesmo enfrentando um período ainda crítico do tratamento e algumas sequelas como a depressão. Alguém precisava pagar as despesas.

Paralelamente, pintei quadros, fiz exposições, dei aulas de artesanato, treinamentos na área de licitações, na qual sou especialista, enfim, tive que diversificar. Por um tempo fiquei muito frustrada com o empreendedorismo formal.

Ao procurar desesperadamente alternativas profissionais na *Internet*, encontrei um curso em São Paulo que ensinava a escrever livros digitais e a fazer palestras. Fiz o curso e vários amigos nessa área.

Escrevi um *e-book* para orientar sobre a melhor forma de cuidar de familiares com câncer, do ponto de vista do paciente, é claro. Disponibilizei o livro gratuitamente e foi muito acessado. Isso ocorreu, inclusive, em outros países.

Vieram então os convites para palestras gratuitas sobre a superação do câncer. A verdade é que eu, finalmente, havia encontrado algo que eu amava fazer, só não sabia como transformar isso em uma atividade profissional. Quem contrataria palestras sobre superação de câncer?

É muito comum ouvir sobre o quão importante é trabalhar com o que você ama e tem paixão. Isso em parte é verdade, mas demorei a entender que não basta fazer o que você ama, é óbvio que é preciso que haja a convergência entre talento, paixão, conhecimento, público-alvo e renda.

É necessário focar naquilo que você é bom, apaixonado e não menos importante, que tenha mercado. Sem isso, pode se transformar apenas em *hobby*.

Foi então que fiz várias formações na área de *coaching*. Todo esse aprendizado culminou no MBA em *executive coaching*. Essa conquista não só potencializou as possibilidades de ter uma nova carreira, como me fez compreender exatamente os motivos que levaram a minha empresa ao caos.

O meu processo de autoconhecimento me mostrou que o meu *mindset* também foi responsável pelas experiências ruins. Precisei mudar o meu modelo mental.

O *coaching* me deu clareza para observar os meus próprios pensamentos, comportamentos e atitudes em relação aos outros e a mim. Além disso, ler bons livros, bons conteúdos, assistir a filmes e estudar muito fez toda a diferença.

Quando você identifica a sua missão, visão e valores, fica mais fácil saber se o que ama fazer é, de fato, algo que pode se transformar em uma carreira ou um negócio. Eu fiz isso, voltei a empreender, dessa vez da forma correta, com propósito e sem "achismos".

Com pequenas variações, a minha história é muito parecida com o perfil do pequeno e médio empresário, e não é por acaso que o índice de mortalidade das empresas é tão expressivo.

Segundo Michael E. Gerber, em seu livro *O mito do empreendedor*:

> Todo aquele que entra no mundo dos negócios leva em si três pessoas: o empreendedor, o administrador e o técnico. Cada uma delas tem comportamentos e percepções diferentes: o empreendedor visualiza oportunidades em condições que ninguém consegue e vive no futuro, o administrador é mais pragmático, prima por planejamento, previsibilidade e ordem, já o técnico não se interessa por ideias e sim pelo modo de fazer.

A personalidade de técnico é a que mais se sobressai nos pequenos e médios empresários. Um empresário com mais tendência a ser técnico costuma ignorar completamente as outras duas personalidades, e focar apenas em fazer o serviço operacional, aquele que qualquer pessoa treinada poderia fazer muito bem.

Claro que existem vários outros fatores que determinam o sucesso ou fracasso de um empreendimento, mas as chances são de que o técnico viverá sempre no limite do estresse, extremamente ocupado, sem conseguir fazer tudo o que é necessário nas outras áreas. Ele raramente admitirá que alguém faça algo tão bem, e se transforma em um grande centralizador.

Para ele, o importante é trabalhar muito. Não admite que o seu próprio conhecimento ou um especialista possa ajudá-lo a identificar missão visão e valores da empresa. E desse modo, que todos passem a trabalhar alinhados a um mesmo objetivo, uma forma efetiva de evitar desperdício de tempo, energia e dinheiro, simplesmente padronizando os processos e criando regras claras.

O empreendedorismo é a solução para a economia do Brasil, sem dúvida, porém, é necessário profissionalismo. Diferentemente disso, o empresário estará fadado à escravidão e à perda da qualidade de vida.

Ainda que tenha alguns resultados, não há sucesso, pois o empresário precisa viver e ser mais importante do que a empresa.

É interessante saber que nem sempre um bom cozinheiro é um bom empresário do ramo da gastronomia, nem um bom cabeleireiro é um ótimo empresário no ramo da beleza.

Foi exatamente o que aconteceu comigo. Eu não havia preparado a minha empresa para funcionar sem a minha presença. Quando me ausentei, cada um fazia o que bem entendia e o resultado foi o fechamento.

A verdade é que o equilíbrio das três personalidades é fundamental para o sucesso. Sem o técnico não há quem coloque em prática a ideia do empreendedor e não há o que administrar. Sem o empreendedor, não há ideias para por em prática e nem o que administrar. Sem o administrador, o caos se instala, porque não há quem organize.

Além disso, as empresas possuem três fases: infância, adolescência e maturidade. Essas não dependem do tamanho da empresa e sim da personalidade do empresário.

Quando o dono com a personalidade de técnico comanda uma empresa, raramente ela sai da fase da infância. Em geral, a empresa se confunde com a pessoa do empresário e só funciona com a sua presença.

No exemplo de um restaurante, o empresário técnico foca apenas em cozinhar, enquanto isso, não cuida dos processos, do posicionamento do funcionário, das regras da empresa, do *marketing*, da inovação, do atendimento, das parcerias, dos indicadores, dos sistemas e nem dos controles em geral. Vira um faz tudo.

Somente quando está prestes a perder totalmente o controle da situação ele percebe que precisa escolher entre duas opções: fechar as portas ou se tornar uma empresa adolescente.

Essa é a fase mais perigosa de uma empresa, nela, o empresário certo de que será impossível fazer tudo sozinho, se aventura em contratar pessoas para "ajudá-lo" e o faz da pior maneira, apenas para livrar-se dos problemas e ter mais tempo livre.

Costuma deixar tudo nas mãos dos outros sem o mínimo controle. Isso explica as "surpresas" com desvios e uma imensidão de problemas.

Quando isso ocorre, começa a fazer tudo sozinho novamente, só que dessa vez com funcionários para fazer o serviço e um volume de trabalho muito maior. Quanto mais ele faz, menos os funcionários fazem.

A maturidade é a terceira fase do crescimento de uma empresa. Para alcançá-la é imprescindível que o empresário tenha o equilíbrio das três personalidades. Muitas empresas já nascem maduras, porém, só estarão sob a perspectiva do empreendedorismo se atingirem essa fase.

Curiosamente, hoje, eu ensino o que mais precisei aprender. Para pequenas e médias empresas, recomendo transformá-las em protótipos de franquias com definição de público-alvo, objetivos claros, posicionamento, metas, processos, sistemas, padrões, controles, regras, *marketing*, indicadores etc.

O modelo de franquia pode ser utilizado em qualquer tipo de negócio e, ainda, replicado se for da vontade do empresário. A mudança de postura e de percepção dele representa ganhos extraordinários, uma vez que deixa de ter o pior emprego do mundo e passa a ter uma empresa que funciona muito bem, sob o seu controle, independentemente da sua presença.

O verdadeiro empreendedorismo é formado por esse conjunto de possibilidades reais: segurança, crescimento, inovação, sucesso e, finalmente, a liberdade do verdadeiro empreendedor.

Referência

GERBER, Michael E. *O mito do empreendedor*. 2. ed. Editora Fundamento, 2011. pp. 19,23,24.

Capítulo 21

É claro que a confiança é a chave para o sucesso

Confiança é a chave-mestra para o sucesso em todas as áreas da vida pessoal e profissional. A sua ausência é sinônimo de dor, perdas e muitas frustrações. É sentir-se indigno do conhecimento ou da falta dele. É abrir mão daquilo que pode fazer a diferença na sua vida e na de quem está ao seu redor. O mundo precisa de pessoas melhores. Aprenda a ter o sucesso desejado sendo confiante

Lousiane Bulhões

Lousiane Bulhões

Master Coach pelo Instituto Edson Burger; *professional & self coach* pelo IBC – Instituto Brasileiro de Coaching. Desenvolvedora e formadora de líderes de alta *performance*. Servidora pública; graduada em administração pela UFMS; pós-graduada em gestão de negócios e gestão pública. Treinadora de líderes pelo ILG – Instituto Liana Gomes. *Master practitioner* em programação neurolinguística pela SIPNL. Hipnoterapeuta pelo Hipnose Institute; terapeuta holística. O seu trabalho tem como objetivo desenvolver o poder pessoal, transformando potencial em poder de realização, para construção de uma carreira sólida, equilibrada e lucrativa.

Contatos
https://www.lousianebulhoes.com
libulhoes@yahoo.com.br
(67) 99216-3541

Sucesso vem depois de confiança no dicionário e também na vida prática. Quer saber como conquistá-lo?

Nestas próximas linhas será definido o conceito de confiança e os resultados obtidos pela sua prática.

1- Conceito de confiança

O Dicionário Michaelis traz a definição de confiança como: 1. Ação de confiar. 2. Segurança íntima. 3. Crédito, fé. 4. Familiaridade. 5. Atrevimento, insolência.

E aí eu pergunto: você é confiante?

A pessoa confiante é aquela que utiliza a confiança para tudo na vida pessoal e profissional. Sem ela, torna-se uma eterna aprendiz, que nunca está satisfeita com o que aprende, simplesmente porque nunca consegue colocar em prática aquilo que estuda. Adquire conhecimento por meio de livros, cursos, palestras e até mesmo uma simples conversa, porém, sem experiência não há sabedoria para lidar com as situações corriqueiras. Então, a falta de confiança por se sentir um ser incapaz torna homens e mulheres de várias idades, com pouca ou nenhuma confiança, em verdadeiros seres medianos ou até mesmo fracassados.

Essa falta pode trazer drásticos resultados na vida em vários campos, tanto afetivo, saúde, social, carreira, familiar e financeiro. Impactam direta ou indiretamente na falta de comunicação, baixa produtividade, não se achar bom o suficiente, estresse, sobrecarga de trabalho, problemas de relacionamento em geral, escolhas erradas, sentimento de confusão, falta de clareza e lazer, perdas de oportunidades e perdas financeiras, aquisição de doenças físicas e emocionais, entre outros.

Não ser confiante gera frustração, principalmente, ao ver um indivíduo que sabe menos subindo os degraus da vida, das corporações, enquanto você espera um milagre acontecer.

Convenhamos que a sorte existe, mas é preciso dar um certo empurrãozinho, afinal, o sucesso, como dizem por aí, é um somatório de sorte e preparação. Ótimo!

Se você não está preparado, aprimore-se urgentemente, faça uma lista de tarefas a cumprir para aprender algo novo e que vai agregar.

Agora, se você já tem conhecimento suficiente para aquilo que tanto quer, o que mais é necessário? Talvez, confiança? E se buscarmos lá no passado como surgiu a falta de confiança, muitas pessoas irão fazer profundas reflexões e algumas poderão até mesmo achar a raiz do problema. Tudo o que ouvimos, lemos e vemos desde quando ainda éramos muito pequenos, na adolescência ou ainda na fase adulta, vai somando e formando a nossa personalidade.

Às vezes, essas informações contribuem muito em certos aspectos do indivíduo, outras vezes, acabam fazendo um certo estrago. É preciso consertar essas informações que estão guardadas em alguma gaveta da nossa rede neural, para que sejam ressignificadas e possam contribuir com novas ligações sinápticas que permitam que um neurônio se conecte a um outro com o qual não estava acostumado a fazer ligações. Assim, surgem novos comportamentos por meio de pensamentos.

No filme que eu recomendo muito que você assista intitulado *Quem somos nós?*, de 2004, de direção de William Arntz, é possível ver que essa explicação é muito bem representada por figuras, desenhos, a respeito das conexões neurais e a mudança da forma de pensar.

E, então, certamente, você está fazendo a pergunta de como uma pessoa pode se tornar confiante.

2- Confiança no cotidiano

Você se lembra do conceito de confiança lá no começo do capítulo? Pois bem, ser confiante é se sentir familiarizado com a situação, é como uma pessoa que morre de medo de falar em público e, só de imaginar, o estômago começa a embrulhar, as mãos gelam e já dá vontade de pedir para sair.

Para que a confiança se expanda por meio de novas redes neurais, é preciso tomar consciência de que o medo existe, que é preciso senti-lo e, principalmente, vencê-lo. Como? Fazendo associações com o medo, a sua causa e cura, por exemplo, de falar em público. Só fazendo, vivenciado, começando a falar frente ao espelho, depois para uma, duas, três, dez, 30, 60, 100, de repente duas mil pessoas.

A falta de confiança também é superada pelo exercício da fé, não da única e exclusivamente religiosa, mas pela fé de crer que se consegue fazer algo de diferente e inovador, afinal, como dizia Einstein: "insanidade é continuar fazendo sempre a mesma coisa e esperar resultados diferentes".

No dia a dia de todas as pessoas é preciso tomar muitas decisões, muitas mudanças, muitas trocas que podem afetar toda uma coletividade. E, para tomar as decisões acertadas, é preciso muita coragem, confiança em si e nos resultados que poderão advir de uma escolha tomada.

Após o nascimento, já foram necessárias as primeiras demonstrações de confiança, com a mãe, ou com quem tenha cuidado de você. Para ser alimentado, banhado, acolhido, e ter sobrevivido foi preciso confiar em quem cuidou de você quando não era possível.

Depois, se você teve a oportunidade de frequentar os bancos escolares ou mesmo os acadêmicos, foi preciso confiar no aprendizado que lhe era passado.

Nas relações amorosas foi necessário ter confiança para se sentir intimamente seguro para demonstrar os seus sentimentos mais íntimos.

Enfim, em muitos momentos de sua vida, se você se recordar, perceberá que foi uma pessoa muito segura e nem se lembrava mais, estou certa?

Talvez você me diga que estou errada e que, em muitos desses momentos, simplesmente não se sentiu confiante o suficiente para ter o sucesso desejado.

Gostaria de que, com um papel e uma caneta, você pudesse refletir sobre as seguintes perguntas. Escreva tudo o que lhe vier à cabeça, seja o mais honesto possível, se quiser compartilhar com alguém, está tudo bem, se não quiser, está tudo bem também. Vamos às perguntas:

— Qual sucesso você quer atingir sendo uma pessoa confiante?

— Quais são os problemas (as dores) que você enfrenta hoje por não ter confiança?

— O que você precisa parar de fazer para alcançar o mais rápido possível o que quer?

— Que qualidades tem uma pessoa confiante?

— O que você precisaria fazer para ser mais confiante?

— Por qual motivo você deve entrar em ação agora?

Estabeleça uma data para colocar em prática tudo o que precisa fazer, e permitir que a confiança comece a germinar. Você já lançou a semente, adube e regue com amor diariamente. Não é um processo fácil, porém, precisa ser feito no cotidiano, com pequenas atitudes. Cada passo é um ponto positivo na longa caminhada de ser uma pessoa bem-sucedida. A confiança brotará na sua vida como uma linda e frondosa flor, e se chamará s-u-c-e-s-s-o!

E, por que é tão importante colocar tudo no papel?

Algumas pessoas vão achar que não é necessário, simplesmente porque no dia a dia cometem o erro de levantar, sair da cama sem um planejamento, realizar os seus afazeres achando que vai dar tudo certo, e não dá, quando se faz um balanço de realizações, não deu.

Colocar no papel permite clareza e visualização de tudo o que precisa ser feito, com foco. Alguns terão medo de fracassar, e simplesmente não têm o sucesso, justamente porque fracassaram em se planejar para o cumprimento de suas metas. Mesmo se errar, basta refazer o planejamento, corrigindo os erros, afinal, só fracassa aquele que desiste.

O medo da rejeição assusta quem vive ao deus-dará, mas, no final, são essas mesmas pessoas que vão aplaudi-lo quando você for glorificado por ter alcançado aquilo que tanto desejou, simplesmente porque permitiu que a confiança o conduzisse ao sucesso.

Você acha que está só?

Pessoas de sucesso na história do mundo não tinham muita confiança nem na infância, nem na adolescência, nem na fase adulta e, ainda assim, galgaram o seu espaço e fizeram fama e dinheiro.

A falta de confiança invade tanto o ego, que a pessoa acaba tendo timidez, não se acha boa o suficiente e, por consequência, não evolui pessoal e profissionalmente. Afinal, quantas vezes um tímido não perdeu a vez em uma entrevista de emprego para alguém mais confiante e falante, ou um bom partido para casar, porque o concorrente era mais descolado.

A Revista Exame fez um levantamento de alguns famosos tímidos que se tornaram celebridades mundiais ao superarem os seus medos, entre alguns dos citados estão nomes de pessoas que se destacam nos noticiários do mundo todo, como: Barack Obama (ex-presidente dos Estados Unidos), Bill Gates (fundador da Microsoft) e Mark Zuckerberg (CEO do Facebook).

Isso torna evidente que o passado não é prenúncio de futuro para nenhum ser humano, se um dia uma lagarta pôde se transformar em uma magnífica borboleta, você também pode ser aquilo que deseja ser. Dono de si, do seu destino!

Então, mãos à obra:

- Comece diariamente acordando e se olhando no espelho. Repita palavras positivas de encorajamento e elogios;
- Em cada ação diária não se julgue menos do que é;
- Estabeleça metas diárias para fazer algo novo que nunca fez antes;
- A cada conquista permita-se comemorar com pequenos mimos;
- Se errar, peça desculpas genuinamente e corrija a rota;
- Seja grato por cada superação diária.

Esses são pequenos ajustes de viagem que levarão você rumo ao seu objetivo.

Qual é o seu?

Que preço você está disposto a pagar para se tornar a pessoa incrível que quer ser?

3- Resultados obtidos pela prática da confiança

É óbvio que a confiança é a chave para o sucesso, é a chave-mestra que abre portas e portões do relacionamento consigo, com o outro e com as organizações.

Uma pessoa confiante tem decisões acertadas, não hesita, e, se tiver alguma dúvida, sempre saberá pedir o auxílio necessário às pessoas certas.

Um confiante sabe a hora de começar, parar, refletir, corrigir, planejar novamente, prosseguir e vencer. Tem resultados, independentemente se forem negativos ou positivos, corre atrás até conseguir o melhor. Não espera a noite chegar, o sol nascer, ou a chuva parar. Corre atrás independentemente do tempo, do clima, da hora, do local, das circunstâncias, do medo, de tudo.

Uma pessoa confiante, mesmo que ainda não seja integralmente, faz essa energia brotar de dentro de si com toda a força do universo. Enfrenta os seus medos, aprende com os erros, e sabe que viveu, que progrediu, que está deixando a sua marca em cada pessoa que passa em sua vida, em cada local por onde entra.

Um confiante exala energia positiva, do bem, porque crê em si, nos outros, nas organizações, no futuro, na melhoria contínua, no aprendizado, no ensino, no compartilhamento e em um mundo melhor.

Ninguém nasceu sabendo, ninguém nasceu pronto, todo mundo tem a capacidade de se autodesenvolver e ter progressos, cada um dentro de suas limitações, mas todos têm a mesma quantidade de horas em um dia. Todo mundo pode aprender a ser confiante, praticar continuamente, ter confiança proporciona ter segurança para ser você em qualquer situação, saber falar o que precisa ser dito, saber fazer o que precisa ser feito e ponto.

Um confiante é feliz fazendo o que ama, e ama fazer o que faz. Em todas as áreas da vida se sente pleno e contente, pois tudo gira em torno de uma só razão: fazer acontecer. Não fique protelando uma ação, pensando no que será ou não se você fizer.

O mundo tem a cor que você pintar. Poderá ser cinza, preto, branco, multicolorido, da cor que quiser. Qual cor você prefere criar no seu mundo?

O mundo é você quem faz!
Você tem todo esse poder!
Tenha ousadia, ação, creia!
Vá e faça acontecer!
Seja confiante!!
Só alcança as estrelas quem mira o céu!
Voe alto!

"A confiança é ato de fé, e esta dispensa raciocínio."
Carlos Drummond de Andrade

Referências

GASPARINI, Claudia. *12 famosos que driblaram a timidez e chegaram ao sucesso*. Disponível em: <https://exame.abril.com.br/carreira/12-famosos-que-driblaram-a-timidez-e-chegaram-ao-sucesso/>. Acesso em: 01 de mar. de 2019.

Michaelis – Dicionário escolar – Língua Portuguesa. 208 p. São Paulo: Melhoramentos, 2008.

QUEM SOMOS NÓS? Direção: William Arntz. Phoenix, 2004.

Capítulo 22

Para alcançar o sucesso, é fundamental ter foco nas prioridades

Direcionar o nosso foco ao que realmente importa e ignorar um mar de distrações e estímulos irrelevantes, aos quais estamos expostos a todo o momento, é fator fundamental para alcançar os objetivos que almejamos. As conquistas e realizações da nossa vida estão relacionadas à maneira como valoramos as nossas escolhas e ao direcionamento que damos a nossa atenção

Luiz Amorim

Luiz Amorim

Graduado e pós-graduado em filosofia (Unisul e UGF); MBA executivo em *coaching* pela Universidade Candido Mendes. Palestrante pelo Instituto Gente; *self, life & professional coach* pelo ICS – Instituto Coaching Solution. Experiência em gestão empresarial e bancária; sócio e diretor das empresas Via Luram Confecções e Instituto Unised. Atua como palestrante profissional e *coach* de vida e de produtividade individual e em grupo.

Contatos
www.unised.com.br
www.luizamorimpalestrante.com.br
amorim@unised.com.br
Instagram: luizamorim57
Facebook: Luiz Amorim Palestrante

Sucesso: um objetivo comum a todos

Você já se questionou alguma vez ou parou para refletir se todas as suas ações e atividades são relevantes ou contribuem, efetivamente, para o seu sucesso, para o alcance das conquistas e realizações que almeja?

A ideia de sucesso, de obter êxito na vida, tem diferentes significados para distintas pessoas. Para algumas delas, sucesso é ter independência financeira; para outras, uma carreira profissional bem-sucedida, ter tempo para ficar com a família. Há ainda quem considere o fato de ter liberdade para viajar, conhecer outras pessoas, lugares e culturas. Na verdade, o significado de sucesso está relacionado aos objetivos, crenças, valores e princípios de cada indivíduo.

Independentemente da diferença do significado ou da ideia que cada um tem de sucesso, esse é um desejo, um objetivo que todos compartilhamos. É um tema que diz respeito a todos, em qualquer lugar do mundo. As pessoas trabalham, se empenham ao máximo em suas atividades, se esforçam para tornar realidade os seus sonhos, obter êxito na vida pessoal, na carreira profissional, nos negócios, nos relacionamentos e nos diversos papéis que exercem na vida. Todos desejam, de alguma maneira, fazer algo de importante na vida.

Aristóteles, o grande filósofo do século IV a.C., na sua obra *Ética a Nicômaco*, escreveu que toda atividade, ação e escolha humana visa um determinado fim. Ainda que sejam muitas, as quais se destinam também a uma diversidade de objetivos, todas concorrem para uma finalidade principal, que é a felicidade, ou, o que ele denominava de "sumo bem".

No entanto, infelizmente, a maioria das pessoas não consegue alcançar as conquistas e realizações pelas quais trabalha e se dedica. Apenas uma pequena parcela da humanidade desfruta da satisfação de vivenciar aquele sentimento de vitória, objetivos alcançados e sonhos realizados; de ter alcançado um nível e um estilo de vida que almeja para si, e que considera satisfatório.

Mas, por que isso acontece?

Um mundo dinâmico: inovações digitais e tecnológicas

Vivemos num mundo em constante mudança e transformação, em um cenário de inovações tecnológicas e digitais com implicações nas sociedades, nas economias, nas carreiras profissionais e em nossa vida pessoal. Um mundo no qual estamos expostos a um bombardeio de informações e, ao mesmo tempo, cercado de estímulos internos e externos, e que, muitas vezes, nos levam às distrações, à divagação e à procrastinação que desviam a nossa atenção a coisas que são irrelevantes aos nossos propósitos.

Diante desse panorama dinâmico e agitado e de objetivos competitivos e metas desafiadoras, corremos o tempo todo, sem parar. Vivemos em uma conjuntura de apreensão, em que as pressões sobre as pessoas estão se tornando cada vez mais intensas. Estamos rodeados por perturbações, recados urgentes, vários compromissos, decisões e escolhas das mais variadas. Como consequência, estamos sempre atrasados, ansiosos e estressados. Às vezes, ficamos um tanto confusos diante de toda essa dinâmica da vida moderna e nos questionamos: o que devemos fazer?

Objetivos significativos

É óbvio que todos podemos conseguir resultados extraordinários em nossa vida. O segredo é ter a capacidade de formular objetivos com clareza, convicção e garantir que eles sejam importantes e desafiadores.

Pergunte-se: o que realmente quero? O que é importante para mim? Esse é o caminho para você sair da sua situação atual e chegar onde pretende. Objetivos relevantes e que nos desafiam, nos fazem sair da zona de conforto, dão sentido a nossa vida e nos estimulam a levantar a cada manhã em busca da concretização das nossas aspirações.

Quando se tem uma clareza mental da importância dos objetivos, é muito mais fácil estabelecer as prioridades certas para a realização dos nossos propósitos. As nossas prioridades definem em quais ações devemos direcionar o nosso foco. As nossas ações e atitudes determinam os resultados a serem alcançados.

O poder da escolha

Qual a relevância e quais as implicações das escolhas e das decisões que tomamos para o nosso propósito de vida, para os nossos objetivos?

Cada momento da nossa vida atual é resultado das escolhas que fizemos no passado, e as escolhas atuais definirão como será o nosso futuro. Portanto, é fundamental saber as razões pelas quais pautamos as nossas decisões e escolhas; que se tenha consciência do que realmente possui valor para a nossa vida.

Segundo a filósofa Dulce Magalhães, no seu livro *O foco define a sorte*, o desafio não é a escolha em si, mas o sentimento da renúncia;

é ser capaz de abrir mão de todas as demais coisas que não foram escolhidas. A escolha, às vezes, nos faz ter a sensação de perda, de impotência, na medida que não podemos ter tudo ao mesmo tempo. No entanto, ela nos faz questionar, analisar, refletir e repensar valores, prioridades e responsabilidades; nos obriga a buscar novos conhecimentos e possibilidades, ampliando a nossa visão da vida e do mundo. É a capacidade para desenvolver o autoconhecimento, aprimorando-se pessoal e profissionalmente.

Ninguém deve fazer qualquer coisa que seja contra a sua vontade. Portanto, escolhas e decisões nos permitem o exercício do livre arbítrio, a liberdade de exercer a nossa vontade, de escolher as nossas ações, de eleger o caminho que queremos seguir. De sermos protagonistas de nós mesmos, da história de nossa vida.

A importância da habilidade de foco

Ignorar as distrações, as divagações da mente, evitar a procrastinação e resistir aos ataques dos estímulos em favor de um objetivo mais claro e bem mais definido é, obviamente, útil para qualquer resultado que se busque alcançar em qualquer área da nossa vida. Foco é um recurso mental indispensável para se fazer qualquer coisa com qualidade e competência.

O psicólogo americano Daniel Goleman diz, no seu livro *Foco*, que direcionar atenção a algo importante é ter a proeza de permanecer concentrado em meio a um mar de distrações. Ele também esclarece que, de acordo com a ciência da atenção, a sua capacidade de foco determina o nível de competência com que você realiza tarefas e atividades. Se a sua atenção é ruim, os resultados alcançados serão ruins, mas, se a sua atenção é poderosa, poderá se sobressair e alcançar resultados extraordinários.

Os consultores e escritores americanos, Thomas Davenport e John Beck, no livro *A economia da atenção*, afirmam que ter foco significa reconhecer onde está a sua atenção e avaliar se tal direcionamento é adequado e produz os efeitos almejados. A cada dia, concentramos a nossa atenção em um conjunto de atividades específicas, com a exclusão das demais. Mas, qual o grau de conscientização quanto à relevância que nos levou a optar por determinadas ações em detrimento de outras? Para gerir bem a atenção, devemos ter consciência de nossas escolhas e acreditar que as atividades e tarefas as quais nos dedicamos são realmente relevantes as nossas vidas, carreiras ou negócios.

Foco é uma habilidade que está relacionada à capacidade de dominar as nossas emoções em favor de algo que seja importante. Para Goleman, conforme demonstrado no seu livro *Liderança*, existem três tipos de foco com base nos principais fundamentos da inteligência emocional e que, apesar de diferentes, estão relacionados e são essenciais para alcançar o sucesso.

Foco interno: é a capacidade da autoconsciência, que consiste em direcionar, voltar a atenção ao mundo interior, para os nossos sentimentos, com o propósito de compreendermos as nossas emoções, impulsos, reações e termos autocontrole. A autoconsciência é uma habilidade essencial para termos clareza dos nossos objetivos, das metas, das prioridades, sem perder o foco dos resultados que buscamos.

Foco no outro: é ter a habilidade da empatia, de se colocar no lugar das outras pessoas, é estar em sintonia com quem nos cerca. A base da empatia é compreender como o outro se sente e pensa em relação ao mundo, quais são as suas perspectivas. Essa capacidade nos leva a construir vínculos e redes pessoais mais sólidas em uma atmosfera de segurança e confiança.

Foco externo: é dirigir a atenção ao que acontece a nossa volta, ao contexto, ao ambiente, à sociedade e ao mundo no qual estamos inseridos. É ter a compreensão de que, onde quer que estejamos, sempre integramos e, ao mesmo tempo, atuamos em um determinado contexto. Fazemos parte de sistemas sociais, econômicos e culturais mais amplos. O foco externo é o entendimento da nossa relação com o mundo. Ser capaz de interpretar os sistemas nos permite formular estratégias melhores, em sincronia com as forças sociais, ambientais, culturais e com os processos globais do mundo que nos rodeia.

O que realmente importa

Diante de todo o aparato digital e tecnológico do mundo atual, das pressões e da sensação de urgência em que vivemos, muitas pessoas têm perdido a capacidade de estabelecer prioridades. Não sabem decidir para onde direcionar a atenção, recursos, tempo e energia. Perdem em produtividade e desempenho, com impacto direto, e de forma negativa nos resultados pretendidos, tanto individual quanto coletivamente.

Estabelecer prioridades é decidir, ao mesmo tempo, duas coisas muito importantes para alcançar o sucesso: o que você vai ou não realizar. Essa escolha, certamente, vai fazer toda a diferença nos resultados.

Fazer o que é prioritário está relacionado à eficiência e eficácia, ou seja, não apenas realizar de maneira certa as coisas, mas fazer a coisa certa, aquela que realmente seja relevante ao alcance dos objetivos, e no momento apropriado.

Geralmente, o que se percebe é que as pessoas no seu cotidiano vivem no chamado "piloto automático", fazendo sempre as mesmas atividades e tarefas costumeiras. Outras têm o hábito de se preocupar com a quantidade de tarefas a serem realizadas, se sentem pressionadas e ansiosas, fazem várias coisas ao mesmo tempo, são as chamadas "multitarefas". Em ambos os casos, geralmente, não existem critérios que definam a relevância das tarefas.

Isso quer dizer que, nem sempre, viver ocupado ou realizar uma grande quantidade de atividades significa produtividade. Uma pessoa pode realizar muitas tarefas durante um determinado período e não ser produtiva. Ser produtivo é, simplesmente, saber direcionar o seu tempo e atenção àquelas atividades e tarefas que são, realmente, essenciais à conquista dos objetivos.

Os consultores americanos Gary Keller e Jay Papasan, no livro *A única coisa*, afirmam que a batalha pelo caminho certo, às vezes, fica dura e frenética. Sem um método claro, para tomar decisões e identificar prioridades, recorre-se a maneiras conhecidas e confortáveis para decidir o que fazer. Como resultado, selecionam-se, atropeladamente, estratégias que enfraquecem a conquista do sucesso. A melhor decisão, muitas vezes, é trocada por qualquer outra, e o que deveria ser progresso se torna uma armadilha.

Realizações extraordinárias

No processo constante de construção da nossa realidade, nunca temos tempo suficiente para fazer tudo o que desejamos. A cada dia, temos mais coisas para fazer, atividades profissionais, projetos, responsabilidades pessoais e sociais, sem contar que temos que nos aprimorar constantemente para enfrentar as inovações e desafios do mundo moderno.

Focalizar a atenção nas prioridades não é apenas um recurso mental. É também uma estratégia de conquistas e realizações que nos permite eliminar todas as coisas irrelevantes, com o propósito de alcançarmos o sucesso e a felicidade.

Para os consultores Keller e Papasan, a força de ajustar as nossas vidas é tão grande quanto o poder das prioridades com que nos conectamos. Viva com propósito e saberá aonde você quer chegar. Viva com prioridades e saberá o que fazer para chegar lá. Quando você tem uma missão de vida, viver com prioridades torna-se fundamental.

Ao direcionar o seu foco e as suas ações às prioridades, você, com certeza, terá a oportunidade de vivenciar uma vida feliz e de realizações extraordinárias.

Referências

ARISTÓTELES. *Ética a Nicômaco*. 5. ed. Editora Martin Claret, 2011.

DAVENPORT, Thomas H.; BECK, John C. *A economia da atenção: compreendendo o novo diferencial de valor dos negócios*. 1. ed. Editora Campus, 2001.

GOLEMAN, Daniel. *Foco: a atenção e seu papel fundamental para o sucesso*. 1. ed. Editora Objetiva, 2014.

GOLEMAN, Daniel. *Liderança: a inteligência emocional na formação do líder de sucesso*. 1. ed. Editora Objetiva, 2015.

KELLER, Gary; PAPASAN, Jay. *A única coisa: o foco pode trazer resultados extraordinários para sua vida*. 1. ed. Novo Século Editora, 2016.

MAGALHÃES, Dulce. *O foco define a sorte: a forma como enxergamos o mundo faz o mundo que enxergamos*. 1. ed. Integrare Editora, 2011.

Capítulo 23

O verdadeiro líder domina a arte de escutar

Que a comunicação bem-feita é uma habilidade essencial para exercer a liderança, todo mundo sabe. Mas, muitas pessoas ignoram que, para se comunicar de maneira eficaz com a equipe, é preciso saber escutar. A prática da escuta ativa alavanca o desempenho do grupo ao promover uma eficiente conexão entre o líder e o seu time, e isso é uma das bases para a construção da liderança de sucesso

Luiz Arthur Peres

Luiz Arthur Peres

Treinador e desenvolvedor de líderes; *master coach* executivo e de negócios pela Development International (USA). *Personal & professional coach* pela Sociedade Brasileira de Coaching; jornalismo e relações públicas com MBA em *marketing* pela FGV/RJ. Atuou por mais de dez anos como executivo da área de comunicação corporativa e *marketing* de empresas globais do setor automotivo, com vivência em projetos internacionais.

Contatos
www.lacoach.com.br
www.mudetalks.com.br
luiz.arthur@lacoach.com.br
(11) 4118-4819 – Ramal 1305
(11) 98879-3003

"A arte da comunicação é a linguagem da liderança." Essa frase de James Humes, autor e redator de discursos dos presidentes norte-americanos Ronald Reagan e George Bush, resume bem a importância de um líder saber se comunicar.

A comunicação está presente em vários aspectos da rotina diária de alguém que ocupa uma função de liderança. Mas é no relacionamento com a equipe, principalmente no contato um a um, que ela se transforma em uma ferramenta estratégica para quem deseja empreender uma liderança de sucesso. Afinal, sem saber se comunicar de maneira eficaz é muito difícil conseguir converter os membros da sua equipe, de meros liderados a seguidores.

Ao conseguir inspirar e influenciar as pessoas do seu time, o gestor deixa de ser apenas um chefe e carimba o seu passaporte para se transformar em um verdadeiro líder. Segundo John C. Maxwell, ter seguidores é o que transforma um simples gerente, que usa o seu cargo para impor respeito e mostrar quem manda, em um verdadeiro líder, que inspira os outros a acompanhá-lo na sua jornada. "A principal diferença é que liderança diz respeito a influenciar pessoas para que o sigam, enquanto gerenciamento se refere à concentração na manutenção de sistemas e processos", escreveu Maxwell em seu livro *As 21 irrefutáveis leis da liderança.*

Ter seguidores significa criar um ambiente em que se promova o espírito de equipe, onde cada um se sinta valorizado e pertencente ao grupo. Dessa maneira, o líder cultiva um sentimento de responsabilidade coletiva pelos resultados, o que contribui para o crescimento de todos.

Mas, como usar a comunicação para inspirar e influenciar as pessoas e transformar os seus liderados em seguidores?

Muitos líderes, tão preocupados somente em transmitir as suas ideias, simplesmente ignoram o conceito básico da comunicação, que é o de ser um caminho de mão dupla, com um emissor e um ou mais receptores da mensagem, como explica Sonya Hamlin em seu livro *How to talk so people listen* (Fale claro para que todos entendam):

> A maioria de nós pensa no comunicar como um processo unidirecional. Ficamos totalmente envolvidos no que estamos dizendo, como estamos dizendo, que

> escolhas nós devemos fazer para se comunicar melhor. Mas, no nosso zelo para alcançar o nosso objetivo e transmitir a nossa mensagem aos outros, esquecemos que, no outro extremo da nossa mensagem, existe um outro – alguém com seus próprios objetivos, seu próprio zelo e suas próprias preocupações.

Ao ignorar a importância do papel do receptor, com todas as suas particularidades, acaba-se negligenciando um dos elementos mais importantes no processo de comunicação, que é a escuta. Sem ouvir, realmente, o que o outro também quer transmitir, dificilmente o líder conseguirá criar uma conexão forte e saudável com a sua equipe.

Segundo Maxwell, em seu livro *Todos se comunicam*, poucos se conectam, não é possível ser um bom líder sem saber escutar:

> Ninguém pode chegar ao nível mais alto e levar junto a sua organização se não é capaz de ouvir os outros. Isso simplesmente não acontece, pois você nunca consegue extrair o melhor de sua equipe se não sabe quem são as pessoas que a compõem, aonde elas querem chegar, com o que se preocupam, como pensam e que tipo de contribuição podem oferecer. Só dá para descobrir essas coisas quando há disposição de ouvir.
>
> (John C. Maxwell, 2015)

Mas, o que é saber ouvir?

É a capacidade de escutar na essência e estar, realmente, disposto a entender o que o outro tem a dizer, consciente ou inconscientemente. Isso se dá por meio da prática da escuta ativa. Esse termo, criado pelo psicólogo norte-americano Carl Rogers na década de 50, denomina um processo dinâmico em que se decide, conscientemente, entender o significado amplo do que está sendo dito e não apenas as palavras isoladamente.

A prática da escuta ativa cria *rapport* entre o líder e os integrantes do time que, ao se sentirem ouvidos e compreendidos, se motivam a contribuir mais com as suas ideias. Dessa maneira, o trabalho em equipe e o relacionamento interpessoal são naturalmente estimulados, criando uma conexão mais forte e genuína entre o líder e o time. Isso significa um ambiente com menos conflitos, maior fluidez de informações, menos ruídos de comunicação e, consequentemente, menos retrabalho.

E você? Se considera um bom ouvinte?

Convido você a fazer esse rápido teste que vai ajudá-lo a refletir como anda a sua capacidade de ouvir na essência. Basta responder, de maneira mais sincera possível, a cada uma das seguintes sentenças, de acordo com o seu grau de identificação:

1. Em uma conversa, você fala mais do que seu(s) interlocutor(es)?
Sim □ Não □

2. Interrompe o outro antes que ele tenha terminado de falar?
Sim □ Não □

3. Tem dificuldade para se concentrar nas ideias que estão sendo expostas, independentemente do tema da conversa ser interessante ou não?
Sim □ Não □

4. Fica pensando no que quer falar, em vez de prestar atenção na conversa?
Sim □ Não □

5. Julga, tira conclusões e forma opiniões antes mesmo que o interlocutor tenha terminado de falar?
Sim □ Não □

Se você não se identificou com nenhuma das situações descritas acima e não selecionou nenhuma alternativa "sim", parabéns! Você já pratica a escuta ativa e não tem dificuldade em entender o significado amplo do que os seus interlocutores querem lhe transmitir.

Já se a opção sim foi escolhida para, pelo menos, uma das afirmações, significa que há espaço para você aprimorar a sua capacidade de ouvir na essência. A boa notícia é que praticar a escuta ativa é algo que pode, e deve, ser treinado, independentemente do nível em que o líder se encontre.

Empoderando a sua escuta ativa

Ao contrário do que a maioria das pessoas pensa, ouvir não é um comportamento passivo. A seguir, algumas atitudes que vão ajudar você a melhorar a sua capacidade de escutar e que foram agrupadas em cinco pilares principais: empatia, não julgamento, interesse, linguagem não-verbal, controle da ansiedade e técnica de perguntar e parafrasear.

Crie empatia

Para o psiquiatra Carl Rogers, ser empático é ver o mundo com os olhos do outro e não ver o nosso mundo refletido nos olhos dele. Ou seja, criar empatia é ter a capacidade de experimentar o que a outra pessoa sentiria se você estivesse na mesma situação vivenciada por ela.

Durante a comunicação, procure sentir, de forma objetiva e racional, o mesmo que o outro está vivendo naquele momento, a fim de tentar compreender não só os seus sentimentos, mas também emoções, necessidades, motivações, expectativas e valores. Colocar-se no lugar da outra pessoa ajuda a entender melhor o assunto em questão e permite que você mergulhe mais a fundo na situação.

Não julgue

Evite emitir julgamentos e tirar conclusões precipitadas sobre as informações transmitidas. Respeite outras opiniões, emoções, sentimentos e experiências. Faça um esforço para, naquele momento, dissociar-se ao máximo das suas crenças, ideias, conceitos, atitudes e valores, de maneira a evitar comparações da situação da pessoa com a sua referência mental. O ideal é ouvir o outro sem preconceitos, aceitando-o como ele é, sem cair na tentação de assumir o papel de juiz para avaliar o que é certo ou errado. Você não precisa concordar com tudo o que está sendo dito, mas mantenha sempre uma postura neutra e de respeito.

Mostre interesse

Concentre-se ao máximo em quem está se comunicando com você. Essa pode parecer uma dica óbvia, mas, segundo Sonya Hamlin, precisamos de apenas 15% da capacidade do cérebro para processar e entender o que uma pessoa quer nos falar. Isso quer dizer que os outros 85% de potencial estão ociosos e livres para serem preenchidos com os mais diversos pensamentos que podem desviar a atenção do tema em questão e comprometer o processo de escuta.

Mantenha-se atento e mostre real interesse pelo que está acontecendo naquele momento. Deixe claro que quer compartilhar com o interlocutor o assunto que está sendo tratado. Não permita interrupções externas e, sempre que possível, escolha um local mais tranquilo para a conversa, onde não haja muitas distrações. Se estiver diante do seu computador, evite ficar olhando para a tela e mantenha o celular no modo silencioso.

Utilize a linguagem não verbal

Mantenha-se atento ao modo como o seu corpo fala quando você se comunica com a equipe. Mais de 90% da comunicação são feitos pela linguagem não verbal, segundo estudos do psiquiatra Albert Mehrabian. Por isso, para deixar claro o seu interesse pelo diálogo, utilize de forma positiva os seus gestos, postura, tom de voz e expressões.

Evite adotar uma postura tensa ou defensiva. Algumas atitudes básicas ajudam a transmitir uma mensagem não-verbal positiva como, por exemplo, manter sempre contato visual, falar em tom amigável e fazer suaves acenos com a cabeça, para mostrar que está acompanhando o que está sendo dito pela outra pessoa. Você pode também manter, sempre que possível, o corpo levemente inclinado em direção ao seu interlocutor, que é outra demonstração de atenção ao que está sendo dito.

Controle a ansiedade

Não se deixe levar pela ansiedade de tentar adivinhar o final de uma história contada por outra pessoa, com base no seu entendimento. Concentre-se no que está sendo dito e deixe que o outro conclua a sua argumentação sem interrupções. O controle da ansiedade é importante, pois ela tira a concentração e desvia o foco de detalhes que podem ser importantes para a perfeita compreensão da mensagem. Além disso, com esse comportamento, você corre o risco de passar a imagem de que está mais preocupado em mostrar que sabe o final da história do que, propriamente, interessado no que a outra pessoa tem a dizer.

Faça perguntas e use a técnica de parafrasear

Faça perguntas para certificar-se de que a mensagem recebida foi assimilada corretamente e para ter mais informações sobre o tema em questão. Prefira as perguntas abertas – aquelas que não podem ser respondidas simplesmente com um sim ou não – que estimulam o aprofundamento do tema e ajudam no seu entendimento. Porém, não interrompa o seu interlocutor. Aguarde uma pausa na história para fazer o seu questionamento.

Outra forma de certificar-se de que a mensagem foi entendida é com o auxílio da técnica de parafrasear. Recapitule com ele, de forma resumida, alguns pontos abordados durante a conversa. Não é necessário repetir exatamente o que a outra pessoa disse. Você pode usar as suas palavras, desde que representem, sem julgamento, o que foi dito. Lembre-se de que essa técnica é utilizada para as informações que, efetivamente, foram verbalizadas por quem está se comunicando com você. Aqui não se trata dos seus sentimentos e percepções sobre o assunto.

As práticas de fazer perguntas e de parafrasear reforçam que você está prestando atenção na conversa e tem mesmo interesse no ponto de vista da outra pessoa. Além disso, ajuda o seu interlocutor a clarear os próprios pensamentos.

Como foi visto, saber ouvir na essência é uma habilidade que pode ser desenvolvida por qualquer pessoa, sem pré-requisitos ou necessidade de algum conhecimento prévio. E que, por outro lado, traz grandes benefícios para quem quer exercer uma verdadeira liderança de sucesso. Afinal, ao adotar a escuta ativa como um dos pilares do seu processo de comunicação, o líder cresce como pessoa e como profissional e cria um diferencial competitivo que vai impactar positivamente nos resultados do time e no seu próprio desempenho.

Referências

HAMLIN, Sonya. *How to talk so people listen.* New York (U.S.A.): Harper & Row, Publishers, 1988.

MAXWELL, John C. *As 21 irrefutáveis leis da liderança.* Rio de Janeiro: Thomas Nelson Brasil, 2007.

MAXWELL, John C. *Poucos se conectam*. Rio de Janeiro: Thomas Nelson Brasil, 2010.

ROSENBERG, Marshal B. *Comunicação não violenta: técnicas para aprimorar relacionamentos pessoais e profissionais*. São Paulo: Editora Ágora, 2006.

Capítulo 24

Planejar é fundamental, mas, sem execução, há frustração!

Como colocar em prática aqueles projetos que estão engavetados há tempos? Neste artigo, com o auxílio de sete etapas poderosas, você encontrará uma estratégia sensacional para evitar a frustração da "não realização"

Marcelo Simonato

Marcelo Simonato

Graduado em administração de empresas pela Universidade Paulista (UNIP); pós-graduado em finanças empresariais pela Fundação Getulio Vargas (FGV); MBA em gestão empresarial pela La Salle University na Philadelphia, EUA. Mais de 20 anos de experiência profissional em grandes empresas nacionais e multinacionais em cargos de liderança. Já realizou diversos treinamentos nas áreas de liderança e comportamento humano. É escritor, palestrante, especialista em desenvolvimento profissional e alta *performance*. Atua com treinamentos e palestras em todo o território nacional. Idealizador e presidente do grupo Palestrantes do Brasil.

Contatos
www.marcelosimonato.com
contato@marcelosimonato.com
Facebook, Instagram e YouTube: Marcelo Simonato Palestrante
(11) 98581-4144

Olá, amigo leitor, é com muita alegria que disponibilizo este conteúdo que o impulsionará a obter metas atingíveis. Você está preparado para o desafio de executar aquilo que planeja? Então, vamos lá!

Mas, antes de prosseguir, gostaria de compartilhar com você o pensamento de Vicente Falconi: "sonhar grande dá o mesmo trabalho que sonhar pequeno". Logo, do micro para o macro: estipule metas e objetivos, por fim, execute-os!

Como colocar em prática aqueles projetos que estão engavetados há tempos? Gostaria de apresentar uma ferramenta denominada *Canvas*. Ela é utilizada para retirar os projetos do papel e torná-los reais em curto espaço de tempo.

O *Canvas* é uma das ferramentas mais atuais para ajudá-lo a visualizar e concretizar os seus objetivos. E, a boa notícia é que, por meio de sete fases, você poderá executar os seus planos de uma vez por todas, sem a terrível sensação de frustração.

O ponto de partida do Canvas

A fim de prosseguir para o alvo, o de executar os seus projetos, separei algumas informações essenciais para compreender o funcionamento da metodologia, por meio de quatro princípios:

- **Visual:** contribui na assimilação completa dos projetos e proporciona um cenário geral do quadro;
- **Otimizar o tempo:** mapeamento utilizado para medir um dos recursos mais importantes e escassos: o tempo;
- **Passo a passo:** fluidez de trabalho para seguir uma sequência de raciocínio lógico;
- **Estruturação:** elaboração de um suporte consistente para alcançar o objetivo definido.

A metodologia e suas etapas

Sonho: todo objetivo se inicia por um sonho;
Refletir: por meio da reflexão é possível definir um objetivo concreto e realista;

Resolver: transformar um sonho em realidade desenhando um objetivo que seja atingível e realista;

Definir: por intermédio de metas que podem ser de três a cinco anos no máximo;

Fragmentar: definir as metas e submetas, viabilizando o alcance do objetivo;

Medir: criar indicadores de medidas e de controle das metas e submetas;

Objetivo: escrever e declarar o objetivo fará com que você assuma o compromisso, isso reduzirá a desistência e, consequentemente, a frustração. Anthony Robbins disse:

> Não há necessidade de pôr qualquer limite no que é possível. É claro que isso não significa jogar sua inteligência e bom senso pela janela. Se você tem um metro e meio de altura, não tem sentido decidir que sua meta é ganhar o campeonato de vôlei. Por mais que você tente, isso não acontecerá (a não ser que ande bem em pernas de pau). Além disso, você estará desviando suas energias de onde podem ser mais efetivas. Todavia, encarando com inteligência, não há limites para os efeitos possíveis para você.

Por isso, na hora de iniciar o seu quadro dos sonhos, seja realista e leve em conta os seus talentos e habilidades para executá-los com assertividade e não gastar energia em projetos que não são efetivos, ok? Vamos agora entender cada fase, acompanhe:

Fase 1: sonho

A primeira fase tem base na designação de um sonho, seja ele qual for, e em escrevê-lo ao lado da parte superior esquerda do quadro. Alguns sabotadores mentais, talvez, tentem impedi-lo de escrever os seus sonhos, dizendo que "essa dinâmica é tolice", "acreditar em um sistema como esse é besteira" etc.

Entretanto, bloqueie, imediatamente, tais pensamentos sabotadores e entenda a importância de ter e escrever os seus sonhos. Daniel Ramos disse: "nenhum sonho é tolo se é imaginável. E se é imaginável é alcançável, sendo alcançável, logo, há razões lógicas para acreditar e investir". Além disso, o método *Canvas* se inicia nessa primeira fase.

Fase 2: refletir

Se você é uma pessoa imediatista e impulsiva, chegou a hora de "pisar no freio", desacelerar e refletir. Nessa etapa, é imprescindível que você destine tempo para refletir sobre quatro fatores na realização dos seus objetivos, sendo eles: missão, visão, crenças e estratégia. Se você quiser derrubar uma árvore na metade do tempo, passe o dobro do tempo amolando o machado.

Fase 3: resolver

Na terceira fase, você deve elucidar e exemplificar possíveis situações que se inclinam a afetar o seu projeto, bem como os elementos que poderão resolvê-los. Lembre-se de que, ao preencher o quadro, é necessário identificar as suas competências e habilidades, mas levando em conta todos os pontos.

Fase 4: definir

A quarta fase é particularmente importante, e merece certo destaque. É nessa etapa que você deve iniciar as suas anotações, ou seja, é o momento de escrever metas. Comece por três, não tenha pressa e nem se assuste com a grandeza dos seus objetivos.

Fase 5: fragmentar

Você deverá elaborar submetas. Em suma, essa fase representa a fragmentação das metas estipuladas na quarta etapa, e tem como principal objetivo oferecer uma visão mais profunda do processo como um todo. Por exemplo, se você tem como meta emagrecer dez quilos, suas submetas devem ser:

- Caminhar 40 minutos;
- Eliminar o açúcar;
- Consultar-se com um nutricionista.

Fase 6: medir

Nesse estágio, o seu *mindset* já deve estar sofrendo alterações. Continue firme em seu propósito e não se autoboicote no processo. Chegou a hora de criar indicadores, vamos lá?

Nesse momento é necessário mensurar uma meta para que ela seja alcançada com sucesso. Burlar essa etapa afetará diretamente a criação de um objetivo realista e a adesão de estratégias efetivas.

Fase 7: objetivo

Ufa, chegamos à última etapa – e mais importante – denominada até mesmo como próximo nível. É o grande momento de estabelecer os seus objetivos. Essa afirmação deve ser construída de forma clara e objetiva.

Nesse estágio do *Canvas*, sugiro que você observe o quadro e perceba a importância de cada uma dessas fases para a realização de seus objetivos. Reflita, leia e escreva cada uma das informações para fixá-las em sua mente como metas atingíveis. Quando elas estiverem realmente claras, você se sentirá ainda mais familiarizado e motivado para executá-las!

Essas são as sete etapas para executar os seus planos e sair da zona de conforto ou procrastinação rumo ao próximo nível. Monte o seu quadro com base em seu estilo e perfil e se lembre: quanto mais realização pessoal e profissional houver, menor será a angústia e frustração.

A frustração somente baterá em sua porta se ela não encontrar a execução atuando. Pense nisso e se mexa já!

Sobre a procrastinação

Agora que você já aprendeu como utilizar o método *Canvas*, o próximo tópico que deverá eliminar de sua vida profissional agora mesmo é um assunto clichê, a tal da procrastinação.

Virou moda falar essa palavra, a ouvimos por todos os cantos, entretanto, o fato é que, enquanto muitos profissionais brincam de deixar para amanhã aquilo que podem fazer hoje, a procrastinação vai se alastrando como uma "peste entre os cafezais".

O postergar costuma chegar bem silencioso, quase imperceptível, mas quando menos imaginamos, esse comportamento se torna constante, ao ponto de afetar diversas áreas de nossa vida, principalmente a profissional.

Sentimentos como descontentamento, ansiedade, irritação e depressão são consequências de uma vida repleta de "amanhã eu faço". Esses profissionais chegam ao ponto de se depararem com a frustração na carreira, uma vez que tais pessoas não conseguem nenhum tipo de progresso.

Segundo especialistas, existem duas classes de procrastinação entre os profissionais:

1. Pessoas que prorrogam seus planos por hábito, acreditando que agir naquele momento será mais doloroso do que adiar;
2. Pessoas que postergam sonhos, porque gastam energias neurais em atividades irrelevantes, acabam não encontrando ânimo para focar naquilo que realmente interessa.

A Revista Exame®, de Outubro de 2018, mostrou que "o cérebro gasta de 20% a 25% de toda a nossa energia, portanto tudo que ele puder fazer para economizar energia, ele fará para a sobrevivência do organismo". Como os armazenamentos energéticos são limitados, e o foco não se sustenta por muitas horas, a neurocientista Thais Gameiro aconselha a se concentrar naquilo que realmente é relevante para poder concretizar seus projetos e deixar de adiá-los.

Em suma, a procrastinação não é apenas "falta de interesse, mas, em alguns casos, falta de energia neural para executar". Dessa forma, é imprescindível que você, que deseja atingir os seus objetivos e realizar os seus sonhos, entenda a maneira certa de focar suas energias para não ser um procrastinador.

E, qual é a solução?

Você sabia que a multitarefa é um grande aliado da procrastinação? Segundo a neurociência: "ser multitarefas não funciona", "ninguém consegue fazer várias coisas ao mesmo tempo; o cérebro só tem um filtro e ele só presta atenção em uma coisa de cada vez". Por isso, amigo leitor, querer "abraçar o mundo" acabará, sem dúvida, em procrastinação. Faça uma coisa de cada vez bem-feita, essa é uma grande solução para dar o primeiro passo.

Foque suas energias neurais nos propósitos relevantes, até que você conquiste os seus objetivos. E, consequentemente, você não abandonará a obra pela metade e nem deixará para amanhã aquilo que pode resolver hoje. Esqueça a mentalidade sabotadora do "amanhã eu faço" e dê um passo adiante em sua carreira como um profissional extraordinário.

Referências

OLIVEIRA, Milton de. *Energia emocional.* Makron Books, 2000.

ROBBINS, Anthony. *Passos de gigante*. 1. ed. BestSeller, 2017.

______. *Poder sem limites*. BestSeller, 2017.

SEGAL, Jeanne. *Aumentando sua inteligência emocional.* Rocco, 1998.

Capítulo 25

Preciso me desenvolver, a questão é: como?

Os líderes têm um papel importante no sucesso ou fracasso das empresas e organizações. Porém, como conseguem um bom desempenho? Conheça, neste capítulo, algumas verdades, inimigos e princípios que impedem o alcance de uma liderança de alta *performance*

Mário Kaschel Simões

Mário Kaschel Simões

Palestrante – John Maxwell Team, e escritor internacional nas áreas de comunicação, motivação, relacionamentos, desenvolvimento pessoal e liderança. Já ministrou palestras no Brasil, África do Sul, Argentina, Itália, Cingapura, Malásia, Romênia, Índia, Estados Unidos, Porto Rico e Havaí, para mais de 135 mil pessoas, desde 2013. Docente internacional do Haggai International; fundador da EIPG (Escola Internacional Preparando Gerações); foi relações públicas do Consulado Americano de São Paulo; acadêmico da APEL; formado em jornalismo pela Louisiana State University, nos EUA.

Contatos
www.mariosimoes.com
contato@preparando.com.br
Facebook, LinkedIn e Instagram: marioksimoes
WhatsApp: +55 (11) 95267-1236

Certo jovem foi procurar uma vidente, para que pudesse ver o seu futuro. Depois de entrar na tenda e assentar-se, ela olhou para uma bola de cristal e disse:

— Você será pobre e infeliz até os 40 anos.

Então, ele perguntou:

— E depois, o que acontecerá?

Ela respondeu:

— Depois, você ficará acostumado!

Quantas pessoas têm uma história semelhante a essa? Vivem uma vida medíocre, improdutiva, são infelizes e acabam se acostumando?

Meu mentor, Dr. John Maxwell, declarou: "tudo sobe ou desce, cresce ou desaparece devido à liderança". Uma boa liderança faz as coisas acontecerem. Uma liderança ruim é capaz de sabotar o crescimento ou destruir o que já foi construído.

Os líderes têm um papel de suma importância no sucesso ou fracasso das empresas e organizações. Porém, o segredo que garantirá o sucesso deles é a habilidade de continuar se autodesenvolvendo. É preciso ter para dar, saber para orientar, e conhecer para compartilhar.

É muito importante que o líder invista no seu autodesenvolvimento, sem isso, ele e a organização que lidera estarão fadados ao fracasso. Se você é esse tipo de líder, deve estar pensando: é óbvio que preciso me desenvolver, a questão é: como?

Neste capítulo, quero apresentar algumas verdades, inimigos e princípios para o seu crescimento e desenvolvimento pessoal.

Verdades sobre o seu desenvolvimento

"As pessoas desejam melhorar suas circunstâncias,
porém não estão dispostas a melhorar a si mesmas.
Portanto, elas permanecem aprisionadas!"
James Allen

O desenvolvimento não é algo natural, ninguém se desenvolve por acaso. As pessoas envelhecem de modo natural, mas elas não ficam melhores da mesma forma.

É preciso ser intencional quanto ao seu desenvolvimento. Toda a criação de Deus alcança o seu potencial máximo, com exceção do ser humano.

Você nunca viu palmeiras de sete metros de altura, todas enfileiradas, e uma com apenas dois metros, porque decidiu que não iria crescer.

Também nunca viu girafas adultas de quatro metros de altura, e uma com apenas um metro e meio, porque ficou com preguiça de crescer.

O crescimento dos vegetais, dos animais e até mesmo do corpo humano é algo natural. Porém, o do ser humano é intencional!

"Vou deixar como está para ver como fica." Essa é a mentalidade daqueles que não crescem, não produzem e nada realizam. O seu desenvolvimento requer investimento.

> "Você paga um preço para se desenvolver, porém paga um preço maior ainda para permanecer como está!"

Um dos departamentos mais importantes de uma empresa é o P&D (Pesquisa e Desenvolvimento).

Nenhuma criação ou inovação de um produto, como o *iPhone*, carro ou avião, foi desenvolvida sem investimento. É necessário investir para desenvolver, assim como é preciso plantar para colher!

Se você continuar como está, quanto vai custar a sua saúde, o seu casamento, a sua família e o seu trabalho?

Quais os benefícios que surgirão pelo fato de você assumir a responsabilidade de seu desenvolvimento? Quais as consequências de se tornar a pessoa maravilhosa que Deus sonhou?

Inimigos do seu desenvolvimento

> "Não permita que as limitações do presente sufoquem as possibilidades do seu futuro!"

Eis alguns inimigos de seu desenvolvimento. Você precisa lutar, pois eles batalham diariamente contra o seu progresso.

1. Acomodação

Um dos problemas é ficar acomodado na zona de conforto. No momento em que você para de crescer, começa a regredir. A sua acomodação deve incomodá-lo.

2. Procrastinação

Pare de empurrar com a barriga. Não deixe para amanhã o que pode fazer hoje. Na maioria das vezes, o amanhã nunca chega, e o presente acaba sendo sabotado e desperdiçado.

3. Medo

O medo de fracassar é um dos piores inimigos do ser humano. Existe um receio doentio do que as pessoas irão falar de você, se o projeto não der certo. O medo paralisa o sonho antes mesmo dele ser realizado, e aborta o bebê antes de ter a oportunidade de nascer. Lembre-se:

M.E.D.O. é a Maneira Errada De Operar.

4. Opiniões

Não se preocupe com o que os outros acham ou deixam de achar sobre o seu potencial, projeto ou futuro. É fácil falar e criticar, o difícil é fazer e criar. Ouça menos a voz dos outros e mais a de Deus. Não deixe também de ouvir a do seu coração e a de algumas poucas pessoas que o motivam. Você e esse pequeno grupo que acredita no seu potencial são a maioria.

Princípios para o seu desenvolvimento

1. Assuma a responsabilidade pelo seu desenvolvimento

A responsabilidade não é de seus pais, da escola, de seus professores, de seu gerente, de sua empresa e, muito menos, do governo! A responsabilidade é sua e de ninguém mais!

Quando éramos criança, outros eram responsáveis por nossas escolhas, porém, quando nos tornamos jovens e adultos, começamos a colher os resultados de nossas escolhas, ou seja:

Você colhe o que escolhe!

2. Separe um tempo e procure um lugar para pensar

Refletir é uma das atividades mais importantes de seu crescimento pessoal. Se você está no caminho errado, precisa parar, refletir e mudar de direção. A reflexão tem o poder de transformar os sofrimentos do passado em ensinamentos para o futuro. Pergunte: "quais as lições que aprendi com isso?", "o que vou fazer agora?".

"Tenha paciência! Tudo é difícil até que se torna fácil!"
Saadi

3. Procure ter novas ideias

O seu futuro depende de seu crescimento pessoal. Ao expandir a sua mente, você também expande os seus horizontes, as suas opções, oportunidades e o seu potencial. Desenvolver-se significa abrir a sua mente para outras ideias que produzirão melhores resultados.

> Quem você é e o que faz são o resultado dos pensamentos que ocuparam a sua mente no passado. Porém, quem você será e o que fará serão o resultado dos pensamentos que ocuparem a sua mente no presente.
>
> Zig Ziglar

Como é gerada uma ideia? Você precisa expectar o melhor! Assim como o bebê é o resultado da fecundação de duas sementes, uma masculina e outra feminina, todo novo projeto é o resultado da união de dois pensamentos: a ideia e a possibilidade.

É assim que as invenções, negócios, produtos, relacionamentos e sonhos são criados. Uma vez gerados, eles começam a crescer dentro de nós. Essa experiência cria em nossa mente e coração um sentimento novo e prazeroso chamado expectativa.

4. *Pay now. Play later*

Pague o preço agora e desfrute dos benefícios depois. Isso é gratidão adiada, e se aplica a todas as áreas de sua vida. Você precisa pagar o preço nos estudos e na saúde, para depois desfrutar de seus benefícios. Porém, se você não pagar o preço agora, depois ele será bem mais caro, ou impagável.

"Antes de ser e ter, você precisa ler!"

Em meu último livro *A trilha dos vencedores*, Ádamas, um dos personagens principais dessa ficção, fala sobre a importância da leitura no desenvolvimento humano:

> Este livro é uma fonte de inspiração para fortalecer a minha vida. Ele me ajuda a desenvolver uma atitude positiva para enfrentar os desafios do dia a dia e vencer nessa trilha chamada vida. Na realidade, somos aquilo que pensamos e cremos. Portanto, precisamos alimentar a nossa mente com pensamentos e princípios de vida, superação, amor e paz.

Você também já chegou à conclusão de que é óbvio que precisa se desenvolver? Não é só óbvio ou possível, mas também necessário! Continue crescendo e liderando!

Referências

SIMÕES, Mário Kaschel. *Meu trabalho, meu ministério*. p. 41. Preparando Recursos, 2017.

SIMÕES, Mário Kaschel. *A trilha dos vencedores*. pp. 47-63. Preparando Recursos, 2018.

Capítulo 26

Ler contribuirá para o seu sucesso, mas, por quê?

Conhecimento é poder! Neste capítulo, você entenderá por que ler é tão importante. Se você deseja alcançar sucesso nas áreas pessoal e profissional, encontrará nas informações de grandes livros o conhecimento necessário para realizar uma transformação em sua vida. Pessoas que têm por hábito ler estão à frente das outras. Aproveite a leitura e sucesso!

Mauro Moraes

Mauro
Moraes

Palestrante comportamental, escritor, treinador de líderes e consultor de qualidade de vida. Criador da metodologia T3P – Transformando-se em 3 Passos. Bacharel em esporte pela USP; pós-graduado em administração e *marketing* esportivo, e técnico em gestão empresarial, com experiência de mais de 23 anos em cargos de liderança e treinamento de suas equipes.

Contatos
www.mauromoraespalestrante.com.br
contato@mauromoraespalestrante.com.br
Facebook: mauromoraesconsultor
Instagram: mauromoraesconsultor
YouTube: mauromoraesconsultor
(11) 98152-3620

Você possui o hábito da leitura? Costuma, todos os dias, abrir as páginas de um bom livro e se deixar viajar no mundo da fantasia? Ler as letras que formam as palavras que, por sua vez, criam frases e, finalmente, constroem os parágrafos... um grande conjunto de sinais literários capaz de transformar a sua vida!

Você tem à disposição diversos temas, conceitos, ideias, informações, talvez livros técnicos, de ficção, de autoajuda, ou, se preferir, infantis, poesias ou religiosos. Todos com o poder fantástico de conduzir você aos mundos inimagináveis do conhecimento, por meio de uma boa literatura.

> "Você será exatamente a mesma pessoa que é hoje daqui a cinco anos, exceto pelas pessoas que tiver conhecido e pelos livros que tiver lido."
> Charlie Tremendous Jones

É tão bom ter o hábito da leitura! Entretanto, 44% da população brasileira não lê e 30% nunca compra um livro – apontamentos da pesquisa intitulada Retratos da Leitura de 2016.

Outra pesquisa global realizada pela empresa GFK em 17 países, em 2017, constatou que 27% da população brasileira afirma se dedicar à leitura de livros apenas uma vez por semana e 47% não possui o hábito da leitura.

É óbvio que a leitura é importante para alcançar o sucesso profissional, e o meu desejo neste artigo é despertar em você, leitor, cujo hábito de ler é inexistente, a consciência do quanto está perdendo de oportunidades para ampliar o seu conhecimento de aprendizado para novas conquistas, de crescimento interior para melhor desenvolver as suas habilidades e trilhar um caminho de sucesso.

Mas, espera aí! Você está lendo este artigo! Então, após ler este livro, que tal emprestá-lo? Isso mesmo, não o deixe largado na prateleira, empoeirando, amarelando; faça a diferença na vida de uma pessoa que admira. Vamos juntos despertar o interesse de todos pela leitura.

Mário K. Simões, em sua obra *A trilha dos vencedores*, nos ajuda a entender esse conceito:

> Tudo o que lemos e aprendemos irá influenciar

> nossos pensamentos, crenças e ações, que, por sua vez, determinarão quem seremos no futuro. Portanto, desenvolvam o hábito da leitura e continuem aprendendo durante toda a vida. Todos estes ensinamentos os levarão a ser mais do que vencedores!

A seguir, apresento diversas justificativas para você continuar com o hábito da leitura! Eu disse continuar, pois, se está lendo agora, já iniciou o processo de inspiração e força de vontade para conquistar na vida todo o sucesso que desejar.

1- Conhecimento e desenvolvimento

O conhecimento é o primeiro pilar para o sucesso profissional. E quais são as fontes para buscarmos conhecimento e informações para o nosso desenvolvimento pessoal e profissional? Indubitavelmente, uma das melhores fontes para aquisição de conhecimentos gerais é a leitura de bons livros! Por exemplo, a leitura de biografias de profissionais de sucesso nos oferece a oportunidade de aprendermos com pessoas que já trilharam caminhos vitoriosos; permite-nos o acesso às dicas e ferramentas que nos ajudarão a criar o nosso próprio plano de ação, evitando os mesmos erros que muitos deles cometeram.

A leitura aumenta a nossa capacidade de compreensão e de aprendizado, além de melhorar a memória, pois exercitamos o nosso cérebro quando lemos e memorizamos uma informação nova. Com a leitura, melhoramos também a fala e a escrita, pois esse hábito resulta também no aumento do nosso vocabulário.

Dica prática: em minha palestra, *As 7 estratégias para alcançar o sucesso profissional*, falo que devemos reservar seis horas semanais para o aprendizado, dividindo-as em três para a leitura de conteúdos relacionados à área de atuação e as outras três para o aperfeiçoamento em outras que oferecerão o suporte para se alcançar o objetivo pretendido. Com isso, você acumulará 24 horas mensais e 288 horas anuais em prol do aumento de sua capacidade de perícia e de suas aptidões, sendo mais valorizado no mercado de trabalho, por se tornar um especialista.

"A mente que se abre a uma nova ideia jamais voltará ao seu tamanho original".
Albert Einstein

2- Criatividade e imaginação

Esse é um dos principais benefícios da leitura. Estimula a sua imaginação. Um livro tem o poder de criar em sua mente a ideia do seu autor. Então, você, leitor, acompanhará em cada palavra, em cada frase, em cada parágrafo, a construção de cenários magníficos. No livro *Segredos de alto impacto*, Marcelo Simonato reforça esta tese: "a leitura nos abre a mente para o mundo e nos leva a lugares que talvez jamais possamos ir fisicamente".

Ler facilita pensarmos diferentes, "fora da caixa", estimula o cérebro a se desenvolver, criando novas conexões neurais. Ler é uma atividade mental, pois você pensa e usa mais a sua imaginação, aumentando, assim, a criatividade.

Dica prática: ao ler uma obra, esteja sempre com a mente aberta para novas ideias, novos conceitos; realize associações com o seu conhecimento já adquirido e observe a possibilidade de ampliação do seu *know-how*. Faça anotações, resumos, mapas mentais para ajudar na fixação dos conceitos.

3- Desacomodação

Você conhece alguém na zona de conforto que possui o hábito da leitura? É difícil, mas, se conhecer, por favor, apresente-a! As pessoas com conhecimento entendem o conceito da autorresponsabilidade, crença de que somente você é o responsável pelos resultados alcançados em sua vida, e não terceirizam suas atitudes, colocando em prática as ações que as levarão a atingir suas metas.

Como tais pessoas estão sempre agindo e interagindo, movimentando-se sempre em busca do novo, não ficam presas aos conceitos ultrapassados. Além disso, zona de conforto não existe para elas, pois são, constantemente, inovadoras, desafiadoras e perseverantes para atingir novas conquistas!

Dica prática: mantenha sempre muito claro em sua mente as metas de curto, médio e longo prazo. Assim, você estará criando e facilitando, diariamente, planos de ação com os objetivos a serem alcançados. Diariamente, execute tarefas e mantenha atitudes que aproximam você da realização de suas metas.

4- Aumento do entusiasmo e da confiança

Você melhor entenderá o que acontece a sua volta quanto mais conhecimento obtiver; sendo capaz de controlar as variáveis do cotidiano, consequentemente, aumentará o seu entusiasmo, uma vez que ficará mais confiante para realizar tarefas e programar ações visando aos seus objetivos.

Então, lembre-se sempre de realizar atividades relacionadas ao seu propósito de vida e que lhe tragam prazer e mais energia. Agindo assim, ganhará maior entusiasmo na realização de tarefas que resultem em fatores positivos nas diversas áreas de sua vida.

Dica prática: todos os dias, antes de dormir, reserve dez minutos para analisar como foi o seu dia. Responda às seguintes perguntas: "o que eu aprendi hoje?"; "qual foi a melhor coisa que me aconteceu?"; "o que posso realizar amanhã, para aumentar a minha produtividade?". Ao planejar o dia seguinte, programe a execução de três atividades importantes que o aproximem de seus objetivos tanto pessoais quanto profissionais.

5- Relacionamentos

As pessoas que possuem o hábito da leitura estão mais "antenadas" ao que acontece no mundo, em diversas áreas, como economia, política, artes etc. Quanto mais ler, mais você se tornará uma pessoa interessante, devido ao *know-how* adquirido para argumentar sobre assuntos diversos, trocando ideias ou até mesmo ensinando sobre determinada questão.

A base do conhecimento adquirida pela leitura, além de outros benefícios, também pode ser um motivo a mais para manter relacionamentos mais saudáveis, considerando que o indivíduo que possui melhor poder de argumentação, maior capacidade de discutir ideias com sabedoria, certamente conquistará a simpatia de muitos outros.

Podemos diferenciar três tipos de relacionamentos:

Relacionamento íntimo: a base de um casamento harmonioso é o diálogo. Se os casais possuírem um bom nível de conhecimento, cujo conteúdo denote, na prática diária, padrão de comportamento positivo, saudável, a comunicação será muito mais produtiva, resultando no fortalecimento da união.

Relacionamento com os filhos: os filhos estão mudando a cada geração! O acesso à informação, de modo geral, fica cada vez mais fácil, mais rápido e, em algumas situações, preocupante. Os pais precisam estar preparados para compreender essa evolução, entendendo, ainda, a necessidade de aperfeiçoamento de seus argumentos, para melhor conscientizar, educar, construir diálogos construtivos e convincentes com os filhos, a fim de evitar desvios no caminho da vida. E isso só acontecerá caso se mantenham atualizados, conhecendo as características da Geração Y, Z, Alpha.

Relacionamento com os amigos: com certeza, você deve preferir a companhia de uma pessoa com conteúdo ou nível de conhecimento que lhe proporcione bem-estar, prazer em trocar ideias ou discutir assuntos relevantes. Uma boa conversa com um amigo que domina o assunto daquilo que fala é sempre muito bom, não é mesmo? Então, fique atento, pois os seus amigos também devem achar a mesma coisa quando conversam com você.

Outros benefícios:

• Ler expande a sua visão do mundo e contribui para o seu desenvolvimento pessoal, tornando-o um ser humano cada vez melhor. O acesso às experiências vividas por outras pessoas pode transformá-lo num indivíduo mais tolerante e compreensivo, mais resiliente e mais preparado para ter compaixão pelos outros, menos preconceituoso, mais empático e altruísta.

• Ler aumenta a produtividade, amplia a atenção e colabora para o profissional manter o foco nas atividades realizadas no dia a dia; os livros, diferentemente de outras mídias escritas, estimulam a concentração com mais eficácia.

• Ler boas obras direcionadas à expectativa profissional pode aumentar a possibilidade de promoção, pelo maior nível de conhecimento e também por colocar em prática comportamentos característicos dos profissionais de sucesso; pessoas com hábito da leitura fazem mais do que o exigido e buscam fazer tudo o que lhes compete com mais rapidez, melhor custo e mais qualidade.

• Ler melhora o controle sobre as próprias emoções (inteligência emocional); profissionais que leem obras significativamente construtivas e úteis resolvem problemas e se adaptam às mudanças mais facilmente, são mais tolerantes, pacientes no confronto com pessoas negativas, vistas como erradas ou mesmo desonestas em determinado aspecto. Entendem as diferenças de cada ser, do meio ambiente e, ainda, dos estímulos que cada indivíduo recebe ou assimila, constantemente, onde atua, frequente ou periodicamente.

• Ler também é lazer, relaxa, melhora a qualidade do sono e diminui o estresse diário; renova as energias vitais do leitor para bem viver nas diversas áreas em que exercita suas atividades, com melhor concentração e inclusão de hábito saudável para a rotina da vida.

Talvez você ainda não tenha o hábito da leitura, mas, ao ler este artigo, e conhecendo agora os motivos pelos quais precisa criar esse hábito, sugiro os seguintes passos:

1- Tema: defina dois temas, um que lhe dê prazer e outro que você necessite obter conhecimento para aplicar hoje em sua empresa, em casa (com cônjuge ou filhos), no relacionamento com os amigos;

2- Horário: estabeleça dentro de sua rotina semanal um período diário, em que você irá se isolar para aproveitar ao máximo a leitura do livro. Há muitas pessoas que não conseguem se organizar e reservar um período do dia para uma boa leitura. Se esse é o seu problema, então sugiro levar o livro para onde for, pois todos nós temos aquele tempo ocioso, por exemplo, quando estamos esperando para sermos atendidos no consultório médico ou, ainda, quando estamos esperando alguém que se atrasou;

3- Meta: você pode começar a ler por dez minutos ou apenas cinco páginas, o importante é definir a sua meta diária e cumpri-la; aos poucos, a sua motivação aumentará e, quando menos esperar, estará reservando 20 minutos ou lendo dez páginas com determinada frequência;

4- Ação: leia com calma, aproveitando cada frase, entendendo e interpretando cada informação, relacionando-a com a sua experiência prévia e já pensando na aplicação prática de todo o conhecimento adquirido.

Agora que já definiu temas, dias, horário e metas diárias, comece hoje mesmo a fazer uma revolução em sua vida, busque o sucesso que você deseja!

Comece bebendo uma xícara de água.
Comece pagando uma dívida.
Comece lendo uma página.
Comece fazendo uma venda.
Comece andando uma volta.
Comece participando de um evento.
Comece escrevendo um parágrafo.
Comece hoje.
Repita amanhã.
Chris Johnson

Boa leitura!
Ler contribuirá para o seu sucesso, comece agora mesmo!

Referências

RODRIGUES, Maria Fernanda. *44% da população brasileira não lê e 30% nunca comprou um livro, aponta pesquisa Retratos da Leitura.* Disponível em: <https://cultura.estadao.com.br/blogs/babel/44-da-populacao-brasileira-nao-le-e-30-nunca-comprou-um-livro-aponta-pesquisa-retratos-da-leitura/>. Acesso em: 23 de jan. de 2019.

LULIO, Melissa. *Descubra a posição do Brasil entre os países com mais frequência de leitura no mundo.* Disponível em: < http://www.consumidormoderno.com.br/2017/04/10/posicao-brasil-leitura/>. Acesso em: 23 de jan. de 2019.

SIMÕES, Mário Kaschel. *A trilha dos vencedores*. Dsl Difusão Cultural, 2018.

SIMONATO, Marcelo. *Segredos de alto impacto*. Literare Books International, 2018.

Capítulo 27

Menos é mais, claro, não em relação a desenvolvimento de pessoas, metodologia é o que traz resultado

Neste capítulo, queremos explanar a importância de metodologias e programas eficientes de desenvolvimento de pessoas nas organizações, contando o *case* realizado em um grupo de concessionárias que transformou a sua cultura com um projeto de Trilhas de desenvolvimento. Por meio de uma metodologia com base no eu – autoconhecimento, eu em relação ao outro e eu em relação ao negócio

Narla Cardoso Santos Peixoto
& Ricardo Siqueira Monteiro

Narla Cardoso Santos Peixoto

Coordenadora de RH do Grupo de Concessionárias há cinco anos, idealizadora do projeto *Na trilha do desenvolvimento*. Possui 13 anos de experiência na área; formada em psicologia pela Universidade Federal de Uberlândia; MBA em gestão de pessoas pela UFU. *Coach* pelo IBC. Analista comportamental e especialista em gestão de mudanças organizacionais.

Contatos
www.autus.com.br
narla.peixoto@autus.com.br
(34) 3230-8000

Ricardo Siqueira Monteiro

Diretor executivo, iniciou o seu trabalho no grupo em 1983 e assumiu a diretoria a partir de 1999. Idealizador do projeto *Na trilha do desenvolvimento*. É diretor da Associação Comercial e Industrial de Uberlândia, e do CDL. Membro de Comissões Associação dos Concessionários Chevrolet e do Comitê GM ABRAC. Diretor Regional da Associação da Marca.

Contatos
www.autus.com.br
ricardo@autus.com.br
(34) 3230-8000

> O potencial de trabalho futuro se baseia nas habilidades e experiências acumuladas evidenciadas pelas realizações do passado, pela capacidade de aprender novas habilidades e pela disposição de lidar com tarefas maiores, mais complexas e de qualidade mais elevada. Quanto mais as pessoas realizam, mais aprendem; a disposição de enfrentar novos desafios aumenta à medida que os desafios atuais são superados.
>
> Ram Charan

Em tempos de mudança e evolução, acompanhar as transformações, inovações tecnológicas, tendências de mercado, necessidades dos clientes e desenvolvimento de pessoas virou requisito básico para a sobrevivência de quem quer se destacar e ter um diferencial competitivo na sua atuação e no mercado.

A escassez de profissionais qualificados, que estejam aptos a enfrentar as mudanças, adversidades de gerir uma empresa e pessoas, parece cada vez mais comum no mercado. Essa carência, com certeza, se tornou um grande desafio para as organizações que precisam estar à frente e sustentar o seu negócio.

No que se refere a desenvolver equipes de alta *performance*, menos é mais, é óbvio. Mas, em relação a metodologias eficazes, que se adequam à realidade da empresa e a sua cultura, que promovam o alinhamento em todos os setores, ter um projeto estruturado é o que traz resultado.

Como nem todas as organizações contam com programas contínuos de desenvolvimento voltados ao autoconhecimento de seus colaboradores, por meio de um método educacional de acordo com a sua cultura, fica ainda mais complicado profissionalizar um time.

A maioria dos projetos sugeridos envolve altos investimentos ou práticas não aplicáveis, tornando-os inviáveis à realidade das empresas. Para quem trabalha em grupos tradicionais, por exemplo, sabe o quanto é desafiador implantar o que é diferente do convencional e, ainda, garantir aos *stakeholders* que a prática é positiva e trará resultado.

Pensando nesse contexto, apresentamos a seguir uma metodologia de desenvolvimento voltado ao autoconhecimento – eu, à relação com o outro e com o negócio, por meio de um *case* realizado no setor de concessionárias.

A partir do diagnóstico de líderes, suas equipes e estratégia da empresa, constatamos potenciais não aproveitados no que se refere ao desempenho, produtividade, despreparo, procedimentos ineficientes, falta de alinhamento da estratégia com o negócio.

Nesse contexto, de quem seria a responsabilidade em desenvolver as pessoas, alinhar a estratégia e propor melhorias?

O questionamento acima nos faz entender o papel de todos no processo de desenvolvimento individual e da organização. Se necessitamos de profissionais qualificados com desempenho diferenciado, cabe não somente às empresas, mas ao despertar da consciência de cada um sobre esse caminho a percorrer.

Temos a certeza de que a nossa jornada foi desafiadora, mas gratificante com os frutos que já colhemos e que ainda estamos por colher das várias sementes plantadas na trilha.

As trilhas de desenvolvimento

Delineado por meio de trilhas de aprendizagem e conhecimentos, à cada etapa foi adotado uma literatura com base e direcionamento.

A primeira etapa, a do autoconhecimento – eu, por meio do livro *Pipeline da liderança*, do Ram Charan, Stephen Drotter e James Noel, desenvolvemos os líderes, suas competências, habilidades e atitudes, primeiramente pelo autoconhecimento. A oportunidade de voltar o olhar para dentro e perceber os seus comportamentos e potencialidades de forma profunda, com o auxílio de um processo de consciência sobre si.

Na segunda etapa, trabalhamos o outro, com base no livro *A revolução do pouquinho*, do autor Eduardo Zugaib, associando as atitudes mencionadas aos valores e competências organizacionais. O objetivo era gerar mudança no comportamento e na atuação de todos por meio da percepção e consciência de suas ações em relação às pessoas.

No ano do negócio, a estratégia foi potencializar os conhecimentos adquiridos nas etapas anteriores e colocar em prática, com o auxílio do livro *Gestão de concessionários de veículos*, dos autores Valdner Papa e Carlos Alberto Riquena.

O intuito das trilhas foi promover o autoconhecimento, tendo maior entendimento sobre si, sobre as equipes e o negócio. Promovendo interações, incentivando a criação, reinvenção, trocas de boas práticas, comunicação, compartilhamento, alinhamento de ideias e busca pelos resultados.

Eu – Autoconhecimento

> Por mais longa que seja a caminhada,
> o mais importante é dar o primeiro passo!
> Vinicius de Moraes

A jornada do eu começa quando estamos abertos ao novo e compreendemos que não é possível pular etapas. O autoconhecimento, hoje, é umas das competências mais exigidas e desejadas dos profissionais pelas organizações.

Para isso, adotamos ferramentas e técnicas de diagnóstico que aprofundassem as competências de cada um. Ou seja, o saber, o saber fazer e o querer fazer a partir do conhecimento de si e de suas potencialidades.

Estruturamos e criamos uma metodologia, mapeamos o perfil dos líderes, levantando as necessidades de desenvolvimento individual, por meio do livro *Pipeline de liderança*. Cada líder recebeu o seu programa de desenvolvimento individual e, com as devolutivas, iniciamos o plano de ação, que foi trabalhado em encontros e métodos de *coach*.

Também foram identificadas demandas e necessidades coletivas dos líderes. Então, criamos ações de suporte cujo os temas foram decifrando o comportamento humano, crenças limitantes, gestão do tempo, cultura de execução e *feedback* assertivo.

Quando propomos o autoconhecimento, elevamos a consciência de todos em relação aos seus objetivos pessoais e profissionais, metas, sonhos, desejos, propósito e realizações. Potencializamos ações, repensamos atitudes, enfrentamos situações adversas, reduzimos ansiedades e conduzimos o processo possibilitando que todos se desenvolvessem.

Conhecer o sentido da sua vida, os seus propósitos, e por que você faz o que faz é designar esforços para compreender-se em todos os aspectos. Ter essa oportunidade de forma gradual e profunda expandiu a capacidade de enxergarmos as nossas habilidades, aptidões, emoções e pontos de melhorias.

O eu em relação ao outro

> Mudanças comportamentais são sempre bem-vindas. Especialmente aquelas que questionam velhos modelos mentais, neutralizam as crenças limitantes que impedem o homem de crescer de forma integral.
> Eduardo Zugaib

Quando falamos em mudanças, esbarramos, muitas vezes, nas nossas crenças e na forma de enxergarmos o mundo ao nosso redor. Nem sempre essa percepção condiz com a realidade, por isso mudar a nossa forma de pensar e agir em relação às pessoas requer uma metodologia que provoque esse processo de consciência.

Pensando nisso, na segunda etapa, trabalhamos o eu em relação ao outro, com 100% do grupo, por meio de encontros mensais, associando os valores e competências da empresa com as competências do livro *A revolução do pouquinho*, do Eduardo Zugaib.

Percebemos que, em nossas experiências familiares, na sociedade e no trabalho, na maior parte do tempo, somos condicionados a perceber o comportamento do outro e raramente os nossos, o que gera no dia a dia várias interações, desafios e conflitos. Como uma forma de gerar os resultados esperados com base na proposta do projeto e na estratégia da empresa, seguem os temas abordados:

Encontros	Temas
Apresentação às equipes sobre a proposta	Reunião com as equipes e apresentação do projeto.
1ª Encontro	Mudança, adaptação, coração, evolução e capacitação.
2ª Encontro	Acima da média, produtividade e resultado.
3ª Encontro	Flexibilidade, convergência e transparência.
4ª Encontro	Propósito, motivação e ética.
5ª Encontro	Comunicação e respeito.
6ª Encontro	Educação, gentileza e simplicidade.
7ª Encontro	Reputação, ressignificação e fé.
8ª Encontro	Ambição, autoestima, efetividade e integridade.
9ª Encontro	Bom humor, criatividade e crença no Brasil.
10ª Encontro	Atenção e comprometimento.
Fechamento	Resgate dos encontros.

Ao todo foram 29 turmas de treinamento, 264 encontros, 90% de índice de presença, 4.652 horas de treinamento e desenvolvimento em todo grupo, índice de satisfação acima dos 83% a cada encontro. Tivemos reduções significativas nos índices de *turnover*, absenteísmo, hora extra, assiduidade e, principalmente, a percepção de todos em relação às mudanças na empresa e em sua cultura.

O eu em relação ao negócio

> O mercado exige e busca diferentes perfis profissionais para atuar nos diferentes setores da revenda, bem como profissionais capazes de exercer a direção geral, com uma visão holística do negócio e capacidade de liderança para atingir os objetivos desejados pela empresa.
>
> Papa e Riquena

Na terceira e última etapa o foco foi no negócio, cujo intuito foi desenvolver os gestores e suas equipes com o auxílio do livro *Gestão de concessionárias de veículos*, do Valdner Papa e do Carlos Alberto Riquena. A proposta implica na transmissão dos conceitos específicos de cada área do livro, aprofundando o conhecimento e as experiências.

Com grupos de estudo e aprendizagem baseada em problemas ou PBL (*problem based learning*), ao contrário do modelo convencional, usamos situações diárias de cada área para interagir e iniciar a aprendizagem.

Os líderes foram responsáveis pela apresentação do capítulo, definido por sorteio, para debate/mesa redonda. Com a metodologia da análise SWOT, os demais gestores formulavam dúvidas, sugestões, soluções, curiosidades e traziam as suas experiências para que a discussão se aprofundasse. Além de melhorias na busca pelos resultados.

Acreditamos que quanto mais as pessoas entendessem da dinâmica e peculiaridades que permeiam o negócio, mais teremos profissionais qualificados e preparados, cientes das suas responsabilidades e papel.

Nosso legado

Todo esse processo permitiu compreendermos a nossa essência, o alcance da melhor qualidade de vida e bem-estar, melhores interações e ambiente de trabalho, além da compreensão da realidade do outro e a busca por melhores resultados na vida pessoal e profissional.

Projetos desacreditados foram iniciados, pelo simples fato de estarmos atentos e sensíveis às mudanças, compreendendo que quando a estratégia não atende mais as necessidades atuais e se torna obsoleta, é o momento de virar a chave, ser flexível e buscar as alternativas para a grande transformação.

O aculturamento foi primordial para que outras iniciativas fossem implementadas, surtindo efeitos extraordinários no formato de gerir a empresa. O êxito veio a partir do momento que encaramos a realidade e mudamos a nossa forma de pensar e agir com o foco nas pessoas.

Se queremos e estamos conscientes, a busca em nos transformar em seres humanos melhores, transformando todo o contexto em que estamos inseridos, social, política e economicamente, passa por uma mudança interior que cabe a cada um de nós, sem delegarmos somente a terceiros o nosso crescimento pessoal e profissional.

Referências

BOSSIDY, Larry; CHARAN, Ram. *Execução: a disciplina para atingir resultados*. Rio de Janeiro: Elsevier, 2005.

CHARAN, Ram; DROTTER, Stephen; NOEL, James. *Pipeline de liderança: o desenvolvimento de líderes como diferencial competitivo*. 2.ed. São Paulo: Elsevier, 2012.

PAPA, Valdner; RIQUENA, Carlos Alberto. *Gestão de concessionários de veículos*. São Paulo: Alaúde Editorial, 2011.

ZUGAIB, Eduardo. *A revolução do pouquinho: pequenas atitudes provocam grandes transformações*. São Paulo: DVS Editora, 2014.

Capítulo 28

Para manter-se competitivo no mercado de trabalho é preciso algo a mais

Conhecimento é poder, como afirmou Francis Bacon, no século XVI. Em tempos de constante mudança, o poder do óbvio não é mais tão simples quanto antes. É preciso munir-se de informações relevantes e estar preparado para as inúmeras ondas que estão por vir. O sucesso depende não só de um título superior, certificações e habilidades sociais, mas da capacidade de antecipar tendências

Nilson Cara

Nilson Cara

Profissional com mais de 20 anos de experiência na área de tecnologia da informação (TI). Engenheiro de sistemas, arquiteto de soluções em nuvem, instrutor sênior e palestrante. Graduado em gestão de tecnologia da informação, pós-graduado em gestão da segurança da informação e MBA em gestão de projetos. Possui mais de 60 certificações dos principais fabricantes da área de TI, como Microsoft, VMware, CompTIA e EXIN. Mantém o título de *Microsoft Certified Trainer* (MCT) há mais de 15 anos e tem ministrado treinamentos preparatórios para as certificações profissionais para inúmeras empresas e centros de treinamento. Como arquiteto de soluções, tem gerenciado projetos de consultoria em diversas áreas e segmentos, para empresas de pequeno, médio e grande porte, tanto do setor público quanto privado.

Contatos
nilson.cara@gmail.com
Facebook: Nilson Cara
Twitter: @nilsoncara

A solução está no livrinho, não há dúvidas!

Desde muito novo, sempre acreditei, quase que de maneira cega, em regras e padrões. Isso chegou a me causar muitos problemas e promoveu a perda de inúmeras oportunidades. E, ainda assim, mesmo depois de vários anos, acreditava que as coisas funcionavam conforme o que estava escrito nos manuais. Ao menos deveriam. Ora, isso me parecia óbvio, afinal, quando algo é aprendido, basta que sigamos o passo a passo que vem detalhado no material. Não tem como errar! Trata-se de algo intuitivo. Evidente.

Lembro-me de ter montado, em parceria com o meu irmão mais novo, todos os eletrônicos de casa. Bastava ler cada parágrafo e comparar os resultados práticos com a teoria e os desenhos disponibilizados naquelas páginas confeccionadas com diagramação quase profissional.

Vivíamos em um mundo mais simples. Parecia fácil lidar com tudo. Em minha mente descomplicada de criança, a resolução de todos os problemas estava contida nos guias que recebia junto de cada novo produto que o meu pai trazia. "Onde está o livrinho?", era a minha primeira pergunta. Com ele em mãos, eu era capaz de resolver praticamente todos os problemas. Concordo que eram dilemas muito mais simples, mas as respostas estavam em um só lugar, e isso me trazia uma enorme sensação de segurança.

Vários anos se passaram até que eu tivesse a chance de fazer outra instalação. Para a minha surpresa, agora o manual não passava de uma folha de papel dobrada em oito. As explicações eram ruins, sem o menor sentido. Não consegui sair da primeira página. "Ora, mas o fabricante não deveria enviar instruções mais claras e fáceis de seguir?" – perguntou o meu irmão, ainda parceiro nessas empreitadas.

Em nossa concepção, isso era algo claro. Com o tempo, surgiram incontáveis experiências similares. Frustrado, passei a me questionar – será que as coisas como as vemos hoje não são mais tão óbvias? As respostas, agora, estão espalhadas por centenas de páginas, no quase infinito labirinto virtual de conteúdos *online*.

Ouvi, em 2018, no evento de um grande fabricante de sistemas de virtualização, que há algumas décadas era necessário correr para não ficar para trás e que, nos dias de hoje, ainda é preciso correr, mas para permanecer no mesmo lugar. Parece que estamos nos movendo cada vez mais depressa, rumo a lugar nenhum, para não ficar aquém das constantes inovações que insistem em aparecer sempre.

As novidades vão acontecer, principalmente aquelas ligadas à tecnologia. Se não nos apropriarmos dela (da tecnologia), ela vai nos consumir em algum momento. Isso é o que comentava o reconhecido geógrafo e pensador brasileiro, Milton Santos[1]. Logo, se isso é algo inevitável, de nada adianta resistir. A melhor maneira de lidar com o problema é tentar descobrir como se adaptar.

Afinal, talvez seja preciso concordar com Renato Russo, quando diz que o "futuro não é mais como era antigamente"[2] . Em minha infância, eu tinha seis opções de canais na TV Mitsubishi colorida, com garantia até a próxima Copa do Mundo. Gastava poucos segundos para escolher. Se estava passando algum desenho ou programa legal, assistia. Do contrário, saía para brincar. Simples. Era óbvio.

Depois de adulto, perdia um tempo enorme na escolha de um dos 250 canais disponíveis na TV a cabo. Apesar de ser o detentor de quase três centenas deles, sempre me pegava incomodado por não saber o que assistir. Mais opções de escolha geram maior liberdade, mas, ao mesmo tempo, causam aflições e angústia. Os menus agora possuem dezenas de páginas. O que nos leva a uma indagação: será que realmente nos tornamos mais livres com um leque maior?

Parece que as soluções deixaram de ser tão fáceis. As respostas não são mais encontradas nos manuais. Não há mais nada pronto. Talvez, cada um deva criar o próprio caminho e ser protagonista de sua vida profissional. Mas, será que isso é tão óbvio?

O manual do arquivo X

O *modus operandi* que permeava a vida dos nascidos entre 1960 e 1970 envolvia poucos passos. O caminho profissional mais tradicional, basicamente, abrangia a educação fundamental formada pelo primário e ginásio. Depois, viria o ensino médio e, por fim, o superior. Pronto! Essa era a sua vida. Bastava agora conseguir uma posição, ou duas no máximo. Os planos de carreira faziam parte do pacote da maior parte das organizações. Ao empregado, cabia simplesmente acompanhar a cartilha, fazer a sua parte e seguir tranquilo para sua aposentadoria.

Esse era, mais ou menos, o caminho traçado no manual de boas práticas daqueles que deixaram os 40 anos um pouco para trás. É claro que não havia um manual de fato, mas apenas a sabedoria tradicional que ditava as regras de carreira para a chamada Geração X.

---

1 Mamilos Podcast 171. Ensino a Distância.

2 RUSSO, Renato. Índios. In.: Legião Urbana Dois. EMI. São Paulo. c1986. 1 CD. Faixa 12 (4 min 17).

Uma das mais importantes chaves para abrir as portas do sucesso era o diploma de nível superior, preferencialmente conquistado em uma instituição pública. Apesar de exigir muito estudo para ser aprovado na FUVEST, ainda era mais vantajoso do que optar pelas universidades privadas, que cobravam altos valores e, consequentemente, eram um privilégio para poucos. O passo óbvio até então era o diploma de terceiro grau. A titulação funcionava como o mais importante selo de qualidade da época.

O que mais você tem?

O pesadelo para entrar em uma graduação gratuita continua o mesmo. Em compensação, surgiram centenas de instituições particulares com preços extremamente atrativos. Há, ainda, a modalidade de ensino a distância (EAD), que levou os preços ainda mais para baixo.

De um lado, obter uma titulação passou a ser mais fácil e, consideravelmente, mais barato. Contudo, em meados do ano 2000, os diplomas não eram mais um diferencial competitivo, por razões evidentes.

Diante de um grande número de profissionais formados, as organizações passaram a exigir algo mais. Foi o grande auge das certificações dos principais fabricantes de tecnologia da informação (TI).

Dada a velocidade com que as inovações aconteciam, era preciso buscar profissionais que estivessem mais preparados para atuar com as tecnologias que passaram a dominar o mercado. As universidades não mais eram capazes de atender às novas demandas. Em algumas áreas, possuir determinadas certificações tornou-se mais valioso do que um diploma de nível superior. Elas se tornariam a garantia, ou o selo de qualidade.

Fabricantes como Microsoft, HP, Cisco, Oracle, dentre muitas outras iniciaram a oferta de treinamentos focados nas soluções que desenvolviam. Dessa forma, era possível preparar os alunos com maior rapidez e assertividade, capacitando-os para gerenciar todo o ciclo de vida dos componentes de rede, *hardware* e *software*, que inundaram empresas de diferentes portes e segmentos.

Assim, o desenho, a instalação, configuração, bem como administração e a resolução de problemas poderia ser executada por profissionais certificados pelos próprios detentores da tecnologia, pois eram eles os responsáveis por essa formação. Era mais comum do que se imagina ouvir perguntas direcionadas ao candidato sobre o que mais tinha além de apenas o diploma universitário.

***Geeks* indomáveis**

Com o advento das certificações, centenas de milhares de profissionais, no mundo inteiro, encontraram o seu lugar ao sol. Afinal, o controle total de seu desenvolvimento profissional, aumentos de salário e reconhecimento no mercado estavam a poucas provas de distância.

Ora, bastava escolher a área, inscrever-se nos treinamentos oficiais, comprar os materiais de preparação, agendar o exame e ser aprovado. Sim, nunca foi simples. Era preciso ter muita dedicação e foco nos estudos, além de alguma experiência prática. Mas, o fato é que a possibilidade de crescer não mais dependia da universidade cursada, dos títulos de especialização acadêmica e do histórico profissional. Estava nas mãos de cada um que estivesse disposto a pagar o preço, infinitamente inferior a qualquer formação de terceiro grau.

Conheci vários colegas que recebiam mais do que médicos e engenheiros de renome. Muitos sequer tinham diplomas universitários. Como exemplo pessoal, após iniciar o meu curso, optei por trancá-lo, em 1996. Em 2002, conquistei a minha primeira certificação MCSE (Microsoft Certified Systems Engineer). Matriculei-me novamente em uma formação como tecnólogo apenas no segundo semestre de 2008.

Durante esse intervalo, e mesmo depois dele, não me recordo de nenhum empregador me questionar a respeito de minha formação acadêmica. O que importava era o selo que a Microsoft havia me dado, por meio da aprovação em sete exames. Foi nesse caminho que investi o meu tempo e esforços. Afinal, era óbvio adotar tal abordagem.

Na última década, o valor das certificações, tanto para empresas quanto para seus colaboradores, foi largamente consolidado. Segundo uma pesquisa realizada em 2017 pela Pearson VUE: 64% dos profissionais certificados obtiveram impactos positivos em sua imagem e reputação; 22% ingressaram na área de TI; 17% conseguiram aumento de salário; e 12% alcançaram uma promoção[3].

Ainda, segundo pesquisa do *site* Microsoft Learning, 37% dos entrevistados afirmaram ter realizado tarefas complexas com mais segurança, graças àquilo que aprenderam durante o processo. Além disso, detêm salários 15% maiores e apresentam níveis de produtividade 20% superiores[4]. Por último, conforme estudos da CompTIA, 96% dos profissionais de recrutamento fazem uso das certificações como critérios de seleção, e 72% dos empregadores exigem algum tipo de credencial em TI, para determinadas vagas em aberto[5].

Outro dado importante é o envolvimento da TI com as demais áreas de negócio. Algumas previsões indicam que até 2020 não haverá mais distinções entre ambas. Afinal, não há como dissociar uma da outra, dado o nível de interdependência que se formou ao seu redor. Pesquisas de alguns anos atrás revelam a necessidade desse alinhamento, possibilitando às companhias maior agilidade, eficiência e capacidade efetiva para responder às crescentes demandas do mercado com maior rapidez[6].

---

3 Pearson VUE Value of IT certification survey.

4 MICROSOFT. *Por que obter uma certificação?*

5 *Five Reasons why employers look for IT certifications.*

6 Pesquisa revela maior alinhamento entre TI e estratégias de negócio.

Por conta disso, surgiu um problema formidável nas formas de comunicação dessas áreas, em vias de se fundir. A maioria esmagadora de profissionais de negócio reclama não ser capaz de entender o idioma, composto de *bits* e *bytes*, falado pelos "meninos da informática". A recíproca também é verdadeira.

Sendo assim, o cenário muda mais uma vez. Ou seja, possuir uma ou mais titulações acadêmicas e algumas certificações dos principais fabricantes era o caminho óbvio para manter alto o nível de empregabilidade diante de um mercado em constate mudança. As organizações passaram a exigir, não obstante, o desenvolvimento de outras competências vinculadas à inteligência emocional e habilidades de relacionamento interpessoal, conhecidas como *soft skills*, ou simplesmente habilidades sociais.

Empregabilidade do profissional do futuro

Diante de um cenário dominado pela economia 4.0, expressões como transformação digital, inovação disruptiva, *big data*, *Internet of Things* (IoT), automação, *machine learning* e tantas outras, a única certeza é a mudança. Logo, as organizações precisam se manter em constate evolução, a fim de se adaptarem às contínuas demandas. O mesmo se dá com os profissionais.

Ser o detentor de uma gama enorme de conhecimentos de nada servirá se não houver a capacidade de colaborar com o time, comunicar-se devidamente, além de ser prestativo e solidário (Murray, 2010). A *YouTuber* Patrícia Meirelles destaca ainda mais quatro habilidades: julgamento e a capacidade de tomada de decisões; resolução de problemas complexos; negociação; e gestão de pessoas.

Nas décadas de 80 e 90, ingressar em um curso superior era o caminho mais evidente a ser seguido para alcançar o sucesso na carreira. No início do ano 2000, as certificações assumiram o seu lugar de destaque como complemento praticamente obrigatório. Na última década, as habilidades sociais passaram a ser a palavra de ordem. Afinal, de nada adianta ter conhecimento e não ser capaz de relacionar-se com os demais.

O dicionário Michaelis define a palavra óbvio como "algo cujo teor é de fácil entendimento; claro e evidente, que não deixa dúvidas; intuitivo". Em tempos de mudanças acontecendo a velocidades vertiginosas, nada mais parece ser tão claro. O real poder do óbvio está na capacidade de antecipar aquilo que será evidente nas próximas ondas trazidas por um mercado vivo e em evolução ininterrupta e voraz.

Referências

B9. Mamilos Podcast 171. *Ensino a distância.* Disponível em: <https://www.b9.com.br/99749/mamilos-171-ensino-a-distancia/>. Acesso em: 20 de dez.de 2018.

COMPTIA. *5 reasons why employers look for IT certifications*. Disponível em: <https://certification.comptia.org/docs/default-source/downloadablefiles/hr-perceptions-of-it--training-and-certification.pdf?sfvrsn=2>. Acesso em: 01 de jan. de 2019.

COMPUTERWORLD. *Pesquisa revela maior alinhamento entre TI e estratégias de negócio*. Disponível em: <https://computerworld.com.br/2016/08/04/pesquisa-revela--maior-alinhamento-entre-ti-e-estrategias-de-negocio/>. Acesso em: 15 dez. 2018.

MEIRELLES, Patricia. *Quais são as habilidades que o profissional do futuro precisa ter?* Disponível em: <https://www.youtube.com/watch?v=B-2CndepwDY>. Acesso em: 30 de nov. de 2018.

MICHAELIS. *Óbvio, definição*. Disponível em: <https://michaelis.uol.com.br/moderno--portugues/busca/portugues-brasileiro/%C3%B3bvio/>. Acesso em: 01 jan.2019.

MICROSOFT. *Por que obter uma certificação?* Disponível em: <https://www.microsoft.com/pt-br/learning/certification-benefits.aspx>. Acesso em: 01 de jan. de 2019.

MURRAY, Katherine. *Own your future. Update your skills with resources and career ideas from Microsoft*. Microsoft Press. Redmond, 2010, p. 15.

PEARSON. *Pearson VUE - Value of IT Certification Survey*. Disponível em: <https://wsr.pearsonvue.com/voc>. Acesso em: 18 de dez. de 2018.

RUSSO, Renato. *Índios*. In.: Legião Urbana Dois. EMI. São Paulo. c1986. 1 CD. Faixa 12 (4 min 17).

Capítulo 29

Vamos morrer! E o que fica?

Se a sua hora de partir "dessa pra melhor" chegar repentinamente, como ficarão suas posses, seus pertences, suas atividades? Obviamente, você não levará nada material quando a morte bater a sua porta e, por isso, a ideia central deste capítulo é provocar uma reflexão sobre o seu olhar para esse momento, representada por uma simples pergunta: como eu gostaria que as coisas ficassem quando eu partir?

Rafaello Lorenzon

Rafaello Lorenzon

Graduado em engenharia de controle e automação, com MBA executivo e extensão em *Strategic Global Leadership* pela Westminster College (Salt Lake City-EUA). Atuou por 13 anos em áreas operacionais e administrativas do Grupo Lorenzon, líder regional na locação de equipamentos para construção civil, culminando com o cargo de diretor administrativo financeiro. Ao longo de dez anos, participou ativamente da ACII (Associação Comercial e Industrial de Itu), presidindo a diretoria executiva por dois anos, com destaque para a realização de eventos empresariais e para o relacionamento institucional com o poder público (executivo e legislativo) e com outras entidades. Desde 2015, é membro do Conselho de Administração do Grupo São João, companhia de transporte de passageiros com mais de mil funcionários e operações nas regiões de Sorocaba/SP e Feira de Santana/BA.

Contatos
rafaello.lorenzon@gmail.com
LinkedIn: Rafaello Lorenzon

Para muitos de nós, falar da morte é um tabu. Mesmo podendo constatar isso de forma empírica, uma pesquisa recente revelou que mais de 73% dos brasileiros não falam sobre a morte no dia a dia (COELHO, 2018). Sendo assim, o título deste capítulo lança uma pergunta, ou melhor, uma provocação: se é óbvio que a morte nos espera, por que não falamos dela?

A propósito, a intenção deste texto não é falar do pós-morte, fugindo assim de aspectos filosóficos e religiosos. Afinal, esse ponto passa a ser um tanto quanto intangível, apesar dos muitos relatos de pessoas que passaram pelo que os estudiosos chamam de experiência de quase-morte (*near-death experience*, em inglês) (GRECO, 2002).

O objetivo é, sim, provocar uma reflexão sobre o quanto estamos preparados para esse momento, considerando aspectos práticos e materiais que deixaremos para os nossos entes queridos "cuidarem", afinal, "caixão não tem gaveta", já diz o ditado.

Nesse sentido, com base em fatos reais e em estudos sobre planejamento tributário e sucessório, vou expor a seguir algumas situações que podem amenizar ou agravar o luto.

O seguro morreu de velho

Anos atrás, o pai de um amigo faleceu repentinamente, ao sofrer um infarto fulminante, dirigindo o seu carro no retorno ao trabalho. Ele havia almoçado em casa, junto da sua família e, até então, tudo levava a crer que aquele seria mais um dia comum.

Houve grande comoção, pois ele era uma pessoa muito querida na cidade, além do fato de a morte ter sido repentina e da sua idade ainda permitir uma longa jornada. Lembro-me bem de que, sempre que nos encontrávamos, ele fazia questão de mencionar um gol que fiz em um jogo de *futsal* muito disputado que ele estava assistindo, e eu acabei fazendo um belo e decisivo gol da vitória do nosso time! Devo confessar que o apreço dele ao lembrar-se desse gol me fazia sentir um carinho especial por ele.

Enfim, meses depois, vim a saber que ele tinha um seguro de vida, o qual proveu um valor significativo à família após sua morte. É óbvio que não há valor financeiro no mundo que compense a perda de um ente querido! Entretanto, o ponto aqui é reforçar que um seguro de vida pode, ao menos, proporcionar uma tranquilidade financeira à família, amenizando assim o seu luto.

No mato sem cachorro

Recentemente, o marido de uma conhecida veio a falecer, na altura de seus 40 e poucos anos, acometido por uma doença que o derrubou em poucos dias. Ou seja, mais uma morte inesperada!

A mulher dele, muito abalada, entrou em desespero ao se dar conta de que todas as despesas da família eram controladas pelo marido. Sendo assim, era ele quem acessava a conta corrente, pagava as contas, negociava os estudos da filha, e assim por diante.

Coloque-se no lugar dela, tendo que lidar com a morte repentina do seu cônjuge ainda jovem, isso somado à nova realidade de ter que se inteirar das contas da casa sem a ajuda de um "manual de instruções".

Pense então comigo, como teria sido essa situação se o casal levasse em consideração que a morte de fato pode acontecer a qualquer momento. Lembremos aqui de algo que sempre ouvimos: a única certeza que temos na vida é a de que um dia morreremos!

Enfim, se eles tivessem essa consciência, poderiam ter se precavido para evitar o estado de desespero da viúva, o qual certamente agravou o seu luto. Algumas sugestões seriam:

- Uma conta bancária conjunta, a qual permitiria que a mulher a movimentasse com segurança, em caso de falecimento;
- Um orçamento familiar compartilhado, o qual possibilitaria que ambos soubessem quais contas pagar, independentemente de quem, de fato, fizesse o pagamento.

As aparências enganam

Até o momento em que escrevo este capítulo, a minha experiência profissional mais longa se deu na empresa da minha família. Uma vivência enriquecedora, durante a qual pude evoluir em vários aspectos. Tivemos anos dourados, embalados pelo *boom* da construção civil, no período de 2005 a 2014.

Com a crise econômica que assolou o Brasil, entre os anos de 2015 e 2018, alguns conflitos na relação da nossa família empresária vieram à tona. E foi aí que eu comecei a estudar o tema "empresa familiar". Para a minha surpresa, já havia uma vasta literatura a respeito, apresentando uma série de ferramentas já comprovadas para minimizar os conflitos peculiares desse tipo de empresa. E, acredite, os conflitos acontecem em todas, independentemente do porte, ramo de atuação, endereço etc.

Ao pesquisar essa matéria, tive contato com um conceito relativamente simples, mas que foi capaz de mudar radicalmente a forma como eu enxergava a nossa relação: o modelo dos três círculos da empresa familiar, exibido a seguir na Figura 1.

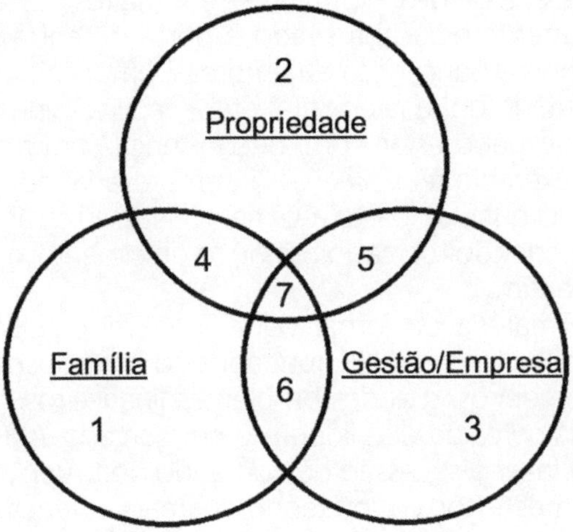

Figura 1: o modelo dos três círculos da empresa familiar. (GERSICK, 2017)

Esse modelo foi inicialmente apresentado por John Davis e Renato Tagiuri em 1982 na renomada Harvard Business School, nos Estados Unidos, com o intuito de explicar o sistema das empresas familiares, distinguindo os papéis que uma pessoa pode assumir nesse conjunto:

1. Membro da família controladora, sem participação acionária (propriedade) e sem cargo de gestão na empresa;
2. Pessoa de fora da família controladora, com participação acionária (propriedade) e sem cargo de gestão na empresa;
3. Pessoa de fora da família, sem participação acionária e com cargo de gestão;
4. Membro da família, com participação acionária e sem cargo de gestão;
5. Pessoa de fora da família, com participação acionária e com cargo de gestão;
6. Membro da família, sem participação acionária e com cargo de gestão;
7. Membro da família, com participação acionária e com cargo de gestão.

Após esse breve relato, talvez você esteja se perguntando: "quem será que morreu nessa história?". "Ninguém!" – respondo eu. "Então, o que isso tem a ver com a proposta do artigo?"– mais uma eventual pergunta sua.

Tem a ver que o estudo das empresas familiares passa pelo acompanhamento e análise de casos reais e, em muitos desses, a morte de um dos seus membros acaba sendo a porta de entrada para algum desses caminhos: a bancarrota da empresa, um racha familiar no processo de inventário do(a) falecido(a) etc. – réplica minha.

Apesar de o papo estar bom, peço licença para retomar o texto, trazendo um exemplo real: a sucessão empresarial do conglomerado João Santos, do qual faz parte a Cimento Nassau, empresa que chegou a ser vice-líder do mercado brasileiro de cimento, atrás apenas da gigante Votorantim.

Conforme matéria do jornal Valor Econômico (RIBEIRO, 2018), a morte de João Santos em 2009, fundador do negócio, gerou desavenças entre os herdeiros, grandes problemas financeiros, fiscais e trabalhistas, além da perca da vice-liderança no mercado. A avaliação é que ele "pecou ao fazer a sucessão do comando do grupo".

Enfim, com esse tópico, pretendo chamar a atenção das pessoas envolvidas em um ou mais dos três círculos da empresa familiar. Considerando que a maioria das empresas é familiar, estamos então falando de muita gente envolvida. E, assim como fazer um seguro de vida é algo preventivo, estudar o tema empresa familiar e aplicar as ferramentas cabíveis também é. Afinal, a junção dos elementos família, propriedade e gestão/empresa forma um sistema complexo, e acaba sendo um prato cheio para a morte apimentar.

O pior cego é aquele que não quer ver

Lembrando a provocação inicial ("se é óbvio que a morte nos espera, por que não falamos dela?"), espero que este breve capítulo tenha provocado uma reflexão em você. Que a sua visão possa ser repensada sobre alguns dos aspectos materiais, os quais ficarão disponíveis a outras pessoas com a sua tão famigerada (ou não) morte.

Na verdade, mais do que provocar uma reflexão, o ideal seria promover uma mudança de postura, trazendo um novo olhar para suas posses, seus pertences, suas atividades, ao acrescentar uma simples pergunta: como eu gostaria que isso ficasse quando eu partir?

Como visto nos exemplos citados, isso pode representar a tranquilidade financeira da família ou a perpetuidade de um legado empresarial, observando ainda que existem inúmeras outras oportunidades de aplicarmos esse novo olhar. Enfim, obviamente não devemos viver numa paranoia de pensar na morte a todo o momento, porém é óbvio que vamos morrer, não é mesmo?

Referências

COELHO, Tatiana. *Brasileiro não gosta de falar sobre morte e não se prepara para o momento, revela pesquisa.* G1, 2018. Disponível em: <https://g1.globo.com/bemestar/noticia/2018/09/26/brasileiro-nao-gosta-de-falar-sobre-morte-e-nao-se-prepara-para-o-momento-revela-pesquisa.ghtml>. Acesso em: 14 de dez. 2018.

GRECO, Alessandro. *O que ocorre na ante-sala da morte.* Revista Galileu, 2002. Disponível em: <http://revistagalileu.globo.com/Galileu/0,6993,ECT483439-1940,00.html>. Acesso em: 05 de jan. de 2019.

GERSICK, Kelin E. et al. *De geração para geração: ciclos de vida das empresas familiares.* Rio de Janeiro: Alta Books, 2017.

RIBEIRO, Ivo. *Na contramão do setor. Cimento Nassau, da João Santos, parou no tempo.* Valor Econômico, 2018. Disponível em: <https://www.valor.com.br/empresas/5839281/na-contramao-do-setor-cimento-nassau-da-joao-santos-parou-no-tempo>. Acesso em: 12 de jan. de 2019.

Capítulo 30

O comportamento do consumidor mudou, mas estamos mudando a maneira de vender?

O consumidor vem mudando vertiginosamente nos últimos anos. Empurrado pela tecnologia e pelo fácil acesso à informação, vem se tornando mais exigente em suas experiências de compra. O que você tem feito para enfrentar esse novo cenário nos processos comerciais?

Rejiano Vedovatto

Rejiano Vedovatto

Formado em comércio exterior; pós-graduado em administração de empresas (Uninter); gestão estratégica de pessoas pela Fundação Getulio Vargas. Mestrando em *neuromarketing* e *practitioner* SOAR pela Florida Christian University. CEO da empresa Executivos de Vendas; idealizador do método *neuroreference*, que usa princípios da neurociência para alta *performance* em vendas. Palestrante, vendedor e estudioso do segmento de vendas e negociações, desde 1997. Professor de MBA. Autor do Livro *Os 7 Pilares do Sucesso em Vendas* pela Editora BestSeller e coautor do livro *Segredos de alto impacto* pela Editora Literare Books.

Contatos
www.rejianovedovatto.com.br
palestrante@rejianovedovatto.com.br
(49) 99925-0281 / (49) 3312-1330

Uma pessoa está conversando com os seus amigos nas redes sociais, de repente, o seu computador começa a travar, e ela lembra que vai precisar comprar um novo, pois o seu já está velho e exigindo muitos gastos com manutenções.

Imediatamente, sem parar de fazer o que estava fazendo, pega o seu *smartphone*, abre novas abas ou aplicativos e inicia a busca por informações técnicas, opções, comentários e preços médios aplicados em diferentes lojas para o modelo do produto que pretende comprar.

Conseguiu imaginar essa cena? Muito provavelmente, ao menos que seja uma pessoa extremamente alheia à modernidade, você já tenha passado ou conhece alguém que já passou por isso.

Mesmo que não perceba, o seu comportamento como consumidor vem mudando vertiginosamente nos últimos anos. Empurrado pela tecnologia e pelo fácil acesso à informação, você está se tornando mais exigente em suas experiências de compra.

A era digital está forçando empresas e vendedores a se reinventarem frente a esse novo consumidor. Pesquisas mostram que, em média, 83% dos consumidores procuram críticas e comentários na *Internet*, antes de comprar ou contratar determinado produto ou serviço. (Fonte: digitadores)

Definitivamente, como já era esperado, a era digital está influenciando diretamente nos processos comerciais.

Segundo o Ebit, *site* especializado na certificação em várias etapas do processo de compras *online* no Brasil, existem algumas características importantes do consumidor na era digital. São elas:

Costume de comprar *online*

Aos poucos, o medo de comprar na *Internet* está sendo substituído pela comodidade de poder comprar de quem quiser na hora que quiser.

Mais de 55 milhões de consumidores no Brasil fizeram pelo menos uma compra virtual em 2017. Eu faço parte desse grupo e é bem possível que você seja também um deles. Um aumento de 15%, se comparado ao ano anterior.

Isso mostra o vasto interesse do consumidor pela comodidade e facilidade da compra *online*. Hoje, para o desespero dos vendedores "dinossauros" (utilizo esse termo para aquele tipo de vendedor que não aceita a mudança inevitável nos processos comerciais), comprar pela *Internet* já não é mais tão assustador.

Maior poder de negociação

O cliente entra em sua loja, pergunta por um produto, o vendedor passa todas as informações e, quando vai falar o preço, o cliente diz: "eu compro esse mesmo produto 30% mais barato na *Internet*".

A maioria dos vendedores fica desestabilizada emocionalmente com essa situação e não consegue continuar a venda. Você já parou para avaliar quantas vendas estão sendo perdidas exatamente por esse motivo?

O poder de negociação, inegavelmente, aumentou para o cliente. Preço por preço, ele vai sempre comprar de quem fizer mais barato. Até porque, o seu papel é comprar o melhor pelo menor preço.

Mas, calma, não é o fim do mundo ainda, se você conseguir mostrar valor na sua forma de atender ou no seu produto, mostrando quais as reais vantagens de comprar de uma loja física, ainda pode mudar o jogo. Afinal, se todo mundo faz o mesmo que você, quanto vale o seu serviço?

Hábito de pesquisar antes de comprar

Se você chegar em uma mesa de negociação com informações relevantes sobre escopo, matéria-prima e preço, por exemplo, a possibilidade de barganha aumenta consideravelmente em um processo de compra, não é mesmo?

Mesmo se você for uma daquelas pessoas que ainda preferem comprar em uma loja física, a *Internet* está lhe proporcionando um poder de negociação maior, pois a sua facilidade em pesquisar possibilita um maior domínio em assuntos sobre determinados produtos e serviços.

Você já deve ter entrado em algum estabelecimento comercial em que o atendente está mexendo no celular e mal percebe que você chegou. Quando, enfim, nota a sua presença, você chega até ele e mostra uma foto em seu celular e diz: "eu estou procurando esse produto". Ele, com aquela expressão assustada, dá uma gaguejada e diz que não tem. Você faz uma ou duas perguntas e fica nítido a falta de preparo do atendente.

Se pudéssemos olhar o que ele estava fazendo no celular quando você entrou no estabelecimento, possivelmente iríamos descobrir que não se tratava de pesquisas relacionadas ao seu negócio.

O que é uma lástima, pois muitos vendedores reclamam que estão perdendo vendas para a *Internet*, mas não dedicam tempo para usá-la a seu favor, buscando informações que sejam relevantes aos seus clientes.

Disposição para compartilhar experiências

Para deixar a situação nos processos comerciais ainda mais complexa, a disposição em compartilhar experiências, especialmente as negativas de consumo, somada à exponencialidade da *Internet* em distribuir essas informações por meio dos *sites* de reclamações e redes sociais, está fazendo empresas e vendedores entrar em desespero. Com isso, surgem departamentos exclusivos para cuidar apenas desse perfil de consumidor.

É necessário muito interesse, investimento e criatividade para sair de situações embaraçosas que muitos consumidores colocam vendedores e empresas. Algumas vezes, acontecem coisas inusitadas que, mesmo o cliente não compartilhando, tornam-se verdadeiros vírus nas redes sociais.

Em maio de 2015, uma suposta cliente de uma grande rede americana de *fast food* ficou insatisfeita com o lanche que pediu e resolveu publicar em sua rede social:

Sabe quando falam que para construir a confiança leva tempo, e para destruí-la, um segundo? Pois bem, foi isso que aconteceu entre a gente.

Fazia um tempo que você não errava mais na mesma coisa de sempre, e a cada dia eu estava mais confiante de que você tinha mudado. Eu só queria que não tivesse salada no meu lanche, cara! Você sabe que isso não me faz bem.

Mas, hoje, você teve que decepcionar. Eu estava feliz, saindo da aula morrendo de fome. Eu disse: "não quero salada, não quero tomate, não quero cebola, não quero alface", e, chegando no destino, abri e lá estava ela, a salada!

Foi de propósito? Só porque eu não pude sentar e jantar com você com calma? Não consigo entendê-lo, estávamos indo tão bem, mas você preferiu olhar para trás.

Bom, só queria dizer que perdi a fome, e acho que chegou a hora de darmos um tempo nessa relação. É, vida que segue!

Camilla

Por sua surpresa, no dia seguinte, quando foi abrir sua rede social, estava lá a resposta da rede de *fast food*:

Cá, você sabe o quanto é especial para mim! Sabe quantas histórias e lembranças lindas já vivemos juntos. Sabe que eu tenho milhões de qualidades e que juntos formamos uma dupla apaixonadamente imbatível. Mas, também sabe que erros do passado não nos levarão a lugar algum. Não podemos acabar algo tão lindo por causa de um pequeno deslize. Eu sei que você não come alface, tomate, cebola, sempre conversamos sobre isso. Você sabe também que sempre me dedico ao máximo para deixá-la feliz, mas, dessa vez aconteceu. Eu te amo, você me ama. Vamos nos dar mais uma chance? Vem cá, vamos almoçar juntos, com calma, com amor e, principalmente, sem alface! Vem, vai? Vamos fazer com essa mágoa, o mesmo que faremos com a salada do seu sanduíche: deixar de lado e seguirmos a vida juntos.

Verdade ou apenas um belo e inteligente jogo de *marketing*? Não sei lhe dizer, mas sei que isso viralizou nas redes sociais à época, e chegou até aqui, onde estou contando essa bela história para você.

Se tiver reclamações de clientes, seja criativo ao ponto de usá-la a seu favor.

Afinal, é o cliente quem decide o que quer?

Segundo estudos da neurociência, os nossos sentidos recebem cerca de 11 milhões de informações por segundo. O nosso consciente consegue processar, no máximo, 40 *bits* (5 *byte*) de informação por segundo. Todo o restante é processado no nível subconsciente. Então, como podemos garantir que o cliente é quem decide o que quer?

Isso mostra que, independentemente de toda essa mudança de comportamento do consumidor, sempre terá espaço para quem conseguir proporcionar experiências memoráveis de consumo, pois até 95% das nossas decisões são emocionais.

Dr. Pradeep fala em seu livro o *Cérebro consumista* que, se você quiser vender para esse novo consumidor, precisa descobrir quais são os principais desencadeantes emocionais que o seu produto inspira e identificá-los com precisão na sua mensagem.

Ainda, segundo Pradeep, você deve fazer com que a experiência de compra seja emocionalmente envolvente e prazerosa, se quiser que o consumidor volte.

Para isso, entender os passos para um atendimento de excelência é fundamental:

Atendimento está relacionado a cumprir os contratos acordados, sejam eles escritos ou psicológicos. Ou seja, em outras palavras, você não é obrigado a prometer nada, mas, se prometer, mesmo que for verbalmente, cumpra.

Tratamento está relacionado à forma como trata a pessoa. Educação, presteza, exclusividade. Oferecer um café, agilidade no atendimento, acusar a presença do cliente no estabelecimento. Identificar o perfil de temperamento e personalidade de cada um, e tratá-lo não da forma que você gostaria de ser tratado, mas como ele gostaria.

Encantamento é proporcionar ao cliente uma experiência única. Depois que você cumpriu o que prometeu, gerenciou bem as expectativas do cliente, entregando valor e não apenas preço, tratou da forma que ele gostaria de ser tratado, agora o foco é no encantamento.

Fazer do atendimento algo inesquecível. Marcar emocionalmente, surpreender. O único cuidado com as ações de encantamento é que ela vive um paradoxo, pois, depois que a novidade passa, volta ao nível de atendimento acordado.

Mas, afinal, o que o cliente busca em um bom atendimento?

Eduardo Tevah, um dos maiores especialista brasileiros em vendas e atendimento, ensina que, de maneira geral, os clientes buscam em um bom atendimento algo não muito difícil de entregar, basta estar atento e treinado para isso:

• **Simpatia e acolhimento:** ser atendido com um sorriso no rosto, ser chamado pelo nome, receber algo para beber, saber que a sua presença foi notada no estabelecimento. Dessa forma, o cliente se sentirá acolhido e tenderá a fazer negócio com você.

• **Orientação:** não venda, oriente o cliente a comprar. Ajude o cliente a tomar a melhor decisão de compra de forma justa. Identifique a sua real necessidade, faça vendas adicionais de forma profissional, mas não empurre produtos desnecessários.

• **Educação:** por favor, com licença, senhor, senhora, entonação de voz, gentileza são atributos que nunca saem de moda. Use-os sem moderação.

• **Agilidade:** presteza, resposta rápida, retorno. Ninguém gosta de ficar esperando uma eternidade para ser atendido. O nosso cérebro tem dificuldade para processar o tempo depois de mais de três minutos aguardando por um atendimento. Acaba relacionando isso com um tempo muito maior do que o real.

Faça as pessoas que estão comprando ou sendo atendidas por você se sentirem importantes e especiais. Assim, proporcionará uma experiência de compra memorável ao seu cliente. Utilize a tecnologia como aliada para ajudar nesse processo, mas, lembre-se de que, por mais atual que seja a tecnologia utilizada, quem está lá na ponta do processo comercial é uma pessoa que possui emoções, sentimentos, e que tem até 95% de suas decisões emocionais.

Forte abraço, fique com Deus, e até o topo, porque é lá que vamos nos encontrar.

Referências

BRODIE, Richard. *Vírus da mente*. São Paulo: Cultrix, 2010.

DAMÁSIO, António. *A estranha ordem das coisas: as origens biológicas dos sentimentos e da cultura*. 1. ed. 337 p. São Paulo: Companhia das Letras, 2018.

DAWKINS, Richard. *O gene egoísta*. São Paulo: Companhia das letras, 2007.

GOLEMAN, Daniel. *Inteligência emocional*. São Paulo: Objetiva, 1996.

PEUZZO, Marcelo. *As três mentes do neuromarketing*. Rio de Janeiro: Alta Books, 2015.

PINK, Daniel H. *Motivação 3.0: os novos fatores motivacionais para a realização pessoal e profissional*. Rio de Janeiro: Elsevier, 2010.

PRADEEP, A.K. *O cérebro consumista*. São Paulo: Cultrix, 2012.

SCHERER, Aline. *Como a neurociência está transformando as empresas*. Disponível em: <https://exame.abril.com.br/revista-exame/como-a-neurociencia-esta-transformando-as-empresas/>. Acesso em: 02 de nov. de 2018.

Capítulo 31

Tomamos sempre decisões racionais?

Neste capítulo, pensaremos sobre o que é ser racional nas nossas decisões. Aqui, encontraremos uma nova perspectiva sobre quais outros fatores influenciam a percepção do mundo a nossa volta e como interagimos com ele

Renata Taveiros de Saboia

Renata Taveiros de Saboia

Economista pela FEA-USP, especializada em economia comportamental aplicada ao *marketing* pela Yale University. Orientadora financeira pela Escola Clínica Fabiano Calil. *Coach* integral pelo Integral Coaching Canada e professora de neuroeconomia nos cursos de pós-graduação da FIA e FGV. Palestrante em temas ligados à economia comportamental, neuroeconomia e educação financeira. Pós-graduanda em neurociência aplicada à sustentabilidade de pessoas e organizações na Faculdade de Medicina da Santa Casa. Coidealizadora do GEEC-USP; coautora do projeto de educação financeira para crianças e adolescentes do Instituto Criança é Vida. Colaboradora do *blog* e do *Guia de economia comportamental e experimental*. Oferece programas de *mentoring* individual e familiar, além de *workshops in company*, usando a metodologia própria "reprogramação neuroeconômica". Atua na área de desenvolvimento humano há mais de dez anos, saneando os problemas vigentes e antecipando conflitos futuros.

Contatos
www.reprogramaçãoneuroeco.com.br
renata@reprogramacaoneuroeco.com.br
Facebook: Reprogramação Neuroeconômica/Renata Taveiros de Saboia
LinkedIn: Renata Taveiros de Saboia
(11) 99982-5678

Somos seres dirigindo uma carruagem com dois
cavalos: razão e paixão – sendo a cognição um pônei
esperto e a emoção um grande elefante.
Platão

Vou começar o meu capítulo contando uma história pessoal, de como não tomei uma decisão racional que parecia óbvia! Eu fui bailarina durante a minha vida toda; não gosto nem um pouco de academias de ginástica, musculação, *spinning* etc. No entanto, descobri que ginástica, rotineiramente, é fundamental, não só para o meu corpo, mas também para o meu cérebro.

E, por uma questão de praticidade, a solução seria me matricular em uma academia. Escolhi a mais próxima da minha casa, que tivesse diversos atrativos extras que iriam me incentivar a frequentá-la. Optei pelo plano anual, mais barato do que o mensal: decisão obviamente racional.

Eis que, três meses depois, parei de ir por desculpas variadas, porém, extremamente aceitáveis e justas, como todos nós fazemos.

Esse é um exemplo perfeito da explicação de Wilfred Bion, psicanalista inglês, para o nosso hábito de agir primeiro e justificar o comportamento depois. Ele afirma: "a razão é escrava da emoção e existe para racionalizar a experiência emocional". Essa fui eu...

E agora, o que fazer? – pensei.

Cancelar o plano, diriam os racionalistas de plantão! Claro, só que havia um problema. Para cancelar o plano, eu teria que pagar 20% do saldo restante, o que daria aproximadamente dois meses de mensalidades.

Mas é uma mensalidade tão cara! Não quero perder. Vou voltar a frequentar. – decidi.

E continuei a não ir, paguei e não usei. Onde foi parar a minha racionalidade?

Vivemos numa sociedade que, ao longo do tempo, passou a valorizar desproporcionalmente o papel da razão nas tomadas de decisão. A escolha ideal e, obviamente, a melhor, seria a mais racional. Mas, será que somos capazes de tomar decisões puramente racionais?

Para responder a essa pergunta, vamos caminhar pela história. Essa visão que privilegia a razão surgiu com René Descartes, no século XVII, como uma reação a um movimento de separação entre a ciência e a religião.

A religião se ocupou do mundo não concreto e dos anseios individuais internos, e a ciência ficou responsável por compreender o mundo material usando o raciocínio e a lógica.

A partir dessa divisão, a nossa sociedade se desenvolveu enormemente. Houve um avanço tecnológico imenso, que permitiu grande desenvolvimento. Sempre com base na razão.

Esse conceito se estendeu e foi integrado às várias áreas do conhecimento, inclusive para algumas ciências sociais, como a economia, por exemplo.

Um dos conceitos principais que orienta todo o pensamento econômico é o do *homo economicus*. É o sujeito que toma sempre as melhores decisões, utiliza bem todas as informações disponíveis no mercado e escolhe otimizar a sua utilidade, ou, em linguagem coloquial, a satisfação de seus objetivos.

Esse pensamento se expandiu e concluímos que, se quiséssemos tomar boas decisões, elas deveriam, obviamente, ser as mais racionais possíveis.

Vale uma pequena pausa aqui para definirmos com maior precisão o que se entende por racionalidade nos termos econômicos. Racionalidade é, principalmente, consistência no comportamento e nas preferências. Ou seja, as nossas ações seriam sempre coerentes com o contexto e com nossas escolhas anteriores. Bastante parecido com um computador capaz de medir e avaliar tudo com exatidão.

Só que somos diferentes de computadores. E, mais: por pressões evolutivas, que demandam respostas rápidas e eficientes aos desafios do ambiente, criamos alguns atalhos e distorções para determinar os nossos comportamentos.

Isso ocorreu a fim de evitarmos problemas não previstos, uma vez que o nosso conhecimento acerca do mundo é incompleto e parcial.

Na tentativa de clarear mais essa questão, Herbert Simon formulou a noção de racionalidade limitada, ou seja, usamos regras não racionais para tomar decisões.

A ideia subsequente foi mapear ações que aparentam ser irracionais, mas que ocorrem por razões mais profundas, como as crenças que as orientam.

O interessante é observar que não são as crenças em si que são irracionais (uma vez que elas representam generalizações e regras para a solução de problemas), e sim as ações humanas. A racionalidade existe em relação a uma ação e não à crença que a orientou.

Uma nova área de estudo vem surgindo com o objetivo de entender, conhecer e estudar essas ações, aparentemente, irracionais. Trata-se da economia comportamental, que se une à psicologia a fim de mapear os chamados "vieses cognitivos" ou "anomalias" no comportamento humano.

São chamados assim, por serem desvios do comportamento esperado, segundo a visão econômica tradicional do agente econômico como sendo o famoso *homo economicus*, ou seja, racional.

Esse estudo vale não só para situações econômicas, mas revela como tomamos decisões em diversos outros contextos cotidianos.

Dan Ariely, grande nome associado à área, escreve semanalmente no *Wall Street Journal* sobre como essa lente das ciências sociais pode ajudar as pessoas comuns, em suas experiências cotidianas, a entender o que pode ser feito para melhorar suas decisões, ações e resultados. Ele responde a perguntas relacionadas a, por exemplo, dietas, insatisfação com Netflix, traições e álibis.

É sempre bom lembrar, no entanto, que o resultado de ações individuais, mesmo que "viesadas", não leva, necessariamente, a um coletivo problemático ou disfuncional.

Mercados econômicos funcionam bem apesar dos comportamentos não racionais dos agentes econômicos e suas escolhas individuais irracionais, segundo os modelos econômicos de tomada de decisão.

Por isso, precisamos ser cautelosos ao aplicar os mecanismos de escolhas individuais para explicar comportamentos de grupos, como o funcionamento da economia em geral, mercado de ações ou geração de políticas, seja em âmbito governamental ou empresarial.

Trata-se, porém, de compreender como nós, individualmente, distorcemos a realidade e tomamos decisões que não são racionais em grande parte das vezes e, ainda assim, dão certo na maioria das situações. O que não parece nada óbvio! Quero agora, dar a você, leitor, um exemplo de uma situação onde esses vieses aparecem com mais frequência.

O exemplo que mais gosto é o da nossa insistência em continuar correndo riscos que podem nos levar a prejuízos maiores ao invés de assumir a perda e começar de novo. Parecido com a minha história do começo do capítulo.

Vemos, frequentemente, no mercado financeiro, pessoas presas a ações que estão em queda, dando um enorme prejuízo e, ao invés de se desfazerem delas, realizar a perda e procurar uma aplicação lucrativa, o que seria o mais racional, fazem exatamente o oposto.

Se desfazem de posições lucrativas e colocam o dinheiro em operações mais arriscadas – que prometem retornos melhores – na tentativa de compensar a perda que estão sofrendo. Por que as pessoas apresentam esse comportamento?

Daniel Kahneman, psicólogo ganhador do prêmio Nobel de economia em 2002 (sim, ele é psicólogo!), traz à tona a sua teoria da perspectiva, a principal teoria da economia comportamental.

Ele sustenta e prova, cientificamente, que os seres humanos são duas vezes e meia mais sensíveis às perdas do que aos ganhos. Ou seja, fazemos qualquer negócio para não sentir a dor da perda, inclusive, arriscar a perder mais. Obviamente, de modo não racional.

Tenho a certeza de que se você, leitor, olhar cuidadosamente para a sua vida, sob essa nova perspectiva, também encontrará situações como essa. E, se já jogou pôquer ou truco alguma vez na vida, passou por situações em que esteve disposto a arriscar tudo: *all in* ou perdido por perdido, truco!

Esse exemplo nos mostra que não é a razão que está no comando de nossas decisões. Existe um aspecto emocional ou afetivo que exerce forte influência nas nossas escolhas. Esse aspecto está bastante ligado as nossas crenças a respeito do funcionamento do mundo que, como já vimos, não são necessariamente racionais.

Formaram-se sob influência da maneira com que fomos educados, dos livros que leram para nós, do que nos foi dito que é verdade. Acontece que temos inúmeros exemplos nos quais essa verdade foi questionada e provada falsa. A Terra é, de fato, redonda e o Sol está no centro do sistema solar!

E são justamente essas crenças que nos dão regras de bolso rápidas para tomadas de decisão, e não uma análise fria das probabilidades envolvidas em cada escolha, com resultado incerto, ou seja, a vida. São chamadas heurísticas.

Junta-se a isso a grande importância do sistema límbico na garantia da sobrevivência da espécie, do ponto de vista evolutivo. O sistema límbico é o nosso sistema emocional.

Ele é um centro informacional que recebe informações do meio, compara com a memória armazenada, registra o que deu certo e o que é ameaça à sobrevivência. Depois, distribui essas informações para os centros de processamento, análise e execução de comportamentos.

Vejam bem que o coordenador desse processo, que se dá no cérebro, é um sistema com base em emoções e não em análises lógicas. Isso acontece assim, pois esse é um sistema rápido, eficiente e que nos trouxe até aqui. Ele garante que o que deu certo no passado continue sendo usado.

Ao passo que o sistema analítico, ou racional, é mais lento, não automático, e depende de avaliações de circunstâncias desconhecidas, o que exige uma maior capacidade de processamento. Testa o comportamento novo sem ter certeza da eficiência do resultado, pensando em termos de sucesso evolutivo.

Deriva daí a grande influência das nossas emoções nas tomadas de decisão, ao contrário do que se imaginava. Interessante é observar que, do ponto de vista da sobrevivência da espécie, dar um peso grande para o sistema emocional, na determinação dos comportamentos humanos, é uma forma correta, ao contrário do que passamos a pensar após a idade média, com a chegada do pensamento cartesiano.

Muito importante, no entanto, é saber que estamos vulneráveis e suscetíveis às influências emocionais e afetivas, quando estamos diante de uma escolha. Conhecer a forma pela qual distorcemos a realidade, a fim de que ela se encaixe nas nossas crenças é de grande valia, se queremos tomar decisões efetivas no mundo complexo de hoje, bem diferente daquele dos nossos ancestrais das cavernas.

O desafio está na integração do conhecimento que possuímos hoje com as nossas inclinações primitivas na direção da sobrevivência da espécie.

Termino com a citação de Colin Camerer, professor de economia comportamental da Caltech: "Todo processo de tomada de decisão que define o comportamento humano é uma combinação fluida entre processos automáticos e controlados, operando com o uso de cognição e afeto".

Referências

ARIELY, Dan. *Irrationally yours.* HarperCollins Publishers, 2015.

GAZZANIGA, Michael; IVRY, Richard; MANGUN, George. *Cognitive neuroscience.* Editora W.W. Norton & Company, 2014.

TALEB, Nassim Nicholas. *Arriscando a própria pele: assimetrias ocultas no cotidiano.* Editora Objetiva, 2018.

VÁRIOS AUTORES. *Segredos de alto impacto.* pp. 119-224. Editora Literare Books, 2018.

WILBER, Ken. *A união da alma e dos sentidos.* Editora Cultrix, 1998.

Capítulo 32

O evidente por trás da transição planetária

Um capítulo de ficção? Não! Fictício era eu, nutrindo conhecimentos por 30 anos, com cursos e vivências em muitas áreas do comportamento humano, medicina e espiritualidade, sem conseguir colocar em prática e sentindo as mesmas angústias e frustrações. Faltava criar um método eficaz. Sua essência renascida manifesta felicidade, paz e satisfação pessoal quando você se religa à genuína realidade

Renato Bittencourt

Renato Bittencourt

Médico *expert* em eneagrama, psicologia transpessoal e comportamento humano. Autor do livro *Essência renascida: religue-se à sua genuína realidade*. Criador do programa *Essência renascida: ampliar níveis de consciência, desenvolvendo nossa espiritualidade comportamental, estruturado na qualidade de vida, na satisfação pessoal e no equilíbrio emocional por meio do marketing digital* – no formato de artigos, *e-books* e livros; vídeos, palestras, treinamentos *online* e mentorias. Projeto Reneagrama, após muitos anos de estudo comparativo das obras de vários autores do Brasil e do Mundo, tem realizado uma releitura com uma visão renata do eneagrama. 30 anos de experiência em análise comportamental, espiritualidade e transformação pessoal.

Contatos
www.renato-biteca.com.br
contato@renato-biteca.com.br
YouTube: Renato Luiz Bittencourt Ferreira
LinkedIn: Renato Bittencourt
(81) 98174-7139

Ao final deste capítulo, você terá em mãos um valioso atalho para praticar e conquistar a tranquilidade, o equilíbrio e a paz de espírito que tanto almeja em sua vida.

Permita-se vivenciar, sem medo, as sensações e sentimentos que não são comuns em seu cotidiano, por estarem abafados e camuflados pelas couraças dos padrões de comportamentos e das defesas que criamos ao longo da vida.

Apresento ferramentas poderosas para serem utilizadas no seu dia a dia, visando autoconhecimento, assertividade na tomada de decisões e consciência corporal na forma de meditação em movimento.

A vida nos leva por caminhos em que nem sempre o conhecimento que adquirimos nos traz a serenidade e a satisfação pessoal que desejamos, pois apenas o conhecimento não é sinônimo de evolução espiritual.

Segundo as filosofias orientais, a sabedoria que necessitamos para ampliar o nosso nível de consciência está estruturada em um tripé formado pela união de três pilares: conhecimento, discernimento e direcionamento. Inspirado nesses pilares, utilizaremos três métodos que temos estudado e praticado com grande eficácia.

Autoconhecimento, resiliência emocional e mudança comportamental por meio do eneagrama

O eneagrama estuda perfis de personalidade valendo-se de um sistema de tipologia alicerçado em nove emoções e padrões de comportamento. Com o estudo do eneagrama, buscamos equilibrar os nossos três centros de inteligência: teórico (o que isso significa?), emocional (o que isso tem a ver comigo?) e instintivo (qual a aplicação prática disso?).

Muitas vezes, o que eu penso não está em conformidade com o que eu sinto, que também não está em harmonia com as minhas ações e atitudes.

O eneagrama é um mapa que nos ajuda a reconhecer cada uma das nove emoções: raiva, orgulho, vaidade, inveja, avareza, medo, gula, luxúria e indolência.

Cada pessoa é um universo de emoções, que são expressas de acordo com o seu perfil, e conhecê-las é uma chave de ouro para melhorar os relacionamentos intra e interpessoais.

No *e-book Essência renascida – religue-se a sua genuína realidade*, disponível em nosso *site*, descrevo detalhadamente as características de cada perfil desse poderoso recurso.

Falamos em relacionamentos, pois esse é o tema dessa época de transição planetária em que estamos vivendo. Existem alguns fatores predisponentes que estão interferindo no comportamento das pessoas nesta década:

- As modificações planetárias decorrentes das alterações ambientais, geológicas e meteorológicas devido à poluição e degradação promovidas pelo homem, colocando o nosso planeta na UTI;
- Descobertas e especulações astrofísicas relacionadas ao planeta X, Nibiru, aumento da frequência Schumann, "ciclo mínimo solar" bem como o "pacote" elétrico a que estamos sujeitos em nosso cotidiano (ondas elétricas, radiações eletromagnéticas vindas do espaço – micro-ondas, raios X e gama, tempestades solares geomagnéticas, entre outras);
- Excesso de informações, barulho mental e poluição interna por pensamentos e sentimentos conflitantes, alimentação não saudável, sono irregular e sedentarismo aos quais nos submetemos de forma mecânica e repetitiva.

É óbvio que, ficando livres dos condicionamentos e crenças limitantes, conseguiremos manifestar a nossa essência renascida.

Serenidade, assertividade e ação correta aplicando a radiestesia

Quando cito a radiestesia, refiro-me ao eletromagnetismo acessando o meu campo eletromagnético gerado pelos meus subconsciente e inconsciente, aos quais não tenho acesso em estado consciente normal de vigília.

Segundo definições acadêmicas, em um sentido mais amplo, são as partes da mente que compõem um complexo psíquico (conjunto de fatos e processos mentais) de natureza complexa, de onde brotariam as paixões, o medo, a criatividade e a própria vida.

Ao falar de radiestesia, não me refiro ao diagnóstico e tratamento por meio de mesa radiônica. Apenas emprego o instrumento de radiestesia chamado pêndulo para acessar informações contidas nas partes inconsciente e subconsciente de minha mente.

Afirmo, após anos de estudo e vivências, que qualquer pessoa pode aplicar essa técnica, manuseando, sem medo, um pêndulo qualquer; pois o que a norteia é a sua intenção de religar-se a sua essência por intermédio do campo eletromagnético gerado por ela.

Trata-se de ser você com você, mediante sua intenção de acessar os seus dons, qualidades e virtudes; permanecendo livre e protegido(a) de qualquer conceito místico, esotérico ou espiritual relacionado a esse tema.

Valendo-se dos princípios da física quântica, eu ajudo o meu consciente a conectar-se com a energia que anima cada célula do meu corpo, que também está em contato com as energias do ambiente ou do campo vibracional em que estou inserido.

Assim, vamos ao método:

1. Segure a haste do pêndulo com os seus dedos polegares e indicadores;
2. Mantenha o pêndulo a aproximadamente dez centímetros dos dedos;
3. Posicione a mão que segura o pêndulo na altura do seu abdome;
4. Convencione os movimentos conforme as respostas de acordo com a sua vontade. Exemplo: sim, movimento no sentido horário; não, movimento no sentido horário. À medida que vai pegando prática, você pode ampliar o número de movimentos de acordo com o que estabeleça;
5. Faça uma inspiração profunda e projete a sua intenção de sintonia com a sua inteligência essencial não consciente;
6. Em uma primeira fase, faça perguntas claras e objetivas, que levem a respostas objetivas (sim/não) sobre determinado assunto. Experimente fazer perguntas invertidas para testar o movimento do pêndulo (horário/anti-horário,vertical/horizontal) conforme o que determinou.

Relembro-me de que o tema deste capítulo é autoconhecimento, desenvolvimento pessoal e ampliação do seu nível de consciência, assim, quanto mais seriedade, determinação e continuidade você tiver, bem como a interação das três ferramentas que estamos trabalhando, melhores serão os seus resultados.

Recordemos ainda que estamos tratando de física quântica, conceito que envolve energia, campo eletromagnético, emanações, intenção, inconsciente coletivo etc.

Portanto, você poderá lançar mão dessa técnica para questões internas (dúvidas e questionamentos comportamentais) e externas (isso que o Renato está falando, procede? Sim/não. Existe algum risco na decisão que estou prestes a tomar?), e assim por diante. Teste e experimente!

Ao ir além do óbvio, você sentirá grande satisfação pessoal por meio da meditação e da manifestação de sua essência primordial.

Rebalanself – Colocando o seu ego na balança

Há algum tempo, durante uma prática meditativa para controlar o estresse e a inquietação mental que me assolavam a alma, tive o grande *insight* de perceber a forma caótica e sem um real propósito que vinha levando a minha vida durante anos.

O pior é que eu já não tinha mais nenhuma das corriqueiras desculpas a dar: filhos para criar, faculdade para pagar, concursos para fazer, carreira pra construir etc. Não, a minha única tarefa diária era trabalhar feito um louco, correndo para lá e para cá, de dez a 14 horas por dia; e à noite e finais de semana, metido em algum curso ou me anestesiando na frente da TV, do celular ou do computador.

Finalmente, reconheci que teorias sem práticas me distanciavam da compreensão da minha verdadeira consciência. Sempre senti atração pelas filosofias e ensinamentos orientais e pelas artes marciais.

Comecei, então, de forma metódica, a observar o movimento do corpo e das mãos no *tai chi chuan*, na *yoga*, na biodança, na capoeira e em danças tradicionais árabe, indiana e asiática.

Verifiquei, ainda, o harmonioso deslocamento de animais e aves, o balanço da natureza – árvores ao vento, ondas do mar, o fogo, bem como a movimentação de moléculas atômicas no eletromagnetismo.

Eu vejo o *self-ego* como sendo a camada da nossa personalidade que concentra os nossos condicionamentos, as características negativas do nosso padrão de comportamento.

Desenvolvi uma metodologia que hoje compartilho contigo, chamada *Rebalanself*, que está fundamentada na fluidez do movimento contínuo, suave e de características arredondadas da energia eletromagnética que circula pelo nosso corpo.

O objetivo é fazer um balanço do meu *self*, representado em nossa estrutura corporal pelas tensões musculares; para que a essência da minha consciência corporal aflore as características positivas das emoções e dos três centros de inteligência.

Esse balanço se dá por meio de movimentos ondulares, circulares e pendulares, de forma mais lenta e contínua possível do tronco, membros superiores e mãos.

No canal do programa *Essência renascida*, temos um vídeo que demonstra na íntegra a prática dessa meditação em movimento.

Após colocar uma música suave de fundo, fazemos um rápido aquecimento das articulações dos membros inferiores, quadril, coluna vertebral, ombros e braços.

Começamos focando a atenção em nosso ventre, mantendo uma leve contração abdominal e respirando profundamente.

O grande segredo do *rebalanself* é que você não precisa de nenhuma técnica ou habilidade para realizar esses movimentos. Apenas os execute da forma mais lenta possível e deixe que o seu corpo e o seu coração lhe indiquem os balanços.

Concentre, sim, toda a atenção em seu peito, tentando compreender a manifestação do seu ego e da sua essência divina.

Ao reestruturar o balanço do seu *self* – *rebalanself*, aquelas qualidades intrínsecas que você possui tendem a se manifestar, facilitando o convívio consigo.

Realizando esses movimentos ritmados e integrativos, você desloca a energia interna da essência, mobilizando-a para fora; controlando a agitação do seu ego.

Imagine que você tem vários anéis de energia circulando e pulsando ao redor de seu corpo; ao permitir que o sentimento flua por movimentos aleatórios, porém harmônicos e complementares, conseguirá equalizar a dinâmica entre a sua essência e o seu ego; preparando-se para o equilíbrio entre os seus três centros de inteligência – teórico, emocional e ativo.

Caso você esteja impossibilitado de se manter em pé, poderá mesmo assim realizar a maioria desses movimentos estando sentado; o mais importante é focar a sua atenção na compreensão de suas qualidades essenciais.

É de fundamental importância para o sucesso dessa técnica a respiração profunda e a mentalização de imagens positivas e agradáveis para a mudança de padrões neurais, emocionais e físicos; tanto de crenças limitantes como dores físicas e desconfortos emocionais.

Trabalhamos com o conceito da neuroplasticidade, que se refere à capacidade do sistema nervoso de mudar, adaptar-se e se moldar a nível estrutural e funcional ou quando sujeito a novas experiências.

O *rebalanself* atua também estimulando os "5 Rs" da neuroplasticidade: remapeamento, religação, reorganização, reestruturação e regeneração. Pense no quanto deles você está precisando em sua vida.

A realização desses movimentos contínuos e circulares trabalham o tecido conectivo entre as fibras musculares, bem como a fáscia, que é aquela membrana branca que recobre os músculos e tendões – onde estão os receptores de neurotransmissores (também conhecidos como nociceptores) que promoverão o relaxamento e a sensação de bem-estar.

Procure manter uma vontade determinada em imaginar e até em perceber a energia fluindo entre os seus três centros de inteligência.

Realizando esses movimentos ondulares, busque a experiência sensorial que consiste em uma sensação de prazer e relaxamento intenso.

Torna-se óbvio que, ao permitir e facilitar a liberação de memórias profundas, traumas, bloqueios e crenças limitantes que até aqui o restringiram à plena manifestação da felicidade e da prosperidade, você estará ultrapassando as fronteiras do ego condicionante.

O agora é tudo o que temos de concreto para eliminar os traumas e crenças do passado, construindo um futuro de paz de espírito e sobriedade.

Hoje, então, que tal acariciar o universo com bons pensamentos e hábitos virtuosos.

Três passos para viver à frente do óbvio

1º Autoanálise: o nosso corpo e a nossa mente são o mapa da mina. No curso *online Essência renascida* e em nosso programa de mentoria aprofundamos dicas e ferramentas poderosas nesse processo de autopercepção;

2º Autoassertividade: semelhante ao garimpeiro que necessita de material adequado para cavar mais fundo, o uso do pêndulo de maneira objetiva religa a sua essência divina, traz clareza nas ações. A nossa metodologia fornece estratégias seguras para descobrir o que há por trás de cada reação do seu padrão de comportamento;

3º Vontade de meditar: à medida em que você direciona o seu foco a sua consciência corporal, poderá aprimorar a sua interação com o seu eu superior. Para isso, é fundamental dispor de um método de autodesenvolvimento que lhe proporcione a continuidade desse crescimento pessoal.

Enxergando além do óbvio você colocará a sua vida na espiral do sucesso e do equilíbrio emocional para evoluir e esclarecer a vontade das pessoas que tiverem algum contato contigo. Bem-vindo(a) a essa jornada. Espero você!

Capítulo 33

Para liderar é preciso influenciar: tanto nas organizações quanto na família

Desde a década de 50 até os dias de hoje, as organizações estão tentando, incessantemente, alcançar novos patamares de desempenho. Também no plano social, é esperado que o líder desempenhe bem o seu papel, pois a maioria das pessoas não se casa, tem filhos e faz amigos com a intenção de que os seus relacionamentos fracassem

Roberto Cunha

Roberto Cunha

Atua como psicólogo clínico no atendimento individual, de casais e família, com especializações em teoria psicanalítica, na clínica de família e MBA em psicologia positiva. Formação em *coaching* e treinador de líderes. Palestrante com foco no desenvolvimento humano. Sócio fundador da clínica Scientia.

Contatos
www.robertocunha.net.br
roberto.cunha@ymail.com
(31) 99208-3939

É óbvio que o líder goza também da condição de ser humano. E como tal, suas relações não deixam de existir, seja na família ou nos círculos sociais a que pertence. Por mais que isso esteja intrínseco, muitas vezes, é um fato negligenciado; visão que carece de uma nova perspectiva.

Esperando voar cada vez mais alto em termos de competitividade, os líderes se esforçam para inovar, estabelecendo planejamentos estratégicos e enfatizando o engajamento dos seus colaboradores em todos os planos de ação.

Há de se destacar, contudo, que todo líder tem um perfil comportamental dentro da organização, um traço que carrega com base na forma que aprendeu com os seus antepassados, quando introjetou valores, mitos e ritos próprios. E esse fator torna-se, por vezes, desagregador, pois, ao desconhecer alguns princípios básicos, um número expressivo de pessoas sofre as consequências da falta de liderança em suas vidas e nas dos que os cercam.

Assim, é importante desenvolver a capacidade de liderar muito além do corporativo. Da mesma forma que não existe a dualidade mente/corpo, também é impossível uma desvinculação dos papéis desempenhados por um mesmo sujeito. E isso nos coloca diante da necessidade de discutir estratégias, para que as relações dos líderes sejam aperfeiçoadas, sobretudo, desenvolvendo carisma, paciência, respeito, disciplina, amor e, principalmente, a capacidade de influenciar, inspirar e desenvolver de forma positiva todos que os cercam, doando-se aos outros, identificando e atendendo as suas legítimas necessidades.

Em um mundo em que não há mais tempo para sofrer ou para se angustiar; em que tempo é dinheiro, o ato de falar sobre o que se sente e escutar o que daí advém, para além da exibição padronizada das redes sociais, constitui algo inconciliável e ambivalente para o nosso existir enquanto líderes.

Segundo Williams (2005), somos, em geral, rápidos em apontar os erros dos outros e lentos ao reconhecer os seus acertos, tanto na vida profissional quanto particular.

Essa dinâmica se estabelece a partir de algo enraizado e patrocinado por um velho paradigma da liderança, sobretudo na geração *baby-boomers*, representada pelos nascidos no pós-guerra, nas décadas de 40 e 50.

Líderes dessa geração foram educados por pais e professores autoritários, cujo modelo de liderança inspirava medo.

Já na geração seguinte, a "X", que é representada pelos nascidos entre 1960 e 1970, as coisas melhoraram um pouco, na medida em que houve um questionamento da velha ordem imposta. Algo se tornou inconciliável, denotando uma deformação que subjaz a história dos antepassados diante de uma nova perspectiva de futuro.

Entretanto, a partir de 1980, as coisas tomaram um caminho diferente. Com o avanço tecnológico, a globalização da economia, a liberalização dos costumes e comportamentos, desponta a "geração Y". As pessoas dessa geração tiveram a seu favor um acesso exponencialmente maior à informação em relação às gerações anteriores, o que determinou mudanças substanciais no mundo corporativo e na maneira de liderar.

Por outro lado, não há como deixar de lado o fato de que as pessoas da "geração Y" são filhos e filhas das gerações anteriores, trazendo incrustadas no seu sistema psíquico, determinações familiares importantes, com uma forma de entender o mundo toda própria. Conscientemente ou não, os pais ensinam os filhos por meio da interação e do exemplo; o fruto não cai muito longe da árvore.

Assim, essa dinâmica que se estabeleceu na formação desse sujeito determinou não só o estilo de liderança, mas também a forma de se relacionar, na medida em que essa herança exerce um forte impacto na capacidade de formar vínculos emocionais.

É óbvio que a forma de se relacionar do passado propiciava um maior distanciamento afetivo e emocional, tanto nas relações corporativas quanto familiares. De acordo com Gottman (2003), esse afastamento emocional frente ao outro é claramente prejudicial aos relacionamentos:

> Estudos realizados sobre a dinâmica dos relacionamentos entre pais e filhos, entre amigos adultos, entre irmãos adultos e entre colegas de trabalho nos levaram a acreditar que esse comportamento também é destrutivo para outros tipos de relacionamentos. (GOTTMAN, 2003 p.37)

Com base nisso, faz-se presente a necessidade de uma escuta particular para nomear e ouvir o que se estabelece nas relações e que, por vezes, está adormecido e esquecido. Pois são nelas que permanecem os traços dos nossos saberes, desejos, limites e, enfim, das nossas conexões e escolhas que nos compõem e nos tornam únicos.

> Não há como exagerar a importância de laços fortes e saudáveis entre pais e filhos, porque esses laços

> funcionam como a base sobre a qual todos os outros relacionamentos na vida são construídos. Se uma criança não aprende a se vincular emocionalmente ao pai ou à mãe (ou a outra pessoa que a crie e desempenhe o papel dos pais), ela provavelmente terá dificuldades para estabelecer um vínculo com as pessoas em todos os tipos de relacionamentos pelo resto da vida. (GOTTMAN, 2003, p.39)

Assim, cada vez se torna mais óbvio que o progresso contínuo é fundamental tanto para pessoas quanto para organizações. E que uma liderança efetiva, assertiva e inspiradora carece de um olhar sistêmico que leve em consideração fatores culturais, econômicos, da natureza das tarefas, da missão, dos projetos organizacionais e dos comportamentos dos agentes que a cercam.

A liderança assume um *status* de processo orgânico, independente entre as formas de exercício dos poderes formal, e informal nas suas mais variadas nuances. Toma contorno sistêmico, na medida em que o líder é um ser biopsicossocial.

Porém, por vezes, dele é exigida uma otimização das suas entregas, independentemente se tem ou não habilidades para tanto. Por exemplo, precisa ser ótimo comunicador, uma pessoa visionária, excelente pai e alguém que faça acontecer nos mais variados papéis que desempenha.

Ora, apesar de que as forças acima sejam consideradas essenciais à boa liderança, fica a dúvida se um único sujeito é capaz de reuni-las. Buckingham (1999) nos diz que há muitos perfis de liderança, e que é necessário que se destaque qual é o de cada um.

Ainda que haja a necessidade de valorização dos pontos fortes do líder em detrimento dos seus *gaps*, o certo seria investir profundamente nas competências de cada um. Em suma, precisamos valorizar mais o que há de positivo no sujeito, do que negativo.

Esse jeito positivo de ver as coisas, com a verdade do sujeito à tona, proporciona um estado de prazer no desempenho dos relacionamentos do líder, como nos diz Cameron (2012):

> (...) Relacionamentos positivos são aqueles que são "uma fonte generativa de enriquecimento, vitalidade e aprendizagem" para indivíduos e organizações (Dutton & Ragins, 2007): isso implica mais do que as pessoas simplesmente se relacionando umas com as outras ou evitando a toxicidade em suas interações. Isso significa que o relacionamento positivo promove resultados positivos desviantes fisiológica, psicológica, emocional e organizacionalmente. É

> comumente entendido que o relacionamento positivo é satisfatório e preferido pelas pessoas, mas os benefícios vão muito além de apenas proporcionar uma experiência agradável. Indivíduos florescentes são um pré-requisito para organizações florescentes. (CAMERON, 2012, p.45)

Assim, ao procurar estabelecer uma visão positiva no desenvolvimento de potencialidades dos líderes, nas organizações ou nos seus contextos sociais, o foco não é a aplicação da psicologia positiva como um treinamento para a formação desse profissional, mas fornecer o aporte técnico e socializante agregador à competência para que ele desempenhe o seu papel mais eficientemente.

Todos nós somos seres capazes de adotar novas posturas frente a algo estabelecido, independentemente da idade e das crenças que adotamos como verdades para nosso existir. Segundo Senge (1999), o modelo mental do líder determina o modo como ele age e, consequentemente, impacta na maneira como ele conduz, motiva e inspira, satisfazendo as necessidades legítimas dos liderados.

A contribuição do avanço da neurociência é preponderante nesse sentido. Estudos mostram que o nosso cérebro funciona da seguinte forma: os nossos comportamentos são frutos de conexões neurais. Na medida em que queremos criar algo diferente para a nossa vida, buscando uma nova narrativa, é necessário criar novos comportamentos e, com eles, novas conexões neurais, que trarão novos hábitos.

Eis uma dinâmica que não é fácil e nem acontece da noite para o dia. Mas, se persistirmos, ao longo do tempo, essas conexões se tornarão tão fortes quanto as anteriores, como nos diz Di Stefano (2017):

> O cérebro não julga se a nossa percepção está limitada ou não. O seu objetivo, como máquina orgânica altamente eficiente, é criar as associações neurológicas para que tenhamos acesso mais rapidamente às áreas que mais usamos. Assim, se usamos frequentemente a área do cérebro que gera pensamentos negativos, esse não questiona, apenas se torna mais eficiente. Temos uma inteligência orgânica que funciona para nos tornar mais eficientes em qualquer que seja a atividade. O nosso corpo se adapta para melhor servir à função que estamos exercendo. Quando usamos muito a mesma área do cérebro, esse "observa" o que está acontecendo e se torna mais eficiente, criando mais caminhos neuronais para que possamos acessar essa área mais facilmente. (DI STEFANO, 2017, p.57)

Portanto, comportamento é escolha. E a forma que escolhemos pensar e agir determina o nosso sucesso ou fracasso, seja nas nossas relações organizacionais ou familiares. Segundo Mc Lagan e Nel (2000), essa dinâmica exige aprendizado. Todos devem aprender novas técnicas, criando novas conexões neurais mais alinhadas com relacionamentos positivos, adquirindo novas posturas, implementando as visões, os valores e os planos que guiarão as mudanças.

Portanto, caminhamos para uma nova forma de liderar, inspirando e desenvolvendo pessoas em todos os âmbitos que elas habitam, gerando aprendizagem e propiciando crescimento. Essa é a liderança do terceiro milênio, que é conhecida como *coach*. O líder *coach* é, sobretudo, um servidor e desenvolvedor de pessoas, como nos diz Piovan (2011):

> (...) O líder deve trabalhar pela ampliação das competências de seus colaboradores. Isso significa prover as condições para que eles se desenvolvam, melhorem seu modo de trabalhar e possam crescer profissionalmente. No conceito de liderança servidora, é papel do líder apontar os *gaps* de competência de seus liderados e caminhos para que eles possam suprir suas deficiências. (PIOVAN, 2011, p.25)

Em suma, o líder hoje é um formador de novos líderes, quando reconhece os potenciais e *déficits* de seus liderados nas organizações e nas famílias, acompanhando com respeito a sua singularidade, mantendo a motivação e o foco nos objetivos positivos e os inspirando.

Esse desenvolvimento não é uma escolha, mas, sim, uma necessidade, pois é indispensável estabelecermos enquanto líderes, relações mais qualificadas; seja no trabalho ou nos meios sociais em que vivemos, sobretudo na família. Tudo na nossa vida gira em torno das nossas relações. Famílias saudáveis e empresas saudáveis falam de relacionamentos saudáveis. A mudança é possível e agregadora de valores únicos e indispensáveis à construção de relações mais sólidas, felizes e engrandecedoras. É óbvio que essa dinâmica dá bons frutos, pois, no fim, será importante a diferença que fizemos na vida das pessoas com as quais convivemos.

Referências

CAMERON, Kim S. *Positive leadership: strategies for extraordinary performance*. Oakland: Berret-Koehler Publishers, 2012.

DI STÉFANO, Rhandy. *O líder coach: líderes criando líderes*. 14.ed. Rio de Janeiro: Qualitymark, 2005.

GOTTMAN, Jonh. *Relacionamentos*. 1.ed. Rio de Janeiro: Objetiva, 2003.

PIOVAN, Ricardo. *O líder completo: como inspirar, motivar e ampliar as competências dos seus liderados*. 1.ed. São Paulo: Reino Editorial, 2011.

SENGE, Peter M. *A dança das mudanças*. 8.ed. Rio de Janeiro: Elsevier, 1999.

Capítulo 34

São claros para você o poder e o impacto dos nossos filtros perceptivos nos processos de comunicação e liderança?

Todo bom líder/comunicador reconhece que, no processo da comunicação, ruídos podem acontecer. E, geralmente, acontecem! O detalhe não tão óbvio, que poucos sabem, é que os filtros perceptivos, às vezes inconscientes, motivam pessoas e fazem toda a diferença na comunicação e liderança eficaz

Silvia Queiroz

Silvia Queiroz

Psicóloga formada há 18 anos, pós-graduada em avaliação e diagnóstico psicológico pela Faculdade Rui Barbosa, em Salvador; e em psicologia e aconselhamento pastoral pela renomada Faculdade de EST/RS. MBA em gestão estratégica de pessoas pela FGV/RS, e mestre em teologia também pela EST/RS. *Coach* e analista DISC com certificação internacional pela Sociedade Latino Americana de Coaching – SLAC/SP. Coautora do livro *Cenários urbanos: realidade e esperança*. É palestrante na área de desenvolvimento e comportamento humano. Haggai Alumni, participou do Haggai leader experience em Mauí/Havaí, em outubro de 2017. Atua como psicóloga, *coach*, escritora e palestrante, além de ministrar cursos.

Contatos
www.palestrantesdobrasil.com
silviahbsq@yahoo.com.br
LinkedIn: Silvia Queiroz
Facebook: @SilviaLocupleto
(51) 98436-4859

"Se prestares atenção no teu discurso, perceberás que ele é guiado pelos teus propósitos menos conscientes."
George Eliot

Existem algumas coisas na vida que nos parecem tão óbvias e naturais que, por vezes, esquecemos o quão complexas são. Os processos cerebrais, de modo geral, são assim. Você já parou para refletir como os nossos pensamentos se processam? Ou como conseguimos captar imagens do mundo ao nosso redor, por meio de nossa visão, e dar a elas algum significado? Não é fantástico? Sim, muitos aspectos em nossas vidas são extraordinários, embora nem sempre paremos para analisá-los. E, para mim, o processo de comunicação é um desses fabulosos e relevantes construtos.

Não sei se é porque sou mulher (uma vez que já se sabe da presença marcante da proteína FOXP2 nos nossos cérebros nos fazendo falar mais do que os homens), mas acredito que comunicar é viver! Eu não conseguiria imaginar a vida sem o uso da linguagem, sem as palavras ditas e escritas que nos contam histórias passadas, presentes e futuras. Ou sem os gestos e as atitudes que revelam tantas emoções sublimes, e assim constroem conexões entre as pessoas. Quão pobre seria o mundo e a nossa existência sem essa ligação proporcionada pela comunicação!

Não é por acaso que já em nossa primeira experiência relacional, ainda no útero materno, tentamos alguma interação. E também não é à toa que o nosso primeiro grande gesto no mundo é gritar a plenos pulmões, como que para informar a todos que estamos insatisfeitos e desconfortáveis por abandonar o invólucro quentinho e conhecido que nos acolhia. Nascemos querendo comunicar e interagir!

Com toda certeza, a nossa primeira escola sobre comunicação e relacionamento é a nossa mãe ou pessoa cuidadora. Como que por providência divina para nos treinar, ela vai desempenhando um papel fundamental em nossa existência. Ao falar conosco, dizer palavras ainda irreconhecíveis ou fazer gracinhas para sorrirmos, a nossa mãe comunica o nosso lugar no mundo. Sentindo-nos amados, a retribuição a esse conjunto de ações, gestos e palavras é inevitável. Queremos aprender a dizer o mesmo. Queremos que ela saiba o quanto nos importa e o quanto temos saudade de seus afagos. Queremos chamá-la pelo nome, como ela faz conosco...Queremos entrar em contato!!

E assim, pouco a pouco, desenvolvemos a nossa linguagem, nos constituímos sujeitos e passamos a interagir com todos a nossa volta. Parece algo tão poético, mas essa vivência remota é a base de nossa vida relacional e de nosso desenvolvimento humano, que não existiria se nós não nos comunicássemos. O processo de aprendizagem, as relações comerciais, o enamoramento, a formação das famílias, os relacionamentos entre nações, tudo depende de nossa comunicação. Comunicar é preciso e vamos usar todo o nosso potencial criativo para tanto: a linguagem falada, escrita, corporal e todas as outras possibilidades de expressão que conhecemos para nos mantermos em contato com nossos semelhantes. Mas, afinal, o que é comunicar?

A palavra comunicação vem do latim *communicatio*, sendo sua tradução literal "tornar comum", mas deriva de *communis*, palavra cujo significado é "algo compartilhado, público, geral". A comunicação, então, nada mais é que uma externalização daquilo que é meu, de meus pensamentos e de minhas emoções. É tornar público o que há de mais profundo e elaborado em meu cérebro, ou seja, tornar "comum" ou compartilhar aquilo que se passa em minha cabeça ou em meu coração.

A comunicação é a porta que permite trocas de experiências e conhecimentos entre os seres humanos e até mesmo entre as pessoas e outras espécies de animais. Nos permite transmitir informações, mas também entrar em contato com o mundo exterior. Sendo assim, sem a comunicação, seríamos seres isolados, ensimesmados, carentes desse compartilhamento como um "oceano social" repleto de "ilhas pessoais".

Embora tenhamos uma base muito simples de comunicação no início da vida, comunicar é algo bastante complexo, porque não é apenas trocar palavras ou gestos. E, por isso, nem sempre conseguimos nos comunicar de maneira efetiva.

Uma queixa muito comum que escuto de executivos e líderes que atendo é a dificuldade de comunicação e interação dos grupos que lideram. De modo geral, todo mundo acredita que se comunica muito bem, considerando a transparência de suas sentenças, a forma como expõe os seus argumentos e o quão "óbvios" são os seus pronunciamentos. É só falar e pronto, certo? Afinal, aprendemos isso muito cedo em nossas vidas, não é? Então, não tem como errar! Hum... Será que é assim mesmo? Vejamos.

De fato, a comunicação depende e muito de falas bem estruturadas e concatenadas, das atitudes e gestos agregados e do contexto do diálogo. Diante dessa lógica, alguém que fala com uma boa dicção, sem gestos hostis e num ambiente favorável tem tudo para ser sempre muito bem compreendido. Mas, então, por que, mesmo assim, as coisas parecem dar errado de vez em quando?

Tecnicamente falando, em toda cena de comunicação há um emissor da mensagem (aquele que emite, fala, expõe um argumento) e aquele(s) que recebe(m) tal mensagem (ou receptor/es). Via de regra, a comunicação acontece, porque o emissor envia o seu recado para o ouvinte e esse, geralmente, dá um ou mais *feedbacks* como retorno. Logo se estabelece um circuito comunicativo de emissão e devolução de mensagens. É assim que diálogos acontecem. Esse funcionamento circular vai se repetir inúmeras vezes até que a mensagem, e toda repercussão que ela causar, seja devidamente compreendida, processada e também devolvida em alguma palavra e/ou ação. No entanto, durante tais diálogos, mesmo naqueles mais "simples", "transparentes" ou "óbvios", podem acontecer ruídos que atrapalhem o processo.

Muitos acreditam que tais ruídos são variáveis ou fatores externos que confundem a forma como o emissor e receptor irão se comportar e absorver as falas um do outro. E isso realmente acontece! Barulho, ambiente agitado, demandas paralelas... Tudo isso pode se tornar um ruído comunicativo. Tente falar com alguém num lugar lotado, cheio de conversas paralelas e interessantes que chamam a sua atenção. Difícil se concentrar, não é? Ou imagine tentar conversar com alguém que fala tão baixinho, que você praticamente precisa colar na pessoa para poder ouvi-la. Meio impossível estabelecer uma boa interação, não acha?

Entretanto, o que poucos imaginam é que existem poderosos fatores internos, intrínsecos a nós, que tornam a comunicação não tão óbvia assim. São os chamados filtros perceptivos. Esses nada mais são do que legítimos dispositivos capazes de fazer a seleção, ou filtrar aquilo que percebemos, interferindo em como percebemos o mundo exterior. Esses filtros são desenvolvidos ao longo de nossa história de vida e forjados por nossas experiências, por nossa educação formal e parental, pelos traumas, valores, princípios e crenças que carregamos. Tal arcabouço de vivências únicas nos constituem sujeitos únicos com filtros perceptivos diferentes dos demais. E o que isso tem a ver com comunicação? Ah! Acredite, tem tudo a ver! Porque esse conjunto de idiossincrasias que nos compõem também nos faz um tanto "tendenciosos" na hora de nos comunicarmos.

Quem nunca teve a oportunidade de presenciar um casal que parece discutir por algo muito "bobo"? Após anos atendendo casais, posso afirmar com toda convicção, que tais discussões são, inúmeras vezes, desencadeadas por problemas banais. Você pode me perguntar: e como se tornam tão ameaçadores? Boa parte das vezes, trata-se apenas dos filtros perceptivos individuais e distintos que foram acionados, favorecendo um grande *gap* na comunicação do casal. É algo semelhante ao que acontece com líderes e liderados também. Pessoas diferentes percebem o mundo de forma distinta, porque possuem "lentes" personalizadas para significar e descrever a vida e as relações dela provenientes.

Você não acredita? Então, eu o desafio a scanear o *QR code* a seguir com seu *smartphone*, abrir o *link* e observar a imagem. O que você enxerga?

Figura 1 - Escaneie o *QR code* acima para ver a imagem.

Nesta figura estão retratadas duas mulheres. Mas, a maioria das pessoas consegue identificar apenas uma delas: ou veem a senhora nariguda ou a jovem de perfil que olha para baixo. Poucos, verão as duas instantaneamente. Isso acontece por causa dos nossos filtros perceptivos. Os motivos pelos quais cada pessoa tende a enxergar apenas uma das mulheres são inúmeros. Cada um vai perceber, primeiramente, a figura que o remete ao seu próprio universo inconsciente e ao arcabouço de experiências vividas até então.

Assim, a senhora nariguda pode ser vista por alguém que sofreu com uma mãe autoritária, por exemplo, enquanto que outros no auge da juventude e com ideias românticas, podem de cara identificar a jovem. O fato é que a percepção da figura é seletiva, embora ambas as percepções estejam corretas. Ver uma jovem ou uma senhora só depende do arcabouço de experiências pregressas que motivam uns e outros de maneira diferente. De modo análogo, os filtros perceptivos, entre tantas outras funções, vão determinar, também, a maneira como pronunciamos as nossas falas e como ouvimos aquilo que recebemos como enunciado de outros.

É exatamente por isso que acontecem os ruídos na comunicação. O ruído não acontece porque uma pessoa consegue ver a senhora, enquanto outra vê um elefante que não está presente na imagem. Antes, o ruído ocorre, porque ambos estão vendo algo que realmente está retratado ali, apenas de pontos de vista diferentes. Se cada um tentar convencer o outro de que está com a razão, quando a pessoa é incapaz de ver a figura da mesma forma, a vaca vai para o brejo, concorda? Sendo assim, o problema que os filtros perceptivos podem trazer não é a percepção distinta que podemos ter dos fatos, mas as dificuldades que acontecem quando não há espaço para a empatia e para ouvir a forma como o outro está percebendo esses mesmos fatos.

Figura 2 - Escaneie o QR code acima para ver a imagem.

Tentar ver o mundo sob a ótica do outro exige alguns sacrifícios. Deixe-me exemplificar. Para tanto, utilize mais uma vez o seu *smartphone* para chegar até a segunda imagem, acessando o *link* gerado pelo *QR code* acima. Encontrou? A figura parece extremamente óbvia, não?

Um cavalo bonito é facilmente identificável. Mas, e se eu disser para você que muitas pessoas conseguem enxergar um sapo na figura. Você acreditaria? Bem, se você girar a imagem para a direita uma única vez, talvez consiga ver a presença fácil do sapinho em questão. Esse é um excelente exemplo sobre sair da zona de conforto e se colocar no lugar do outro. Como vimos, desde o nosso nascimento somos estimulados a falar e logo depois a ler e a escrever. Mas, somos pobremente incentivados a ouvir as outras pessoas e a nos colocar no lugar delas. E também somos pouco motivados a buscar autoconhecimento. Mas, se comunicar significa a expressão daquilo que é meu e que devo compartilhar, como vou fazê-lo bem, se nem mesmo me conheço o suficiente? Ou, se não conheço os motivos que me fazem ter os filtros perceptivos que tenho?

Sendo assim, o bom comunicador e líder que você quer ser depende muito do quanto você se conhece e do quanto quer se conectar com o universo desconhecido de seus ouvintes. Se você está pensando o quão desafiadoras essas palavras soam, isso já pode ser reflexo de seus próprios processos inconscientes! Já pode ser um filtro a ser modificado! Só basta querer. Se quer desenvolver a forma como se comunica com as pessoas, eu lhe diria: procure se conhecer, essa é a condição primeira e fundamental.

Comece conhecendo aqueles agentes inconscientes que o motivam a se comportar como você se comporta, a pensar e julgar os fatos como você o faz. Saiba, exatamente, quais são os gatilhos emocionais que o acionam a usar filtros perceptivos dificultadores de uma boa comunicação. Sempre que estiver em um diálogo e algo emocional acontecer, procure se perguntar por que teve tal reação. Somos treinados a racionalizar tudo e esquecemos que somos seres emocionais.

Descubra o que o mobiliza emocionalmente, pois isso repercutirá em como você vai reagir às palavras e atitudes alheias. Saiba receber *feedbacks*.

Por vezes, as pessoas de nossa convivência conseguem enxergar mais de nós. Procure ajuda profissional, geralmente as pessoas pensam em processos psicológicos de autoconhecimento ou de *coaching* como mais uma despesa. Essa é uma crença errônea! Esses profissionais são, na verdade, um investimento que deve ser feito por você.

Além disso, quando for se comunicar, se disponha a ver o mundo pela ótica da outra pessoa. Tal qual vimos anteriormente, é preciso sair do lugar confortável de nossa percepção e trazer o outro ao lugar comum quando queremos estabelecer um diálogo honesto e frutífero. Para tanto, precisamos ouvir, conhecer, tentar entender... Precisamos estabelecer um vínculo, algo que nos "enlace" ao outro. Para tornar algo comum (voltando à definição de comunicação), é preciso haver uma conexão, assim como aquela que acontece com a nossa mãe nos primórdios de nossa vida. Sem esse enlace ou compromisso com o receptor, ainda que momentâneo e passageiro, os emissores poderão ficar à mercê de alguns filtros perceptivos seus e do outro.

Tenha em mente que os melhores comunicadores são aqueles que se sentem seguros de si, porque se conhecem e, por serem tão seguros de quem são, podem se enlaçar, se conectar, estabelecer momentâneos *common grounds* com os seus semelhantes.

Torne-se um bom ouvinte e seja um excelente emissor de mensagens! Não apenas para poder se tornar famoso ou para conseguir a promoção que tanto deseja, mas para fazer a diferença no mundo, começando pelo poder óbvio da comunicação! E então, você vai ver que as boas conexões vão acontecer! Conte comigo e boa sorte!

Referência

GRAMÁTICA. *Etimologia de "comunicação"*. Disponível em: <https://www.gramatica.net.br/origem-das-palavras/etimologia-de-comunicacao/>. Acesso em: 04 de dez. de 2018.

Capítulo 35

Toda mulher de sucesso tem segredos. Conheça cinco deles

O poder de criação da mulher é extraordinário, e as que conseguem perceber o óbvio e ir atrás dos seus sonhos obtêm conquistas, por vezes, inimagináveis, impactando as suas vidas e as de outras pessoas. Neste capítulo, você conhecerá as cinco características principais das mulheres poderosas que atingem o sucesso e encontram realização em seus diferentes papéis, seja no âmbito pessoal ou profissional

Tania Moura

Tania Moura

Designer estratégica da Gente & Gestão; VP executiva da ABPRH; diretora do Instituto Mulheres do Varejo; sócia da RTM Produtora Cultural, especializada em *edutertainment*. Carreira construída em empresas líderes de mercado como P&G, VW/Audi, Grupo Pão de Açúcar, Suzano, Pepsico, Ipsos, Vitacon, Grupo MGB. Gestão premiada com o PNQ, Prêmio Qualidade de Vida – ABQV. Formada em *marketing* pela Universidade AM/Laureate International Universities; especialização em negócios pela FGV. *Coach* pessoal e profissional – Intl Coaching Council; analista comportamental DISC. Especialização em negociação e mediação de conflitos pela HSM; "*New Ventures in Latin America*" pela Harvard Business School; gestão de projetos – *Gestion Temprana* pela Sinergia Industrial; diversos cursos em RH e gestão de pessoas. Liderança Amana Key; docente voluntária do Instituto de Liderança Haggai. Palestrante dos temas: mulheres, diversidade, espiritualidade, liderança, equipes, RH, futuro do trabalho.

Contatos
www.rhodetm.com.br
taniamourapalestrante@gmail.com
LinkedIn: Tania Moura

"Faça o que pode, com o que tem, onde estiver."
Theodore Roosevelt

Nasci em uma família de cinco irmãs e um irmão, fomos criados por um pai amoroso e uma mãe forte e corajosa, bem à frente do seu tempo. Ela estimulava a criatividade e autonomia com responsabilidade, criando um ambiente propício para a exploração prática, a reflexão coletiva e, confesso, a cooperação imperativa que levasse a uma solução. Imagine, então, como era o nosso ambiente, considerando que cada filha levava uma amiga para brincar ou estudar em casa: uma rica bagunça organizada! Cresci assim, com muitas mulheres ao redor; tenho duas filhas maravilhosas, e até hoje participo de grupos femininos diversos, o que tem me proporcionado oportunidades incríveis de conhecer tantas histórias, observar os caminhos que algumas trilham bem como os seus motivos, obter aprendizados profundos e poder celebrar tantas conquistas de mulheres, fantasticamente, comuns.

E, como Bertolt Brecht diz: "que tempos são estes, em que temos que defender o óbvio?". Sim, o óbvio não é óbvio para todo mundo. Sim, as mulheres ainda têm uma boa caminhada a percorrer para serem o que podem e querem se tornar.

E aqui faço uma pausa para reflexão sobre o conceito de sucesso – ele é relativo, cada um tem a sua definição de acordo com as suas prioridades, o seu momento, os seus valores. Como disse Christopher Morley, "só existe um sucesso – ser capaz de viver à sua própria maneira".

Eu, particularmente, já vivi momentos em que o meu sucesso estava relacionado a grandes conquistas na carreira; outras vezes associado ao meu papel de mãe. Com a carreira consolidada e as filhas crescidas, o sucesso se reposicionou como equilíbrio: poder dedicar tempo aos meus diferentes papéis como profissional, mãe, filha, companheira, irmã, amiga, turista, aluna, mentora, palestrante, mediadora, cidadã, *networker*, mobilizadora, voluntária. Tantos papéis, tantos sonhos, responsabilidades, autocobranças, conquistas, enfim dilemas de mulheres múltiplas do mundo atual em que vivemos. Será possível conciliar a provável efemeridade do sucesso com a plenitude da vida?

Espero que este capítulo o inspire pessoalmente e o desafie a ser uma pessoa incentivadora do sucesso das mulheres maravilhosas com quem você, certamente, convive no seu dia a dia.

1. Uma mulher de sucesso acredita que ela pode

"O ser humano é o que ele acredita."
Anton Tchecov

É comum pensarmos em crenças no sentido de credos ou doutrinas, e muitas crenças são. Mas, no sentido mais óbvio, uma crença é qualquer princípio orientador, máximas, fé ou paixão que podem proporcionar significado e direção na vida (Tony Robbins). Crença é tão importante que podemos, inclusive, constatar na história que as pessoas-chave que mudaram o mundo foram justamente as que mudaram as nossas crenças, como Jesus Cristo, Einstein, Madre Teresa de Calcutá, Steve Jobs e até a jovem Malala Yousafzai.

As nossas crenças sobre o que somos e o que podemos ser determinam precisamente o que seremos. Se acreditamos que seremos bem-sucedidos em algo, ficaremos fortalecidos para alcançá-lo, o contrário também é verdadeiro. Como disse Ford, "se você pensa que pode ou se pensa que não pode, de qualquer forma você está certo".

As mulheres de sucesso têm a crença clara e nítida de que elas vão, seguramente, atingir o que se propõem a realizar. São mulheres que têm a autoestima saudável, que possuem o sentimento de satisfação e contentamento pessoal, conhecendo as suas reais qualidades, habilidades e potencialidades positivas e que, portanto, estão conscientes de seu valor, seguras com o seu modo de ser e confiantes em seu desempenho. A autoestima é a principal ferramenta com que o ser humano conta para enfrentar os desafios do cotidiano, uma espécie de sistema imunológico emocional. E a mulher de sucesso sabe usar esse segredo de forma determinante para definir sua identidade e a forma como se posiciona no mundo.

"Eles podem porque pensam que podem."
Virgílio

2. Uma mulher de sucesso conhece a sua razão de ser!

"Quem tem um porquê enfrenta qualquer como."
Viktor Frankl

Segundo japoneses, todo mundo possui um *ikigai*, o que um filósofo francês traduziria como *raison dètre*, razão de ser – a razão pela qual nos levantamos pela manhã. Alguns encontram o seu *ikigai* e têm consciência dele, outros o carregam dentro de si, mas ainda o procuram (*Ikigai*, Fracesc Miralles). As mulheres de sucesso já o encontraram!

O propósito é a intersecção daquilo que se ama fazer, o que se faz bem-feito, o que o mundo precisa e o que consegue ser remunerado por aquilo que realiza. Às vezes, uma pessoa consegue fazer o que ama, mas não é remunerada pela atividade. Outras vezes, até é remunerada pelo que faz, mas não tem paixão em suas tarefas.

Ter um *ikigai* claro e definido, uma grande paixão, dá satisfação, felicidade e significado à vida. E é aqui que entra o autoconhecimento – fundamental dedicar tempo de qualidade para se conhecer. A missão de encontrar o seu *ikigai* é uma experiência pessoal e intransferível – é o combustível existencial para a vida. Uma vez descoberto, as mulheres de sucesso têm a coragem e se esforçam para não mais perder o caminho. Sim, precisa ter coragem, porque, às vezes, a vida nos apresenta situações inesperadas que podem nos levar a caminhos não planejados. Revisitar a sua identidade, o seu posicionamento, os seus valores inegociáveis, faz toda a diferença.

3. Uma mulher de sucesso escolhe bem com quem se associa!

"O amigo que te entende, te cria."
Romain Rolland

Todas nós temos uma pessoa em quem se inspirar – aquela que a gente admira e tenta seguir os seus passos, os seus conselhos. Mas, nem todos os ídolos são tão óbvios assim no início de uma relação.

A bíblia conta que Judas, ao chegar no Getsemani acompanhado dos soldados romanos que foram prender Jesus, combinou um código com eles: "Jesus é aquele que eu beijar". Isso significava que Jesus não era óbvio. Se fosse, não seria preciso uma senha ou um código para identificá-lo. Ele era parecido com os seus seguidores. O historiador Flávio Josefo escreveu que Jesus "se vestia à moda dos nazarenos", isto é, se você cruzasse com Jesus na rua, ele seria um homem muito comum, provavelmente, seria alguém muito parecido com um de nós. Jesus não é óbvio para quem olha rápido, mas se torna absolutamente óbvio para quem nele presta atenção. (Talmidim, Ed R. Kivitz)

Em quem tenho prestado atenção e me aproximado? Essa é uma reflexão que as mulheres de sucesso fazem com frequência. Somos a média das cinco pessoas com quem convivemos com mais frequência. Mulheres de sucesso sabem com quem se associar e colocam uma barra alta nessa medida. Escolhem pessoas melhores do que elas nos mais variados sentidos; pessoas que as elevam, que as ajudam a evoluir. Não possuem medo de terem pessoas com mais conhecimento por perto. Pelo contrário, buscam de forma estruturada especialistas em suas áreas de atuação e mentores para as aconselharem; desafiam-se.

Entendem que nada se constrói só, que a força está no coletivo, na diversidade, e que a maneira de se obter harmonia é ir do pensamento divergente para a ação convergente com uma comunicação influente. Mulheres de sucesso sabem também da importância de ter ao seu redor pessoas que têm equilíbrio pessoal, que entendem os diferentes papéis da mulher, que qualidade de vida é essencial, que celebrar é preciso e, convenhamos, comemorar com gente querida por perto é impagável!

4. Uma mulher de sucesso é plena e tem determinação para alcançar seus objetivos!

"Realize o óbvio, pense no improvável
e conquiste o impossível."
Latumia (W.J.F.)

A mulher plena integra corpo, mente, coração e espírito com quatro necessidades básicas: viver, aprender, amar e deixar um legado; e quatro inteligências: física, mental, emocional e espiritual, e suas manifestações mais elevadas (disciplina, visão, paixão e consciência) que, em seu conjunto, representam as quatro dimensões da voz: necessidade (ver o atendimento de necessidades), talento (foco disciplinado), paixão (gostar de fazer) e consciência (fazer o que é certo).(O 8º Hábito S.Covey)

A mulher de sucesso aprendeu a não negligenciar o seu talento, sabendo que se assim o fizesse estaria negligenciando a sua força maior. Ela aplica o seu talento para alcançar os seus objetivos, sendo sábia para escolher o momento ideal, acreditando que "não há nada tão poderoso como uma ideia cujo tempo chegou". – Victor Hugo, certa de que a intuição dirá à mente pensante para onde olhar a seguir. Essa visão tão especial que a mulher de sucesso tem ocorre quando a mente junta a necessidade com a possibilidade.

Então, ela pensa grande, começa pequeno e anda rápido, tendo como diferencial a sua energia feminina focada, e o seu poder de cocriação do universo direcionados como setas treinadas. A realização do objetivo se torna uma consequência de suas atitudes e competências aplicadas calculadamente.

5. Uma mulher de sucesso administra com maestria o seu tempo e o seu dinheiro!

"Nossos corpos são nossos jardins...
nossas vontades são jardineiros."
William Shakespeare

Aquilo que é importante é facilmente identificado por onde você investe o seu tempo e o seu dinheiro. Pare e reflita comigo: como você tem investido o seu dinheiro? Com o que você gasta mais os seus recursos financeiros? A que ou a quem você tem dedicado mais o seu tempo? Como concilia as diferentes demandas de tempo?

Mulheres de sucesso entendem essas prioridades e as consequências das suas escolhas. A gestão financeira da mulher de sucesso dá a ela a autonomia necessária para sua independência e segurança. Enquanto que saber o que colocar na agenda é primordial, pois o seu tempo é a sua vida. Em alguns períodos, no decorrer da jornada, é natural que seja necessário dedicar tempo adicional ao trabalho ou estudo. Contudo, mulheres de sucesso sabem como incluir tempo na agenda para *networking* profissional, café com amigos, aniversários de familiares, ou mesmo tempo para solitude – o seu tempo de estar sozinha consigo. Afinal, mulheres de sucesso aprenderam a se amar e aproveitar a sua própria companhia!

"O segredo da vida é a intimidade com Deus. E a
intimidade com Deus são detalhes da vida."
Osvaldo Alves da Silva

Toda mulher de sucesso tem segredos

Os segredos da mulher de sucesso não vêm de uma varinha de condão movimentada estrategicamente e seguida de palavras mágicas. Não há receitas a serem copiadas, nem fórmulas de sucesso previsíveis. O importante mesmo é que cada mulher encontre a sua autenticidade e a viva em sua plenitude, desenvolvendo a sua alma para navegar nesse novo mundo exponencial, líquido, volátil, incerto, complexo e ambíguo.

É imprescindível, mais do que nunca, usar as competências positivas femininas como renúncia, receptividade, adaptabilidade, intuição, criatividade, beleza, fluência, cuidados, afeto, compartilhamento, paciência, vulnerabilidade, empatia, inclusão, abertura, variedade, confiança e harmonia. Essas características devem ser equilibradas às competências masculinas positivas como liberdade, direção, lógica, razão, foco, estrutura, independência, confiança, força, clareza, assertividade, ordem e convergência. Esse equilíbrio possibilitará criar o impossível, unir o racional com o emocional, a mente com o coração. (Liderança Shakti, N. Bhat & R. Sisodia)

As mulheres de sucesso têm aprendido a rever a forma de viver e de se relacionar com os outros e com o mundo, olhando mais ainda para o coletivo, para a abundância e a colaboração, em que a gentileza e generosidade são obviamente evidenciadas.

Desejo que você encontre o seu chamado, descubra a sua voz, coloque foco na construção de algo a serviço das pessoas, agregando valor e cuidando da reputação e do legado que você deixa por onde passa. Que o seu segredo de sucesso seja ligado ao seu real sentido da vida, pois o que vale é o que vivemos, as pessoas que tocamos e o quanto somos relevantes para a nossa comunidade. O convite é para transcender, evoluir e ser mais feliz.

Capítulo 36

O autoconhecimento ultrapassa o senso comum para quem tem coragem de olhar para dentro!

Neste capítulo, você vai encontrar a importância e o poder do autoconhecimento para a nossa vida, com algumas tarefas práticas e informações sobre como iniciar esse processo, identificando o seu caráter atemporal e infindável para resultados extraordinários

Tayla Oliveira

Tayla Oliveira

Coach formada pela AICIS – Academia Internacional de Coaching Integrativo Sistêmico, com certificação internacional pela ICI – International Association of Coaching Institutes e Metaforum Brasil. *Practitioner* e *trainer* em PNL (programação neurolinguística) pelo Instituto Você; treinadora *master* pelo Instituto Liana Gomes e FAPESE – Escola de Líderes. Graduanda em psicologia pela Faculdade Anhanguera – Grupo Kroton; experiência de dez anos em recursos humanos nos subsistemas de treinamento, desenvolvimento, recrutamento e seleção.

Contatos
tayla@taylacoach.com.br
LinkedIn: Tayla Ramos Pereira de Oliveira
(12) 98877-1234

> O que sei sobre mim precisa ser colocado honestamente em questão. Às vezes, fico com a versão mais cômoda, a que me foi dada pela conveniência, a que me exigiu menos. A dúvida me põe a caminho, leva-me à pergunta fundamental: já sou quem eu posso ser?
>
> Pe. Fábio de Melo

O autoconhecimento

Obviamente, todos nós já ouvimos falar sobre o autoconhecimento e sabemos que precisamos nos conhecer para obtermos melhores resultados, mas nem todos já responderam a seguinte pergunta: quem é você? Responder a esse questionamento é bem mais complexo do que parece. A maioria de nós não consegue, e quando respondemos, falamos o nosso nome, idade, estado civil, profissão, posição familiar, pontos fortes, pontos de melhoria e nos arriscamos a dizer o perfil comportamental identificado em testes de *assessment*, porém o autoconhecimento vai muito além disso.

O autoconhecimento significa se conhecer, entender e compreender como funcionamos, por qual motivo possuímos um determinado comportamento, como fazemos escolhas, quais são os nossos valores, crenças, habilidades, competências, dificuldades, gatilhos que geram as nossas emoções, história de vida, como administramos os nossos sentimentos, construímos a nossa personalidade, criamos os nossos pensamentos e, principalmente, qual é a nossa missão e o nosso propósito.

Se não nos conhecemos, não saberemos o porquê da nossa existência, por que repetimos comportamentos indesejados, por que possuímos relações sociais destrutivas, por que começamos vários projetos e não finalizamos, por que não realizamos os nossos sonhos e não atingimos os nossos objetivos, por que não conseguimos manter uma alimentação saudável e nos esforçamos muito para trabalhar sem alcançar a vida financeira desejada.

Isso tudo ocasiona muitos conflitos internos, sofremos pressões físicas e psicológicas, geramos interferências nas relações interpessoais, possuímos oscilação de humor, estresse, problemas de saúde, nos tornamos vítima do mundo, somos controlados pelas outras pessoas e criamos uma máscara para amenizar o sofrimento.

Quando nos conhecemos, conseguimos organizar e alterar alguns comportamentos, direcionando-os para obter melhores resultados. Ficamos mais autoconfiantes, possuímos consciência dos nossos atos, temos mais clareza no que queremos, planejamos ações mais assertivas. Melhoramos e ampliamos os nossos relacionamentos, nos tornamos mais produtivos, conseguimos gerenciar o nosso tempo, somos capazes de evoluir, melhorar, mudar, aceitar o nosso ritmo, aumentando a autoestima, nos liberando dos rótulos sociais, quebrando as nossas máscaras, construímos a nossa realidade e nos tornamos a pessoa que podemos ser, realizando os nossos sonhos.

O autoconhecimento nos possibilita mil coisas, entre elas, atravessar as mudanças da vida sem sofrimento, crescer e passar pelas fases de uma forma mais leve, gratificante e feliz. O segredo da felicidade é o autoconhecimento.

Como se conhecer?

É preciso coragem para se conhecer, ou seja, para se abrir e se olhar. Quando fazemos esse movimento de virar do avesso percebendo cada detalhe nosso, muitas vezes, nos deparamos com coisas desagradáveis que não gostaríamos de ver e tentamos suprimi-las, para que os outros não saibam. Porém, quanto mais nos esforçamos para escondê-las, mais o nosso inconsciente demonstra com comportamentos e falas incontroláveis, quase imperceptíveis para nós.

Existem muitas formas de se conhecer e o processo de *coaching* é a principal, ele abre a mente e proporciona um olhar profundo e amoroso para a pessoa mais importante do mundo: você.

Compreender e ressignificar o nosso passado, aceitar quem somos, viver o momento no presente e visualizar o futuro que queremos de forma positiva são etapas importantes para desempenhar uma boa travessia nesse processo.

Alguns exercícios "óbvios" do autoconhecimento só surtem efeitos se fizermos com consistência e verdade. Convido vocês a fazerem alguns dos exercícios que os meus *coachees* fazem durante o processo:

1) Auto-observação: é um exercício chave para iniciar a viagem pelo autoconhecimento. Todos os dias, antes de dormir, lembre-se de como foi seu dia e comece a analisar, de forma dissociada, todos os seus comportamentos em cada situação. Perceba como você reagiu em cada momento, quais foram as suas respostas verbais e não-verbais, quais foram os seus sentimentos e resultados. Agradeça pelos pontos positivos, identifique os pontos negativos e crie estratégias para agir de forma diferente, solucionando as questões pendentes da melhor forma possível no dia seguinte.

2) Identificar os seus valores: valor é tudo aquilo que é muito importante para nós, todas as nossas atitudes, pensamentos e escolhas são pautadas pelos nossos valores. Faça uma lista do que é realmente importante para você nas seguintes áreas: saúde, finanças, relacionamentos, trabalho e espiritualidade. Depois, organize as informações de forma hierárquica e as coloque em um lugar em que você possa visualizar diariamente. Você vai descobrir e entender os motivos dos seus comportamentos.

3) Ter consciência das suas crenças: as crenças são informações passadas para nós pelos nossos pais ou criadas pelas nossas experiências do dia a dia, que acreditamos ser verdade e que regem as nossas vidas. Existem as crenças possibilitadoras, que nos ajudam a alcançar o nosso sonho/objetivo, e as limitantes, que nos impedem de alcançá-los. Preste atenção em tudo o que dificulta o seu caminhar na direção das suas metas, e tenha a certeza de que existe uma crença limitante por trás.

Exemplo: você deseja fazer um curso importante para sua carreira e nunca consegue dinheiro para iniciar, ou começa e tem que parar, pois surgem imprevistos e outras prioridades que precisam de dinheiro para ser resolvidas. É muitíssimo provável que exista uma crença financeira ou de não merecimento nesse contexto, pois você ouviu alguém importante na sua vida lhe dizer que dinheiro não traz felicidade, ou que só quem estuda é quem tem muito dinheiro e que você é pobre, ou que é mais importante trabalhar do que estudar, ou que é burro e nunca vai se formar, e várias outras informações que estão gravadas em seu inconsciente, e que você só se dá conta quando para e começa a analisar as situações. Uma maneira de quebrar essas crenças é se perguntando: o que eu ganho continuando com essa crença? O que eu ganho se eu não acreditar mais nisso? Qual é a evidência dessa crença? Existe alguma situação que me provou o contrário? Responda sinceramente e perceba o mundo de possibilidades a sua volta.

4) Cuidar da saúde física: uma das premissas da PNL é que corpo e mente formam um só sistema, e isso é comprovado cientificamente, logo, ter uma vida mais saudável faz bem para o cérebro e também é uma questão de autoconhecimento. Entender a sua estrutura corporal, o funcionamento do seu sistema interno, ir ao médico e fazer exames periodicamente, ter uma alimentação balanceada, escolher uma atividade física que goste e que seja mais apropriada para seu corpo, identificar o seu período do dia mais produtivo, ter uma boa noite de sono, descansar, passear e meditar ajudam significativamente em nossa energia, disposição, bem-estar, equilíbrio e realizações.

O autoconhecimento e a carreira

Antigamente, as habilidades técnicas eram suficientes para galgar um plano de carreira sólido de sucesso. Atualmente, as empresas prezam muito pela inteligência emocional, e para desenvolver esse quesito, obviamente, precisamos nos conhecer. Identificar e saber lidar com as nossas emoções e as dos outros, saber como agir, conseguir a automotivação são as principais etapas para adquirir essa arte da inteligência emocional.

Tudo o que é construído superficialmente não se sustenta, e a nossa vida profissional não é diferente. Para que sejamos contratados ou promovidos, precisamos primeiro ser a pessoa com o perfil da vaga, para depois ter o emprego ou a promoção. Quando isso não acontece, o trabalho se torna difícil, desgastante, enfadonho e sem resultados. A construção do ser profissional depende muito do nosso autoconhecimento, nossas habilidades e competências, dos recursos internos que já possuímos e dos quais precisamos desenvolver. A ampliação das aptidões pode ser feita por meio de investimentos em cursos, *workshops*, palestras, imersões, programas de *coaching*, mentorias e assessorias.

Outro ponto muito importante é o trabalho em equipe, para se conectar com as pessoas ao seu redor, saber como agir com cada indivíduo e ter uma comunicação efetiva, precisamos nos conhecer verdadeiramente para que tenhamos estratégias diferentes, utilizando as ferramentas internas adequadas em cada situação, extraindo todo o nosso potencial para obtermos um bom resultado. Essa comunicação é de extrema necessidade para líderes de todos os tipos, é uma questão primordial para a condução de equipes e para a interação com os clientes, a fim de obter melhores repercussões e atingimento de metas.

Descobrir o que amamos fazer, receber os *feedbacks* de que fazemos muito bem o que amamos, identificar que o mundo precisa do que fazemos e sermos remunerados, por isso é muito gratificante e ameniza significativamente todo os esforços e percalços que passamos na nossa trajetória profissional, e adivinhe qual é a forma de conseguirmos isso: o autoconhecimento.

O tempo do autoconhecimento

A busca pelo autoconhecimento deve ser constante, pois estamos sempre em movimento, somos uma metamorfose ambulante. A cada dia, interagimos com outras pessoas e nos deparamos com diferentes situações, isso faz com que acorram novas sinapses em nosso cérebro, possibilitando outras formas de pensar e, consequentemente, modificando e construindo quem nós somos.

Não conseguimos nos conhecer em um dia ou em poucos meses, o autoconhecimento é um processo eterno. Quanto mais nos conhecemos, mais podemos nos transformar na pessoa em que queremos ser, a mudança fica mais leve e mais fácil, a realização do sonho se torna mais possível e mais rápida.

Sempre há tempo para prestarmos atenção em nós e olharmos para dentro. Podemos iniciar o processo do autoconhecimento em qualquer fase da vida, assim como também podemos iniciar o aprendizado a partir deste momento. A neurociência já comprovou que não existe tempo e limite para a construção do saber, e o maior saber que podemos ter em toda nossa vida, independentemente de fase e idade, é sobre quem somos nós.

Que tal você entrar e/ou se aprofundar nesse mundo mágico e revelador a partir de agora? Construa a sua vida, realize os seus sonhos e seja feliz por meio do autoconhecimento!

"Conheça a ti mesmo e conhecerás o universo."
Sócrates

Capítulo 37

A felicidade está ao alcance de todos, é claro!!!

Neste capítulo, você saberá, a partir dos ensinamentos de grandes mestres, autores e nomes da filosofia, o quão factível é a conquista da felicidade. Entenderá que é possível, sim, alcançá-la, o Santo Graal de grande parte da humanidade

Vera Lúcia Furquim

Vera Lúcia Furquim

Formada há 28 anos, professora, psicóloga, gestora de pessoas com foco constante na valorização humana. Palestrante de motivação com ênfase na psicologia positiva.

Contatos
veralunica10@yahoo.com.br
Instagram: veralunica
Facebook: Psicóloga Vera Lúcia Furquim

"A arte mais nobre é fazer o outro feliz."
O rei do show

O óbvio da vida é buscar em si o poder de ser feliz. Ser feliz é o que todos querem, mas, afinal, o que é felicidade? Um estado constante de bem-estar? A realização de um sonho? Vamos a sua definição.

A origem da palavra felicidade vem do latim *felicitas*; "felicidade" de *felix*. E feliz vem do verbo grego *phyo*, "produzir", que traz a conotação de "fecundo, produtivo".

A definição da palavra felicidade é o estado de quem é feliz, uma sensação de bem-estar e contentamento que pode ocorrer por diversos motivos. É um momento durável de satisfação, em que o indivíduo se sente plenamente feliz e realizado, um momento sem nenhum tipo de sofrimento.

É formada por diversas emoções e sentimentos que podem ser por um motivo específico, como um sonho realizado, um desejo atendido, ou até mesmo o bom humor, em que não é necessário nenhum motivo.

Ao se perguntar o que é felicidade, provavelmente, cada pessoa terá uma resposta própria, pois, de certo modo, é algo individual, pessoal e intransferível. Por outro lado, há uma ideia de felicidade que pertence ao senso comum e é compartilhada pela esmagadora maioria das pessoas: felicidade é ter saúde, amor, dinheiro suficiente, entre outras coisas.

A ideia de felicidade não é algo recente, faz parte da história da humanidade há milhares de anos. Sendo assim, é possível traçar a evolução histórica dessa ideia, a disciplina que sempre se dedicou a investigar, de modo a defini-la e esclarecê-la: a filosofia. Ela faz parte das primeiras reflexões filosóficas sobre ética, que foram elaboradas na Grécia antiga.

Ao fazer uma viagem pela história da filosofia, encontramos a referência filosófica mais antiga, do tema fragmentado de um texto de Tales de Mileto, que viveu entre as últimas décadas do século 7 a.C. Segundo ele, é feliz "quem tem corpo são e forte, boa sorte e alma bem formada". Vale atentar para a expressão "boa sorte", pois disso dependia a felicidade na visão dos gregos mais antigos. Eles diziam que a *eudaimonia*, palavra que é composta do prefixo "eu", que significa "bom", e de "*daimon*", "demônio", que, para os gregos, é uma espécie de semideus ou de gênio que acompanhava os seres humanos.

Ser feliz era dispor de um "bom demônio", o que estava relacionado à sorte de cada um. Quem tivesse um "mau demônio" era, fatalmente, infeliz. O pensamento grego tende a considerar os maus demônios mais frequentes do que os bons, e apresentar uma visão pessimista da existência humana. Não é por acaso que os gregos inventaram a tragédia, a expressão radical desse pessimismo, o velho provérbio grego, "a melhor de todas as coisas é não nascer".

Foi a filosofia que rompeu com essa visão pessimista e procurou estabelecer orientações para que o homem procurasse a felicidade. Demócrito de Abdera (a.C.) julgava que a felicidade era "a medida do prazer e a proporção da vida". Para atingi-la, o homem precisava deixar de lado as ilusões e os desejos, para alcançar a serenidade.

Já o filósofo Sócrates deu um novo rumo à compreensão da ideia de felicidade, postulando que ela não se relacionava apenas à satisfação dos desejos e necessidades do corpo, pois, para ele, o homem não era só o corpo, mas, principalmente, a alma. Assim, a felicidade era o bem da alma que só podia ser atingido por meio de uma conduta virtuosa e justa.

Entre os discípulos de Sócrates, Antístenes acrescentou um toque pessoal à ideia de felicidade de seu mestre, considerando que o homem feliz é o autossuficiente, esse conceito de autossuficiência vem do grego e significa "autarquia", permanecendo por mais de 700 anos seguintes.

Mas, o maior discípulo de Sócrates, que levou a especulação filosófica adiante de onde a deixara, foi Platão, o qual considerava que todas as coisas têm uma função específica. Assim, como a função do olho é ver, a do ouvido ouvir, a da alma é ser virtuosa e justa, de modo que, exercendo a virtude e a justiça, se obtenha a felicidade.

A visão de Aristóteles reconhece a necessidade de elementos básicos, como a boa saúde, a liberdade e uma situação socioeconômica favorável para alguém ser feliz, conclui que a maior virtude é a nossa "alma racional", a felicidade intelectual.

Na era do Império de Alexandre, "O Grande", o mundo grego ou helênico chega à conclusão de que, para ser feliz, o homem deve ser não só autossuficiente, mas desenvolver uma atitude de indiferença, de impassibilidade em relação a tudo ao seu redor. No final do mundo helênico, Idade Média, houve o desaparecimento da felicidade do horizonte da filosofia, mas contava com a salvação da alma, denominada filosofia cristã.

Porém, na idade moderna, a felicidade era identificada por um prazer duradouro, como uma condição do ser racional no mundo, para quem, ao longo da vida, tudo acontece de acordo com o seu desejo e vontade.

Já no século 20, o inglês Bertand Russell (1872/1970), em sua obra *A conquista da felicidade*, utilizou o método da investigação lógica para concluir que é necessário alimentar uma variedade de interesses e de relações com as coisas e com outros homens para ser feliz; em síntese, a felicidade é a eliminação do egocentrismo.

Em 1989, o filósofo espanhol Julián Marías, ao escrever o seu livro, *A felicidade humana*, faz uma analogia entre a antiguidade aos nossos dias atuais, ressalta que a ausência da reflexão filosófica sobre a felicidade no mundo contemporâneo traz a infelicidade generalizada.

Ao avaliar essa questão de infelicidade, Martin Seligman, pioneiro da psicologia positiva, teve um novo olhar, explicando que a felicidade nem sempre depende do nosso *status* social, da nossa religião ou da beleza física. A felicidade é, na verdade, uma combinação única do que ele chama de "pontos fortes distintos", como o sentimento da humanidade, a temperança, a persistência e a capacidade de levar uma vida significativa.

A psicologia positiva é a área da psicologia que estuda os fundamentos da felicidade e do bem-estar sustentados pelos pontos fortes e pelas virtudes humanas. Esses estudos retratavam a nova era na psicologia (1990), com uma visão científica, tudo o que faz o ser humano feliz. De tal modo, as pessoas poderiam construir uma realidade mais satisfatória e, portanto, ensinar a serem mais felizes. Seligman conclui que a felicidade pode ser construída trabalhando três dimensões específicas, que são as seguintes:

1) Uma vida prazerosa: saber cultivar as emoções positivas e que sejam duradouras. Todavia, para atingir essa vida agradável é necessário satisfazer as nossas necessidades básicas, descritas na pirâmide de Maslow (alimentação, segurança, relacionamentos, reconhecimento). O equilíbrio entre o nosso passado, presente e o futuro, ou seja, capacidade em perdoar, aprender a lidar com as emoções negativas do presente, desenvolver uma atenção plena e encontrar novas formas de ser feliz no aqui e agora. E, por último, olhar para o futuro com otimismo e esperança.

2) Construir uma vida boa: desfrutar de uma vida boa, na realidade, não é uma tarefa fácil. No entanto, felicidade nem sempre é sinônimo de riqueza, poder ou sucesso social. É saber alcançar o nosso potencial humano ao máximo e desenvolvê-lo para nos sentirmos mais completos, livres e felizes, despertando as virtudes humanas, os pontos fortes pessoais, como a sabedoria e conhecimento, amor, justiça, temperança, coragem e espiritualidade.

3) Uma vida significativa: trabalhar o altruísmo, o exercício da bondade, como a arte de sabermos nos elevar mais além do mero do prazer pessoal, para colocarmos a serviço daqueles que nos rodeiam, praticar a empatia.

A psicologia positiva é inspiradora para nossa sociedade, tem uma abordagem que não está isenta de críticas, porém, Seligman diz que realidade é muito complexa para se encaixar nessa visão de felicidade. Contudo, rotulá-la como "positiva" implica entender as emoções como tristeza, raiva ou a frustração como dinâmicas "negativas", negando o seu potencial de transformação.

A felicidade é um exercício interno e próprio, como também contínuo. Ao perceber essa aptidão de transformar o que lhe faz mal em algo bom, é desenvolver a capacidade de ser resiliente e, assim, praticar a todo momento a superação. O convido a uma reflexão para compreender esse apropriamento. Pergunte-se: "Ser feliz ou ter razão?".

Entre ter razão e ser feliz, prefiro ser feliz. É grande a quantidade de energia gasta apenas para demonstrar que temos razão, independentemente de tê-la ou não. É um momento de refletir e pensar se esse desgaste valerá a pena. Dessa forma, despenderá outro questionamento, será que a justificativa foi plausível? Provavelmente, não. As pessoas tendem a ter a necessidade de impor a sua razão, com isso, o mal estar se instala, o mau humor fortalece entre as partes e resulta em uma sintonia desarmoniosa, gerando desconforto generalizado. Então, digo, obviamente, quero ser feliz, e você?

Em tempo de radicalização e de guerra de opiniões, quando cada um quer provar que tem razão, mesmo ao custo da verdade, segundo o poeta Ferreira Gullar: "o importante não é ter razão, é ser feliz". Abra o seu coração inteligente: quando há discussão, se gera briga, o que tem razão, temporariamente, se sente cheio de si, já o outro vai embora com raiva e ambos passam um tempo sem se falar. No final das contas, pode-se ficar sozinho em casa, coberto de razão, mas numa tristeza infinita, infelicíssimo. Compensa ter razão? É óbvio que não. A solução mais feliz é desistir da ideia de convencer alguém de alguma coisa.

Entretanto, quando apresentamos argumentos, ofereceremos opiniões sinceras, de maneira clara e objetiva, em uma discussão, nem sempre são aceitas ou compreendidas, porém foram ditas, tanto faz concordar ou não, não importa, e, sim, o como me sinto bem.

Aprender a admitir os seus erros e equívocos não é ser inferior aos demais, por não ter razão. A sensação de felicidade ou o seu avesso atinge ricos e pobres, ignorantes e sábios, religiosos e ateus, desde que o mundo é mundo, não bastam diversão e arte, além da comida, para fazer alguém feliz. Ser feliz é uma opção, você tem a oportunidade de ambos serem felizes e sem estresse. Quando você abre mão da sua própria opinião, isso não significa que você é fraco, vulnerável ou um tonto, mas, simplesmente, que é humilde o suficiente e revela a sábia decisão, sem ofensas e desconfortos.

Todos buscam, querem a felicidade, mas é óbvio que, sem atitude e consciência otimista, nem sempre a atingirão. A busca da felicidade é uma construção personalizada, sem uma receita própria. Então, arquitete a sua felicidade a partir do seu ser, de acordo com a sua história de vida e, do mesmo modo, aproprie-se e seja feliz.

É óbvio que dependerá de você encontrar a felicidade e adaptar-se a sua vida. Viva e curta com sabedoria, assim conviverá com a felicidade permanentemente. O ato de sorrir é o melhor antídoto contra a tristeza, vá até o espelho e diga o seu nome, aprecie-se e repita constantemente: "eu sou feliz e me amo". Verá que a vida sorrirá para si e você a ela.

> Portanto, plante você mesmo seu jardim e decore sua alma – ao invés de esperar eternamente que alguém lhe traga flores. E você aprende que, realmente, tudo pode suportar; que realmente é forte e que pode ir muito longe – mesmo após ter pensado não ser capaz. E que realmente a vida tem seu valor, e você o seu próprio e inquestionável valor perante a vida.
> William Shakespeare

Por isso, é óbvio que digo:
A felicidade está ao alcance de todos...
Viva la vida!!!

Referências

ABBAGNANO, Nicola. *Dicionário de filosofia*. São Paulo: Martins Fontes, 2000.
BERTI, Enrico. *No princípio era a maravilha*. São Paulo: Loyola, 2010.
MARÍAS, Julián. *A felicidade humana*. São Paulo: Duas Cidades, 1989.
SELIGMAN, Martin. *Felicidade autêntica: usando a nova psicologia positiva para realização permamente*. Rio de Janeiro: Objetiva, 2002.

Capítulo 38

O *feedback* é essencial para unir empresa e colaborador

Este capítulo aborda a realidade atual do mundo corporativo, elucidando aos leitores a importância do uso do *feedback* nas organizações, como forma de gerar relacionamento entre empresa e colaborador, criando oportunidades de melhorias e técnicas comportamentais, gerando resultados e proporcionando crescimento organizacional e melhores competências profissionais

Viviane Michele Vieira Martins

Viviane Michele Vieira Martins

Advogada, pós-graduada em direito tributário, empreendedora, palestrante, analista educacional e comportamental. *Leader, professional, self, life & business coach*. Atua nas áreas tributária e de gestão empresarial há 18 anos. Como palestrante, aborda e desenvolve conteúdos como gestão de tempo, de pessoas, de empresas, vendas, processos autorreflexivos, entre outros que visam promover o desejo de mudança nas pessoas e nas empresas.

Contatos
coachvivianemartins@gmail.com
linktr.ee/coachvivisnemartins
(18) 99626-0210 / 98800-4503

Sucesso e crescimento profissional são importantes para a maioria das pessoas. Muitos passam toda uma vida buscando a tão sonhada boa *performance*.

No entanto, nem sempre é fácil observar esse caminho sem a ajuda de alguém. Nesse ciclo de aprendizado, é fundamental receber informações vindas de líderes a respeito de sua atuação profissional, seus pontos fortes, e o que você tem a desenvolver.

O fato é que o termo gestão de pessoas nunca esteve tão presente nas organizações como nos dias atuais, devido à necessidade de desenvolver o colaborador com intuito de agregar valor à empresa e aos seus objetivos.

Partindo desse pressuposto, receber sugestões, entender os seus pontos fortes, as oportunidades de crescimento, construir um caminho de desenvolvimento são aspectos básicos para que o desenvolvimento aconteça.

A essa troca de informações dá-se o nome de *feedback*, que é considerada uma forma de comunicação entre duas ou mais pessoas, que ocorre na esfera profissional.

Ela é uma ferramenta usada no processo de gestão de desempenho das pessoas de uma organização, que visa posicioná-las a respeito dos seus pontos fortes, oportunidades de melhoria técnicas e comportamentais, projetando, inclusive, perspectivas futuras.

Deve ser usado como uma ferramenta que é capaz de criar vínculos, gerar resultados, melhorar o convívio e proporcionar crescimento. Para tanto, precisa ser prestado de forma que não haja carga emocional envolvida, para que não se transforme em desentendimentos e ressentimentos.

O *feedback* pode ser entendido como uma bússola, porque serve de instrumento que indica a direção que o colaborador deve seguir para atingir os objetivos da empresa. Assim, deve ser encarado como uma forma madura de crescimento e desenvolvimento dentro da organização. O produto final dessa "conversa" sempre é um plano de desenvolvimento individual.

Muitas empresas passaram a adotar o *feedback* como ferramenta para extrair as melhores competências dos funcionários, e esse retorno virou oportunidade para reforçar comportamentos positivos e apontar o que precisa ser melhorado.

O *feedback* é visto, hoje, como um importante método de troca de informações entre empresa e colaborador, visando uma forma madura de crescimento e desenvolvimento profissional.

Todavia, em alguns casos de resistência a esse processo, acredita-se que o *feedback* é algo pejorativo, chegando às baias de levá-lo para o aspecto pessoal.

Porém, isso implica em virar as costas para uma importante ferramenta de desenvolvimento pessoal caracterizada pela comunicação e orientação, colocando à margem um rápido crescimento profissional.

Por que é difícil receber *feedback*?

Quando o colaborador recebe uma devolutiva no âmbito pessoal, essa comunicação pode se tornar difícil, pois muitos acreditam que, ao aceitarem essa transmissão de ideia, estarão aceitando também as suas ineficiências.

Nesse caso, o colaborador tende a articular defesas que podem ser desde o não ouvir ou não seguir a posição transmitida, negando a validade do processo ou até mesmo se justificando, defendendo, ou explicando.

Porém, essa resistência em nada tem a ver com aceitar ineficiências ou derrotas, já que o intuito do *feedback* não visa apontar apenas o que é preciso desenvolver, mas, sim, os pontos fortes do colaborador, o que desmistifica esse caráter negativo da ferramenta.

Por essas e outras, longe de se tratar de uma crítica para nos colocar para baixo, o *feedback* serve mesmo é de trampolim para nos fazer alçar voos cada vez mais altos!

E mais, essa ferramenta serve para posicionar a pessoa sobre a sua atuação dentro de determinada organização, apontando aspectos positivos e pontos a serem aperfeiçoados, mas, depende apenas de quem recebe um posicionamento obtido diante das informações recebidas.

Vale salientar que quando o *feedback* não é uma ferramenta que faz parte dos processos internos de uma organização, nada impede que o próprio colaborador busque essas informações como forma de saber como está o seu rendimento dentro da organização.

Comecemos pelo mais difícil: por que o colaborador deve fugir das críticas e, muito pelo contrário, começar a voluntariamente buscá-las? Esse comportamento é visto de forma positiva pelas empresas.

Não se trata de nenhuma tendência masoquista! Na realidade, buscar o retorno de outras pessoas a respeito do seu trabalho é um processo quase natural para quem procura dar sempre o seu melhor.

Quando a busca pelo *feedback* é solicitada pelo colaborador, convém que esse saiba as razões que o levaram a pedi-lo e, ao abordar a sua liderança, aponte pontos específicos do desempenho que deseja abordar.

Colher *feedbacks* voluntariamente também o ajuda a demonstrar o quanto está disposto a admitir as suas falhas sem drama.

Assim, ao invés de se fazer de vítima ou assumir uma posição de descaso, usará toda a sua proatividade para crescer e superar quaisquer que sejam as questões apontadas.

Essa atitude, além de efetivamente proporcionar crescimento, ainda pode aproximá-lo de quem deu o *feedback*, conquistando a sua admiração e respeito.

Já nas empresas que adotam essa prática, essa ferramenta é considerada como um instrumento de liderança essencial que ajuda na conquista rápida de bons resultados, desenvolvimento constante das equipes e construção de um caminho de aprendizado.

Porém, saber como dar *feedbacks* da maneira certa é, sem dúvida, uma característica essencial para todo bom líder, já que serve como forma de alinhar a atuação do colaborador com o que a empresa precisa, e isso é fundamental para qualquer organização hoje em dia.

Há casos em que esse retorno por parte da empresa não acontece ou até é ineficiente. Nessas ocasiões, o profissional deixa de saber se está fazendo um bom trabalho e acaba não se sentindo reconhecido, perdendo a sua vontade e motivação.

Uma estatística realizada pela pesquisa de opinião do Instituto Gallup demonstra a real necessidade de utilizar o *feedback* nas empresas.

Ela revelou que, nos Estados Unidos, de 54% a 66% dos profissionais não estão engajados, de 11% a 17% estão ativamente desengajados, e apenas 22% a 27% estão realmente engajados com o seu trabalho. Dados realmente preocupantes tanto para as organizações quanto para os profissionais que estão em busca de crescimento profissional.

Essa ferramenta apresenta duas formas que, normalmente, são mais utilizadas:

a) O *feedback* apreciativo foca nas realizações dos funcionários e visa aumentar a sua autoestima, confiança nas habilidades e competências, fortalecimento do vínculo entre funcionário e empresa, permitindo que o colaborador perceba o seu valor para a corporação;

b) Já o corretivo tem base em orientações assertivas do que é necessário corrigir ou mudar a fim de fortalecer o senso de responsabilidade pelos erros e consequências para o todo.

Percebe-se aqui que o *feedback* exprime uma retroalimentação, ou alimentação de retorno. É uma atitude que demonstra consideração e respeito pelo ser humano, por minimizar incertezas e ansiedades, quando recebido.

Em um estudo global da Top Employers Institute, com mais de 600 empresas em 99 países, os entrevistados afirmaram preferir os processos mais transparentes de estabelecimento de metas e *feedbacks* mais regulares dentro do processo de avaliação.

No Brasil, participaram 26 empresas que, juntas, empregam mais de 300 mil colaboradores. Nesse quesito, as organizações brasileiras estão alinhadas à tendência global, e em 79% os objetivos de desempenho dos gerentes são completamente transparentes para os subordinados diretos. Na França, esse índice é de apenas 13%, e na Alemanha 43%.

Existe, ainda, uma pesquisa realizada pelo HubSpot, que apresentou dados reveladores sobre a importância dos profissionais ao *feedback*.

Cerca de 43% dos funcionários mais engajados recebem *feedbacks* de suas atividades, ao menos uma vez por semana.

Além disso, 79% dos trabalhadores afirmam que o reconhecimento (no caso, por meio dessa cultura avaliativa) os deixa mais motivados nas realizações de suas tarefas.

O relatório do *The Future of Jobs*, lançado no Fórum Econômico Mundial, em 2016, ressaltou as dez competências imprescindíveis da liderança até 2020. Entre elas estão:

1- A resolução de problemas complexos;
2- Pensamento crítico;
3- Criatividade;
4- Gestão de pessoas;
5- Coordenar-se com os outros;
6- Inteligência emocional;
7- Tomada de decisão e discernimento;
8- Orientação para o serviço;
9- Negociação;
10 - Flexibilidade cognitiva.

Compreender a importância do *feedback* constante e bem-feito para o desenvolvimento pessoal e profissional dos funcionários é um dos pontos essenciais de uma boa liderança.

Existem comportamentos/ações comuns a todas as chefias de excelência:

1- Promovem a inovação;
2- Incitam os trabalhadores a não descansarem sobre os louros;
3- Exploram as oportunidades para adaptarem os seus negócios;
4- Estão sempre à procura da próxima grande inovação.

Mas, a verdade é que não existem resultados consistentes sem a definição de metas. Por isso, exponha os seus colaboradores à necessidade de instauração de uma cultura de *feedback*. Deixe bem claro como farão isso, atente-se ao objetivo firmado para obter excelência nas relações.

Outro dado muito interessante indica que quando o assunto é motivação profissional, o reconhecimento está acima da recompensa financeira.

É por meio desse retorno que o *feedback* deve ser prestado logo após um acontecimento, pois quanto maior a demora, maiores as chances de pontos cruciais serem esquecidos.

A liderança deve sempre tentar validar se o *feedback*, de fato, foi absorvido pela equipe, pois existe uma grande diferença entre ouvir e escutar. Ouvir efetivamente significa entender e observar as informações transmitidas.

Problemas "internos" acontecem devido à falta de uma comunicação mais estruturada e objetiva do empreendedor com os seus colaboradores. Isso reverte contra os próprios gestores, pois não sabem o que fazer para administrar a equipe desmotivada e descomprometida com o negócio.

Há uma relação de ganha-ganha importante quando se fala na aplicação do *feedback* nas empresas e nas pessoas.

Como o *feedback* pode ajudar as empresas?

Direcionando o trabalho: quando a organização se preocupa em comunicar claramente aos seus funcionários quais os objetivos que busca alcançar e como a equipe pode ajudar a conquistá-los, o engajamento dos colaboradores se torna mais fácil.

Desenvolvimento de alta performance: caracterizado pela maior maturidade da sua estrutura organizacional e de seus modelos operacionais, gerando melhores margens de lucros; maior índice de produtividade; força maior de inovação e nível de colaboração entre os profissionais.

Elevando o engajamento: o engajamento é o alinhamento entre os objetivos organizacionais e individuais; gera confiança na equipe e credibilidade junto à empresa, por meio de *feedbacks* assertivos que envolvam reconhecimento, elogio da *performance* e instruções eficazes para melhorar o desempenho.

De acordo com a pesquisa da HubSpot, 69% dos trabalhadores afirmaram que trabalhariam com mais afinco se os seus esforços fossem mais bem reconhecidos pelas empresas.

Assim, encorajando a novas ideias, por meio do *feedback*, os profissionais motivados, além de se desenvolverem com maior propriedade, conseguem prover soluções mais inovadoras à organização.

O retorno dado aos colaboradores tem um papel crucial no fortalecimento da cultura organizacional. Isso porque, no momento em que o funcionário o recebe, a empresa pode destacar os valores que espera que ele desenvolva.

O resultado do uso constante desse tipo de ferramenta representa o aumento da produtividade e, consequentemente, da lucratividade da empresa. Reafirma os valores organizacionais e devem estar presentes na postura dos colaboradores.

Vale ressaltar que a ideia de desenvolvimento de uma comunicação aberta e horizontal não se refere à dissolução das hierarquias, mas, sim, que cada um possa se comunicar apropriadamente com outros níveis, a fim de não fazer vista grossa a erros cotidianos que, em médio ou longo prazo, podem se tornar grandes empecilhos aos negócios.

Se o clima melhora, automaticamente a relação entre as pessoas também. Se elas têm maturidade para ouvir críticas e receber elogios sem se vangloriarem por conta disso, então elas passam a confiar mais em si e umas nas outras.

Em um ambiente motivado e de confiança, a colaboração aumenta significativamente, os resultados costumam ser muito acima do mediano.

Para finalizar, a cultura do *feedback* realmente funciona na sua empresa, então você acabou de amadurecer as práticas laborais, mesmo que possa não ter percebido. Sobretudo, se a sua empresa ainda não utiliza essa importante ferramenta, está na hora de implementá-la e colher os inúmeros benefícios que ela lhe trará em termos de desempenho, produtividade, colaboração e harmonia de sua equipe.

CAPÍTULO 39

Você mestre! É evidente que você pode assumir o controle de sua vida

Não importa quem você é, o passado não importa! É o que você faz neste momento que vai moldar o seu destino. Ação gera resultado! Se você não começar, não der o primeiro passo, nada vai acontecer! Por mais que pareça óbvio, vale lembrar que só o pensamento positivo não é suficiente para transformar a sua vida. É preciso mudar o foco, as convicções, mas já adianto que tudo acontece pouco a pouco. Está disposto a iniciar essa jornada?

Volmir Zimmermann

Volmir Zimmermann

Administrador; professor; *coach*; palestrante; treinador e escritor. Especialista em atitude e comportamento, ministra cursos, palestras e treinamentos voltados ao desenvolvimento mental, pessoal, *mindset*, liderança, vendas e empreendedorismo. Idealizador do Você Mestre, uma nova atitude e um novo comportamento, com técnicas que aumentam a fisiologia, novas maneiras de pensar e agir.

Contatos
www.vocemestre.com
volmir@vocemestre.com

Muitas pessoas ficam esperando a hora certa de começar, assistindo de camarote as oportunidades passando, esperando o momento ideal, o tempo exato. Mas, você precisa saber que nunca vai existir o tempo perfeito de começar no futuro! A hora é agora. Assumir o controle de sua vida significa agir, sair da zona de conforto e entrar em campo.

Não prometo o mundo neste capítulo, mas prometo que, aprendendo e internalizando a sua síntese, será capaz de mudar a qualidade de sua vida, assumindo o controle dela em definitivo. Pois, então, vamos começar.

"Antes feito do que perfeito!". Você já deve ter ouvido essa frase, e pode concordar ou não com ela. O fato é que, muitas vezes, dedicamos tempo demais a tarefas e situações que nos distanciam de nossos sonhos. Como seres humanos, todos nós queremos evitar a dor ou buscar prazer.

Ninguém quer fracassar, mas, às vezes, nada parece dar certo e, depois de muitos desapontamentos, paramos até de tentar! A boa notícia é que o seu passado não é igual ao seu futuro. Você pode mudar qualquer situação em sua vida hoje, mudando ações e percepções. Muitas vezes, criamos percepções equivocadas dos acontecimentos, embasando as experiências nos pontos negativos ou, então, decidimos fazer sempre as mesmas coisas, esperando resultados diferentes. Parece insanidade? Convido você a refletir.

O nosso cérebro é diretivo, objetivo e congruente, ou seja, ele vai fazer o que você está falando! Então, tome muito cuidado com o que diz e pensa. Todas as palavras que falamos, bem como as nossas ações e ideias são compiladas em nosso cérebro, e vem à tona na tomada de decisões, ficando difícil de controlar alguns eventos em nossas vidas, pois, de certa forma, agimos no piloto automático.

A fim de tomarmos decisões mais congruentes com o nosso eu verdadeiro, podemos controlar o que fazer, pensar, acreditar e sentir em relação a cada evento de nossa vida. Vou lembrá-lo de uma coisa óbvia, você possui o poder de optar e decidir! Já que as decisões determinarão o seu destino, basta programá-las para que aconteçam da forma mais natural possível, para que você não se sinta traído. Mas, de que forma?

O ambiente em que vivemos afeta o que somos. O empreendedor e palestrante Jim Rohn defende que "você é a média das cinco pessoas com quem mais convive". Trata-se do meio em que você vive, da sua comunidade, das pessoas que estão a sua volta.

A força do meio faz com que o fazer o certo fique fácil e o fazer o errado fique difícil! Você pode e deve escolher o seu meio de convivência conscientemente. A comunidade certa tem um poder enorme de levar a sua vida para onde quiser, em uma velocidade muito maior do que individual, ou no meio de pessoas que não estão indo na mesma direção que você.

Uma vez que você sabe a importância de estar rodeado de pessoas que estão em sintonia com os seus objetivos, eu recomendo incluir nessa seleta lista um mentor extraordinário.

Mentor extraordinário é um processo. Pode começar com um livro de alguém que você admira, fazer um curso de alguém que gosta e deseja ter resultados similares. Mentor é aquela pessoa que já fez o que você quer e tem experiência nisso! Mentor é o tipo de pessoa que vai lhe dar a mão, literalmente lhe dar a mão, e encurtar o seu caminho. Um mentor extraordinário pode elevar a sua vida a outros níveis numa velocidade incrível, economizando tempo e erros.

Você mestre significa estar no controle de sua vida, e para encurtar esse caminho, o convido a buscar um mentor para cada área, como saúde, finanças, idiomas, enfim, mentores são professores líderes que já fizeram o que tinha que ser feito, já percorreram o caminho e podem apontar onde estão as pedras.

Faz sentido a importância de ter mentores extraordinários? Você pode aprender com os seus erros ou com o dos outros. Bons mentores irão encurtar o caminho para assumir o controle de sua vida.

Adquira hábitos de sucesso. Se você, realmente, quer ter realização e sucesso, precisa criar e cultivar rituais e hábitos bem-sucedidos. O seu modo de viver é resultado dos seus hábitos, companhias, o que decide aprender ou não, como toma as suas decisões, como se alimenta, em quem decidiu acreditar. Tudo tem relação direta com os seus hábitos.

Vivemos em um mundo onde tudo acontece muito rápido; facilmente as coisas se tornam obsoletas. Construir hábitos de sucesso vem na contramão desse movimento, afinal, isso vem por meio de repetição. A gente vai construindo aos pouquinhos, não é o que você faz num dia que vai mudar a sua vida, mas, sim, o pouco de todos os dias. Diante disso, abro parênteses para "leitura" que é, no meu ponto de vista, o que tem de melhor para manter a resiliência e motivação.

A minha pergunta para você agora é: quando terminar de ler este livro, qual será o próximo? Continue sempre ampliando o hábito da leitura e o sucesso será uma consequência.

Mude a sua percepção! Todos temos problemas, dificuldades e frustrações, assim é que iremos ressignificar cada situação em nossa vida. A forma como lidamos com os revezes faz toda a diferença. Não há fracasso, tudo é uma possibilidade de aprendizado!

Você tenta fazer algo e não dá certo, mas aprende no processo e fica mais eficaz no futuro. Lembre-se sempre. "Não importa de onde você veio, não importa quem é, o que importa é onde quer chegar!"

Muito tem se falado sobre o poder das crenças, e é fato que a soma delas com pensamentos forma a percepção. Elas influenciam os nossos pensamentos e, dessa forma, aquilo que você pensa é resultado de algo pré-programado na sua cabeça.

As crenças são formas de ver a vida e elas se estruturam diferentemente em cada pessoa, tendo origem nas experiências de vida. Então, as suas crenças definem os seus pensamentos, os seus pensamentos definem as suas emoções, as suas emoções definem as suas ações, as suas ações definem os seus resultados, e é assim que a nossa mente funciona, sempre! Em todos os casos? Posso afirmar que sim.

Então, como mudar isso? A primeira maneira é trabalhar com afirmações. Várias técnicas terapêuticas vêm surgindo em cima de afirmações. Você começa a trabalhá-las e, por repetição, reprograma a sua mente, escolhe frases que façam sentido para aquilo que acha importante que seja modificado em sua vida a partir de agora. Lembre-se de que a opinião que você adota ao seu respeito afeta profundamente a sua maneira de viver.

A segunda maneira é por meio de perguntas poderosas que geram reflexão para uma tomada de consciência, e decisão de agir diferente. A pergunta certa tem o poder de transformar coisas negativas em positivas, em outras palavras, pode até salvar a sua vida e mover o mundo.

Fazer as perguntas certas foi um dos principais meios pelos quais mudei a minha vida; os meus estudos em *coaching* me mostraram que as perguntas são mais importantes do que as respostas.

Por meio delas, podemos ressignificar a forma de ver determinada situação. A partir do momento em que você sabe como formular perguntas que fortalecem, pode ir além de apenas se ajudar, mas também ajudar aos outros.

Seja extraordinário, vença a você, vença a inércia, a preguiça, melhore um pouco a cada dia, um grau de mudança hoje vai significar uma mudança gigantesca em sua vida em cinco ou dez anos. Elimine a palavra desculpa de sua vida, pois as desculpas perpetuam a mediocridade e tenho certeza de que você quer ir a um novo nível e sair da média. Ser extraordinário é ter competência e compromisso com você. É ser um eu melhor, a cada dia dando um passo além da excelência.

Assim como a nossa mente tem poder sobre o nosso corpo, o nosso corpo também tem poder sobre a nossa mente, por isso este capítulo não estaria completo se não abordasse o tema fisiologia. Mude a sua fisiologia e os seus resultados e *performance* mudarão.

Falamos bastante sobre o poder dos hábitos de sucesso, mas gostaria de enfatizar e mostrar de forma simples e direta como criar hábitos de sucesso mudando a fisiologia por meio de rituais diários. Considere uma espécie de resumo do dia a dia de uma pessoa fisiologicamente forte.

Fisiologia tem relação direta com rituais conscientes e inconscientes que todo o ser humano pratica ao longo do seu dia. Esses contribuem ou não para os seus resultados, para a realização da sua missão de vida?

Discipline-se para uma vida saudável, condicione os seus rituais para uma fisiologia empoderada. É do ser humano ter hábitos que têm relação direta com disciplina, por exemplo, alguém que tem o costume de fumar ou de comer doces se disciplinou a isso, tem o compromisso de manter esse ritual.

Você mestre tem a tendência de ter uma vida com rituais que empoderam, que aumentam a qualidade de vida, como praticar exercícios todos os dias, meditar, se alimentar de forma saudável, ler e buscar conhecimento.

O meu grande objetivo com este capítulo é inspirá-lo a repensar e ajustar alguns de seus rituais. Não existe uma regra, mas os rituais que descrevo a seguir têm me ajudado muito no meu crescimento como pessoa e, caso algum deles faça sentido para você, peço que não hesite em adicionar a sua vida a partir de hoje.

Começando pela sua manhã, você já mapeou os seus rituais matinais? Sugiro que acorde todos os dias no mesmo horário, saia da cama imediatamente e, em seguida, caso queira se tornar mais forte e resiliente, inicie o seu banho com água gelada. Esse ritual vai lhe proporcionar um domínio mental muito forte.

O próximo passo é sentar ou se acomodar de maneira confortável e fazer um ritual de meditação e respiração de dez minutos. Relaxe, sinta todo o seu corpo, preste atenção aos sons e ruídos da manhã, concentre-se na sua respiração e perceba as sensações que o seu corpo recebe. Esse ritual aumentará drasticamente a sua capacidade de concentração, memorização, e produtividade ao longo do dia. Tenha esse tempo para você!

Separe 20 minutos por dia, entre a meditação e o café da manhã, para a leitura. Imagine em um ano quanto conhecimento você poderá absorver, como irá se destacar entre os seus concorrentes, crescer e se aproximar da sua missão de vida.

Tenha um ritual de alimentação saudável, ingerindo frutas e gorduras de qualidade e alimentos com baixas quantidades de açúcares, para que se sinta energizado durante toda a manhã e ao longo do dia. Reserve ao menos 20 minutos para o café da manhã, sente-se à mesa e esteja presente para essa refeição, saboreando cada um dos alimentos que você planejou estar comendo.

Combine o horário que irá sair de casa e esteja pronto, seja consistente consigo. Ao longo do dia no seu trabalho, na sua vida, tenha clareza dos seus objetivos, de quais são as coisas mais importantes a serem feitas para levá-lo ao encontro de sua meta. Tome ações neste sentido e saiba dizer não às coisas circunstanciais que não o levarão para mais próximo de sua meta. Crie janelas de relaxamento, parando tudo por alguns minutos, assim a sua produtividade aumentará e o seu foco também.

Ao final do dia, após o trabalho, tenha um ritual de atividade física, pois é essencial para manter uma fisiologia de vencedor. Elimine o sedentarismo de sua vida e viva mais e com qualidade. Encontre a atividade física que você mais gosta e seja inundado por hormônios que melhoraram a sua vida em geral.

Conecte-se às pessoas da sua família e amigos que você ama de verdade; esse ritual é muito mais do que estar presente por algum tempo ou algumas horas. É uma conexão verdadeira, estar presente para esse momento, independentemente do tempo. Mais importante é se doar, olhar nos olhos, ouvir o seu filho, a sua esposa, o seu marido, amigo, enfim, qualifique esse tempo, intensificando cada momento.

Antes de dormir, faça um exercício de reflexão e agradecimento por cada momento do seu dia, também é o melhor momento para planejar o seu dia seguinte, assim você vai relaxando e tem uma noite tranquila de sono.

Desejo sucesso na conquista de todos os seus objetivos! Assuma o controle da sua vida e encurte o caminho para se tornar mestre.

Aja, pois antes que algo aconteça no mundo, deve acontecer primeiro em você. Se tiver certeza absoluta do sucesso, o óbvio acontecerá e o sucesso virá; ande com propósito e colida com o seu destino. Você mestre!

Capítulo 40

Trabalhar duro é importante, mas só isso basta para ser bem-sucedido?

Você talvez já tenha parado para pensar algo do tipo: por que eu trabalho, trabalho, e não saio do lugar, apesar de tanto esforço? Já outros que não se esforçam tanto pensam que basta fazer um pouco mais de esforço e a mágica vai acontecer, ou seja, que o sucesso vai bater a sua porta todo sorridente. Porém, apesar de trabalhar duro ser muito importante, existem outras coisas que, de fato, nos levam ao sucesso. Preparado para descobrir quais são elas e aumentar radicalmente as suas chances de se tornar bem-sucedido?

Wallace Sousa Circuncisão

Wallace Sousa Circuncisão

Formado em administração de empresas pela UFRN; possui pós-graduação em teologia; é autor de vários livros; blogueiro; auditor federal concursado. Graduado em liderança pelo Instituto Haggai do Brasil (São Paulo, 2016) e pelo Haggai Institute (Hawaii/USA, 2017). Concluiu uma capacitação em liderança avançada no Life Lead PRO da LifeShape Brazil. Ministra palestras sobre temas de liderança em Brasília e em vários estados do Brasil. Em 2017, liderou um projeto voluntário de capacitação de líderes cristãos locais na capital de Moçambique, Maputo, na África. É facilitador e palestrante em temas de liderança na Controladoria-Geral da União (CGU) e no Instituto Haggai do Brasil.

Contatos
www.wallysou.com
contato@desafiandolimites.com
(61) 98160-6446

"Não deixe de falar as palavras deste Livro da Lei e de meditar nelas de dia e de noite, para que você cumpra fielmente tudo o que nele está escrito. Só então os seus caminhos prosperarão e você será bem-sucedido."
Josué 1:8

Pergunte a dez pessoas na rua se elas querem ser pessoas bem-sucedidas, prósperas e respeitadas. As respostas podem variar em termos de área de atuação ou do que cada uma delas considera ser bem-sucedido mas, invariavelmente, todas vão responder de forma afirmativa à pergunta.

Até mesmo você e eu, se fôssemos perguntados, diríamos que queremos, sim, sermos bem-sucedidos. Afinal, que a verdade seja dita: quem não quer, não é verdade? O segredo do sucesso ou de ser bem-sucedido é, ou inatingível, ou um mistério para a maioria das pessoas que se esforça para atingi-lo sem, contudo, alcançá-lo.

Nós estamos vivendo aquilo que se costuma chamar de "o fim da era dos empregos". No passado, não tão distante assim, existiam mais empregos do que pessoas, simplesmente porque o número de pessoas disponíveis e dispostas a se submeter ao tipo de trabalho da época era menor do que a necessidade vigente. Depois veio a era de tantos empregos como candidatos e, por isso, ascendia quem fazia o que devia ser feito. Mas, então, veio a época em que havia mais candidatos a emprego do que vagas disponíveis e só ficava empregado quem oferecia algo de diferente dos demais, como trabalhar mais.

Hoje em dia, trabalhar mais não é diferencial para ser escolhido para uma vaga, mas para evitar ser escolhido na hora dos cortes de pessoal. E, para o bem e para o mal, nem trabalhar muito isenta você de passar por uma demissão, porque, mesmo entre os que trabalham muito, há aqueles que produzem pouco. Talvez fosse mais adequado encaixá-los numa categoria à parte: a dos que dão muito trabalho.

Tendo esse fato em mente, falo do sucesso, não do trabalho, o que fazer para ter mais disso?

1. Descubra o seu propósito de vida e pelo qual valha a pena acordar e trabalhar

"Quem possui um porquê enfrenta qualquer como."
Viktor Frankl

Durante um período de minha vida, não muito tempo atrás, eu passei por uma crise existencial: eu trabalhava no lugar em que eu queria trabalhar, mas o serviço que eu fazia não me satisfazia. Pelo contrário, me consumia. Eu chegava cedo, às vezes, antes de todos os outros, e não via sentido algum no que eu fazia.

Preciso ser honesto aqui: um pouco do problema se devia ao fato de eu não ter bem o que fazer, pelo menos em termos de relevância e significado. E isso estava me matando. Eu desenvolvi uma certa ansiedade e o que se pode chamar de "depressão laboral".

O caso ficou sério e eu tive que ir em busca de ajuda profissional: fiz terapia psicológica durante seis meses, algo que me ajudou de verdade. Nela, eu descobri algo muito interessante e libertador: a verdade por trás do que me fazia sofrer. E, como você deve saber, a verdade liberta. E ela me libertou mesmo.

Sabe o que foi que eu descobri? Que o problema não estava em mim, apesar de eu estar no meio do problema. O que ocorria é que eu não estava ajustado ao trabalho que me fora incumbido. Literalmente, aquele trabalho não era para mim e nem eu era para ele, pois o meu desempenho profissional nesse tipo de serviço era pífio.

Em outras palavras, a rotina (burocrática) estava me matando. Por isso, assim que descobri isso, pedi para sair e mudar de setor. Apesar de eu apresentar as minhas razões e as pessoas estarem cientes de que era o melhor a ser feito, a mudança demorou a acontecer até que, enfim, veio a se concretizar.

E hoje, como estou? Bem, hoje, continua trabalhando no mesmo lugar, mas não no mesmo local, se é que você me entende. Mudei de setor, depois daquele período difícil e, após pagar um pedágio num outro setor, vim para o que ocupo atualmente. E sobre aqui, o que posso dizer?

Continuo sendo um dos primeiros a chegar e hoje já não tenho mais aquelas perguntas desagradáveis que me fazia quando subia as escadas cedo: "por que estou aqui e vindo fazer o que"? Eu encontrei um lugar onde posso acordar cedo e vir trabalhar sem me forçar a sair da cama e enfrentar o trânsito ou transporte lotado.

O que mudou? Eu achei significado e propósito no que faço. Eu vejo o resultado do meu trabalho e não me sinto mais indigno do salário que me é pago. Eu levanto com um propósito e estou em meio a um processo que me traz satisfação pela contribuição que dou e junto à equipe da qual faço parte.

Sabe aquela frase: tudo muda quando você muda? Ela faz todo o sentido para mim. E era justamente a falta de sentido que estava me matando. Achar esse sentido mudou minha vida, do contrário nem sei se estaria aqui, hoje, escrevendo este texto que você está lendo agora.

2. Foque em melhorar a si ao invés de melhorar o seu salário

"A educação formal lhe proporcionará uma maneira de ganhar a vida. Já a autoeducação lhe possibilitará ganhar uma fortuna."
Jim Rohn

No passado eu sempre pensei em formas de aumentar ou melhorar o meu salário. Porém, por mais paradoxal que isso possa parecer, o que ocorreu foi justamente o contrário: eu não avançava e não crescia na carreira. Pelo contrário, durante anos, amarguei ser avaliado como um funcionário de segunda classe e, por várias vezes, fui preterido em promoções.

Então, parei de esmurrar o vento e, cansado de quebrar a cara, fui investir em mim por meio da leitura de bons artigos na *Internet*, assistir vídeos de autodesenvolvimento e voltar a ler bons livros sobre esses assuntos. Assisti muitas palestras TED e, quando a palestra era estupenda, eu ia atrás do livro que havia sido sua inspiração.

Como eu queria e precisava melhorar o meu nível de inglês, após sair humilhado e envergonhado de uma entrevista em inglês, para a qual eu não havia me preparado adequadamente, decidi que era hora de mudar o meu futuro investindo no presente e deixando para trás os erros do passado.

Alguns textos em inglês que eram fantásticos, mas sem tradução ou pouco conhecidos no Brasil, eu traduzi e publiquei em meu *site*. E, assim, eu fui engatinhando nessa nova trajetória rumo a me tornar uma pessoa melhor. Mas, eis que, no meio do caminho, descubro que as pessoas começam a notar que uma mudança vinha acontecendo em mim e minhas opiniões eram respeitadas quando eu falava sobre um assunto ou citava um autor que era referência naquele tema.

E, de repente, digamos assim, eu passei de zé-ninguém para alguém que tinha boas ideias, começava a falar coisa com coisa e vim a me tornar referência naquele tema a ponto de me tornar palestrante em meu local de trabalho.

Convites foram surgindo, novas oportunidades foram aparecendo, viagens sendo realizadas e esse processo de melhoria contínua começou a produzir os seus primeiros frutos. E, sem que eu buscasse ou estivesse focado nisso, as promoções foram surgindo e aquela melhoria salarial que eu buscava no passado, mas sempre fugia de mim me foi oferecida como prêmio e reconhecimento por aquilo que eu fazia porque gostava.

Eu gostaria de ter escrito de uma forma mais bonita e chamativa essa parte, e peço desculpas por não ter conseguido, mas, às vezes, enfeitar a realidade tira o brilho da verdade. Então, só posso dizer, como Chicó, personagem de *O auto da compadecida*, de Ariano Suassuna: "não sei, só sei que foi assim".

Cal Newport, PhD pelo MIT dos Estados Unidos, escreveu um livro cujo título é: *So good they can't ignore you: why skills trump passion in the quest for work you love*, que, em tradução livre seria algo como Tão bom que eles não consigam ignorar você: *por que as habilidades superam a paixão na conquista por aquilo que você ama fazer*. É isso.

3. Comemore o seu progresso diário em vez de fixar no objetivo final

> "O seu começo parecerá modesto, mas o seu futuro será de grande prosperidade".
> Jó 8:7

Uma das coisas mais frustrantes que existem é você não notar progresso no que faz. Isso é muito triste. E sabe o que pode ser mais triste do que isso? Perceber que alguém, ao seu lado, progride e você não. Pode ser no trabalho: alguém é promovido e você não. Pode ser na faculdade ou escola: alguém passa e você não. Pode até mesmo ser numa fila do supermercado ou num congestionamento: os outros avançam e você não.

Sabe por que isso acontece? Por causa da armadilha da síndrome da análise comparativa. Nós nos comparamos com os outros e direcionamos o nosso olhar àquilo em que os outros são melhores ou possuem mais do que nós. E isso se torna um círculo vicioso, porque toda pessoa possui algo que nós podemos considerar melhor ou superior ao que temos.

O que fazer, então? É simples, bem simples por sinal. Basta trocar a síndrome da análise comparativa pelo princípio da vantagem comparativa, conforme Jacob Petry explica em seu livro *O óbvio que ignoramos*. Esse conceito foi originalmente desenvolvido por David Ricardo, economista do século XIX.

Segundo esse princípio, nós identificamos o que fazemos de melhor (o que chamamos de talento) e investimos diariamente nisso (autodesenvolvimento), até chegarmos ao ponto em que o nosso desempenho se torne autoevidente e impossível de ser ignorado.

Por isso, trabalhe o seu talento em oculto, suporte as dores de fazer os seus esforços longe dos olhares públicos e invista em sua vitória particular, como gostava de dizer Stephen Covey em *Os 7 hábitos das pessoas altamente eficazes*, que a vitória pública será mera questão de tempo.

E como você conseguirá fazer isso sem se cansar e sem desanimar? Percebendo o seu crescimento e evolução diária, um pouco de cada vez. Siga a estratégia de um dos homens mais ricos e bem-sucedidos do mundo atualmente: Jack Ma, CEO do *site* de *e-commerce* chinês AliBaba que disse: "projete o que você quer fazer para daqui a dez anos. Não seis meses, um ou dois anos, mas se você projetar o que quer fazer de melhor para dez anos, seu sucesso será extraordinário".

Eu conquistei várias aprovações em concursos públicos muito difíceis, todas nas primeiras colocações. Porém, o que pouca gente sabe é que essas conquistas públicas foram fruto de muita renúncia e dedicação pessoal que foi feita em oculto, longe dos olhos das pessoas. Quantas vezes eu acordei de madrugada, ainda escuro, para estudar? Se você suar intensamente no treino, vai evitar sangrar no ringue. *No pain, no gain*, como dizem os americanos: sem esforço e dor, sem ganho.

E, antes de encerrar essa parte, deixe-me fazer um importante alerta: as derrotas devem ser encaradas como degraus para as vitórias. Encare os seus fracassos como combustível para o seu sucesso, como etapas necessárias de amadurecimento e treinamento para levá-lo a alçar voos mais altos, como aconteceu com Abraham Lincoln, considerado um dos melhores presidentes de todos os tempos dos Estados Unidos.

Antes de chegar à Casa Branca, ele teve que amargar inúmeras derrotas em sua trajetória política. Ele praticamente perdeu tudo antes de conseguir chegar à presidência. E essas derrotas foram importantes para lhe dar a maturidade e a experiência necessárias para lidar com a maior crise que um presidente americano poderia enfrentar: a Guerra Civil Americana que dividiu o país. E fez com que o país saísse maior dela, apesar dos horrores enfrentados.

Não é à toa que ele foi homenageado com um busto seu em Havana, Cuba, uma estátua no memorial em Washington, que leva seu nome e, ainda mais, teve o seu rosto esculpido no Monte Rushmore, ao lado de outros três presidentes americanos. Esse é o legado que você deve buscar: deixar a sua trajetória imortalizada como exemplo e inspiração para as futuras gerações.

Conclusão

Obter sucesso não é tão difícil quanto parece, se você fizer a lição de casa. E como chegamos, juntos, a essa conclusão, é hora de relembrar essas grandes e eternas lições já provadas e aprovadas pelo tempo e pela história. Vamos a elas então.

Obter sucesso não é tão difícil se você se dedicar a descobrir qual é o seu propósito e alinhar os seus esforços nessa direção. Ao descobrir o que faz você se levantar animado para realizar um trabalho que lhe traz satisfação e significado na vida, estará se colocando um passo à frente de seus concorrentes e começando a trilhar um caminho que vai desembocar num destino próspero e bem-sucedido.

Buscar a melhoria salarial ou prosperidade material não é pecado e nem é algo do qual você deve se arrepender ou se envergonhar. O problema não está em ter esse alvo, mas ficar obcecado por ele. Ao investir o seu esforço em se tornar uma versão cada vez melhor de si, o momento em que as pessoas começarão a notar a sua evolução não tardará e, é óbvio, com ele virá o reconhecimento profissional e as recompensas que o acompanham.

Em qualquer viagem, focar na distância ou em quanto tempo falta para chegar ao destino torna essa viagem morosa e entediante. Em vez disso, aproveite a paisagem, o caminho até chegar ao seu destino e desfrute dessa jornada. E esse é o raciocínio adotado quando você comemora e celebra cada pequena melhoria em sua capacidade atual. Agindo assim, seu crescimento e evolução serão muito mais prazerosos e o conduzirão muito mais rápido ao destino almejado.

Boa viagem rumo ao seu sucesso!

Capítulo 41

A vida ensina. Mas, você aprende?

Desde que éramos crianças ouvimos a frase: "a vida ensina", normalmente proferida por pais, parentes ou amigos, e que nos chama a atenção para um erro, um deslize, ou uma "cabeçada" que demos em algum momento. A questão é: você aprende com isso? Se a vida ensina, por que, frequentemente, repetimos os mesmos erros?

Wleiner Barbosa Ortis

Wleiner Barbosa Ortis

Executive, life & leader coach; palestrante; analista comportamental e *practitioner* em programação neurolinguística (PNL), desde 2008. Formado em engenharia elétrica, e pós-graduado em redes de computadores. Conquistou mais de 15 certificados internacionais atuando como engenheiro de sistemas e gerente de projetos de tecnologia da informação no Brasil, Angola e Estados Unidos, ao longo de mais de 20 anos de carreira. Nos últimos anos, vem atuando como *coach* com a missão pessoal de ajudar pessoas e empresas a obterem um melhor desempenho tanto na vida pessoal quanto na vida profissional empresarial.

Contatos
wleiner.coach@gmail.com
Facebook: @wleinercoachempresarial
Instagram: wleiner.coachempresarial
WhatsApp: (13) 99711-5040

Com frequência aprendemos com a experiência, ou não?

A pergunta que se faz é: por que repetimos os mesmos erros, e com certa frequência, apesar de a vida nos ensinar que as nossas ações e reações não foram adequadas em determinado momento?

Tecnicamente, temos a capacidade para aprender logo na primeira vez. A neurociência diz que o nosso cérebro aprende de duas formas: por repetição ou sob forte emoção.

Se você repetir muitas e muitas vezes alguma coisa, com certeza irá dominar completamente o que está repetindo. Se passar por algo que lhe cause um impacto emocional intenso, uma forte emoção, também.

A vida ensina, é claro! Mas, você aprende? A questão não é o que acontece, mas o significado que você dá a isso. Esse, normalmente,-traz consigo um autojulgamento sobre as suas próprias capacidades.

Se a experiência foi dolorosa, talvez escute você dizer algo do tipo: "acho que não sou bom nisso", "não sirvo para nada", "nunca vou conseguir", "não tem jeito", "não nasci virado para a lua" etc. Percebe como essas afirmações sobre si vai definindo o que você é e o que não é capaz de conseguir?

Cada vez que uma situação dolorosa acontece, a tendência será atribuir o mesmo significado a ela, e isso fará com que você se sinta mal. E a repetição desse autojulgamento o fará ficar preso a esse ciclo negativo.

Ao ler isso, talvez você pense: "certo, já observei que isso acontece comigo". E se pergunte: "mas de onde vem isso?". Essa é a pergunta certa. As perguntas certas são as respostas.

Quando atribuímos repetidamente um significado ao que nos acontece, criamos o que chamamos de crenças. E essas crenças se tornam profecias autorrealizáveis, pois sempre trazem consigo um resultado. E nós interagimos com o mundo segundo um sistema estruturado de crenças. Temos crenças para tudo: sobre como são as pessoas, o que é a vida, como se relacionar, com quem namorar, que tipo de emprego devemos ter etc.

As crenças são assim formadas por interpretações das situações que vivemos, e não pelos fatos e pelas situações em si. E nós estamos fazendo isso desde que somos pequenos, por influência dos pais, irmãos, ou outras pessoas próximas, e isso pode continuar na adolescência, e na idade adulta, por influência de amigos, parentes, professores etc.

São tantos anos interpretando os fatos sob a óptica de nossas crenças, que nós simplesmente internalizamos e não nos lembramos mais como, e por que nós a criamos. Passamos a agir no "piloto automático", por assim dizer.

Crenças todos temos, elas são a causa primeira de nossa felicidade e infelicidade. Dependendo da interpretação que damos aos fatos, desde a mais tenra idade, ao longo de muitos anos, podemos ter crenças fortalecedoras que nos impulsionam, ou crenças enfraquecedoras que nos limitam, e que nos fazem sabotar os nossos próprios esforços na busca de nossos objetivos.

É assim que agimos irracionalmente. Queremos, no nível consciente, alcançar determinado objetivo. Mas, no inconsciente, acabamos nos afastando dele: as nossas crenças inconscientes nos guiam e nos afastam de nossos objetivos conscientes. E o pior: nós nem percebemos isso! É assim que uma pessoa sabota os seus esforços conscientes.

Vemos diariamente casos assim: desde pessoas que sofreram violência na infância, e acabam casando com gente violenta, até as que, em determinado momento, começam a engordar, e quando passam a emagrecer, engordam novamente, em uma espécie de efeito sanfona. As suas crenças lhe dão as razões inconscientes que o mantêm preso às situações desagradáveis, o afastam de objetivos, e sabotam os seus esforços conscientes de mudança. Sim, a autossabotagem é inconsciente.

Você quer, no nível consciente, atingir um determinado objetivo, ou sair de determinada situação. Mas, no nível inconsciente, a sua crença faz de tudo para estragar esse objetivo. E, por quê? Porque, no nível inconsciente, em algum lugar do seu passado, você aprendeu, pela experiência, pela emoção gerada, que em determinada situação é melhor agir, ou reagir, de determinada maneira.

Àquela época, você era uma criança e não sabia se defender disso. Mas, hoje, é um adulto formado, e o problema é que a crença que o dirige vem da sua infância, da adolescência, de uma experiência, e isso simplesmente não serve mais, o afasta dos melhores resultados. A influência da crença é muito sutil, quase imperceptível, e isso acontece nas camadas mais profundas do seu eu.

Se a minha crença sobre o que me é possível fazer, sobre a minha capacidade de realizar algo for limitada, alcançarei muito pouco do meu potencial latente de realização. Se alcanço pouco do meu potencial latente de realização, as minhas ações serão fracas.

Com esse padrão de ação fraco, os resultados também são fracos. E o que acontece então? O seu cérebro diz: está vendo? Não disse que não seria possível? Por que você insiste nisso? Essa é a voz que escutamos quando acontece algo assim. Já aconteceu com você?

A crença limitante é como uma profecia autorrealizável e autossustentável. Ela cria um efeito em espiral descendente, em que fica cada vez mais difícil acreditar em nossas capacidades, que podemos ter bons resultados, alcançar objetivos, realizar sonhos...

O que fazer?

Quando usamos uma combinação do *coaching* de vida (*life coach*) com técnicas de programação neurolinguística (PNL), conseguimos revelar e trabalhar essas crenças limitantes, transformando-as, reprogramando-as com treinamento e método apropriado, em vencedoras.

Isso muda o seu *mindset* e, com essa mudança, mudam também os resultados que você tem na sua vida! É mágica? Não. É ciência, neurociência. É *coaching*!! *Coaching* é transformação!

No *coaching*, trabalhamos o autoconhecimento, a identificação e transformação das crenças negativas e limitantes, a consciência dos seus valores pessoais, a ressignificação da experiência diária, a mudança de *mindset*, a descoberta do seu propósito, a sua missão de vida e a construção de sua visão de futuro, o seu objetivo, o seu sonho...

E o melhor de tudo: o *coach* o acompanhará em todos esses passos, aplicando ferramentas e técnicas científicas para assegurar o seu progresso.

O seu papel nisso? Comprometimento com o processo! Afinal, o único lugar em que sucesso vem antes de trabalho é no dicionário! Bora trabalhar?